T&P BOOKS

I0168704

BIRMANO

VOCABULARIO

PALABRAS MÁS USADAS

ESPAÑOL-BIRMANO

Las palabras más útiles
Para expandir su vocabulario y refinar sus habilidades lingüísticas

9000 palabras

Vocabulario Español-Birmano - 9000 palabras más usadas
por Andrey Taranov

Los vocabularios de T&P Books buscan ayudar en el aprendizaje, la memorización y la revisión de palabras de idiomas extranjeros. El diccionario se divide por temas, cubriendo toda la esfera de las actividades cotidianas, de negocios, ciencias, cultura, etc.

El proceso de aprendizaje de palabras utilizando los diccionarios temáticos de T&P Books le proporcionará a usted las siguientes ventajas:

- La información del idioma secundario está organizada claramente y predetermina el éxito para las etapas subsiguientes en la memorización de palabras.
- Las palabras derivadas de la misma raíz se agrupan, lo cual permite la memorización de grupos de palabras en vez de palabras aisladas.
- Las unidades pequeñas de palabras facilitan el proceso de reconocimiento de enlaces de asociación que se necesitan para la cohesión del vocabulario.
- De este modo, se puede estimar el número de palabras aprendidas y así también el nivel de conocimiento del idioma.

T&P Books Publishing
www.tpbooks.com

ISBN: 978-1-83955-046-1

Este libro está disponible en formato electrónico o de E-Book también.
Visite www.tpbooks.com o las librerías electrónicas más destacadas en la Red.

VOCABULARIO BIRMANO
palabras más usadas

Los vocabularios de T&P Books buscan ayudar al aprendiz a aprender, memorizar y repasar palabras de idiomas extranjeros. Los vocabularios contienen más de 9000 palabras comúnmente usadas y organizadas de manera temática.

- El vocabulario contiene las palabras corrientes más usadas.
- Se recomienda como ayuda adicional a cualquier curso de idiomas.
- Capta las necesidades de aprendices de nivel principiante y avanzado.
- Es conveniente para uso cotidiano, prácticas de revisión y actividades de auto-evaluación.
- Facilita la evaluación del vocabulario.

Aspectos claves del vocabulario

- Las palabras se organizan según el significado, no según el orden alfabético.
- Las palabras se presentan en tres columnas para facilitar los procesos de repaso y auto-evaluación.
- Los grupos de palabras se dividen en pequeñas secciones para facilitar el proceso de aprendizaje.
- El vocabulario ofrece una transcripción sencilla y conveniente de cada palabra extranjera.

El vocabulario contiene 256 temas que incluyen lo siguiente:

Conceptos básicos, números, colores, meses, estaciones, unidades de medidas, ropa y accesorios, comida y nutrición, restaurantes, familia nuclear, familia extendida, características de personalidad, sentimientos, emociones, enfermedades, la ciudad y el pueblo, exploración del paisaje, compras, finanzas, la casa, el hogar, la oficina, el trabajo en oficina, importación y exportación, promociones, búsqueda de trabajo, deportes, educación, computación, la red, herramientas, la naturaleza, los países, las nacionalidades y más ...

TABLA DE CONTENIDO

GUÍA DE PRONUNCIACIÓN

El sistema de transcripción 'The Myanmar Language Commission Transcription System' (MLCTS) se utiliza como una transcripción en este libro.
Una descripción de este sistema se puede encontrar aquí:
https://en.wiktionary.org/wiki/Wiktionary:Burmese_transliteration
https://en.wikipedia.org/wiki/MLC_Transcription_System

ABREVIATURAS usadas en el vocabulario

Abreviatura en español

adj	-	adjetivo
adv	-	adverbio
anim.	-	animado
conj	-	conjunción
etc.	-	etcétera
f	-	sustantivo femenino
f pl	-	femenino plural
fam.	-	uso familiar
fem.	-	femenino
form.	-	uso formal
inanim.	-	inanimado
innum.	-	innumerable
m	-	sustantivo masculino
m pl	-	masculino plural
m, f	-	masculino, femenino
masc.	-	masculino
mat	-	matemáticas
mil.	-	militar
num.	-	numerable
p.ej.	-	por ejemplo
pl	-	plural
pron	-	pronombre
sg	-	singular
v aux	-	verbo auxiliar
vi	-	verbo intransitivo
vi, vt	-	verbo intransitivo, verbo transitivo
vr	-	verbo reflexivo
vt	-	verbo transitivo

CONCEPTOS BÁSICOS

Conceptos básicos. Unidad 1

1. Los pronombres

yo	ကျွန်ုပ်	kjunou'
tú	သင်	thin
él	သူ	thu
ella	သူမ	thu ma.
ello	၎င်း	jin:
nosotros, -as	ကျွန်ုပ်တို့	kjunou' tou.
vosotros, -as	သင်တို့	thin dou.
Usted	သင်	thin
Ustedes	သင်တို့	thin dou.
ellos	သူတို့	thu dou.
ellas	သူမတို့	thu ma. dou.

2. Saludos. Salutaciones. Despedidas

¡Hola! (fam.)	မင်္ဂလာပါ	min ga. la ba
¡Hola! (form.)	မင်္ဂလာပါ	min ga. la ba
¡Buenos días!	မင်္ဂလာနံနက်ခင်းပါ	min ga. la nan ne' gin: ba
¡Buenas tardes!	မင်္ဂလာနေ့လယ်ခင်းပါ	min ga. la nei. le gin: ba
¡Buenas noches!	မင်္ဂလာညနေခင်းပါ	min ga. la nja nei gin: ba
decir hola	နှုတ်ဆက်သည်	hnou' hsei' te
¡Hola! (a un amigo)	ဟိုင်း	hain:
saludo (m)	ဟလို	ha. lou
saludar (vt)	နှုတ်ဆက်သည်	hnou' hsei' te
¿Cómo estáis?	နေကောင်းပါသလား	nei gaun: ba dha la:
¿Cómo estás?	အဆင်ပြေလား	ahsin bjei la:
¿Qué hay de nuevo?	ဘာထူးသေးလဲ	ba du: dei: le:
¡Chau! ¡Adiós!	နောက်မှတွေ့ကြမယ်	nau' hma. dwei. gja. me
¡Hasta la vista! (form.)	ဂွတ်ဘိုင်	gu' bain
¡Hasta la vista! (fam.)	တာ့တာ	ta. da
¡Hasta pronto!	မကြာခင်ပြန်ဆုံကြမယ်	ma gja. gin bjan zoun gja. me
¡Adiós!	နှုတ်ဆက်ပါတယ်	hnou' hsei' pa de
despedirse (vr)	နှုတ်ဆက်သည်	hnou' hsei' te
¡Hasta luego!	တာ့တာ	ta. da
¡Gracias!	ကျေးဇူးတင်ပါတယ်	kjei: zu: din ba de
¡Muchas gracias!	ကျေးဇူးအများကြီးတင်ပါတယ်	kjei: zu: amja: kji: din ba de

De nada	ရပါတယ်	ja. ba de
No hay de qué	ကိစ္စမရှိပါဘူး	kei. sa ma. shi. ba bu:
De nada	ရပါတယ်	ja. ba de

¡Disculpa!	ဆောရီးနော်	hso: ji: no:
¡Disculpe!	တောင်းပန်ပါတယ်	thaun: ban ba de
disculpar (vt)	ခွင့်လွှတ်သည်	khwin. hlu' te

disculparse (vr)	တောင်းပန်သည်	thaun: ban de
Mis disculpas	တောင်းပန်ပါတယ်	thaun: ban ba de
¡Perdóneme!	ခွင့်လွှတ်ပါ	khwin. hlu' pa
perdonar (vt)	ခွင့်လွှတ်သည်	khwin. hlu' te
¡No pasa nada!	ကိစ္စမရှိပါဘူး	kei. sa ma. shi. ba bu:
por favor	ကျေးဇူးပြု၍	kjei: zu: pju. i.

¡No se le olvide!	မမေ့ပါနဲ့	ma. mei. ba ne.
¡Ciertamente!	ရတာပေါ့	ja. da bo.
¡Claro que no!	မဟုတ်တာသေချာတယ်	ma hou' ta dhei gja de
¡De acuerdo!	သဘောတူတယ်	dhabo: tu de
¡Basta!	တော်ပြီ	to bji

3. Como dirigirse a otras personas

¡Perdóneme!	ခွင့်ပြုပါ	khwin. bju. ba
señor	ဦး	u:
señora	ဒေါ်	do
señorita	မိန်းကလေး	mein: ga. lei:
joven	လူငယ်	lu nge
niño	ကောင်ကလေး	keaagkle:
niña	ကောင်မလေး	kaun ma. lei:

4. Números cardinales. Unidad 1

cero	သုည	thoun nja.
uno	တစ်	ti'
dos	နှစ်	hni'
tres	သုံး	thoun:
cuatro	လေး	lei:

cinco	ငါး	nga:
seis	ခြောက်	chau'
siete	ခုနစ်	khun hni'
ocho	ရှစ်	shi'
nueve	ကိုး	kou:

diez	တစ်ဆယ်	ti' hse
once	တစ်ဆယ့်တစ်	ti' hse. ti'
doce	တစ်ဆယ့်နှစ်	ti' hse. hni'
trece	တစ်ဆယ့်သုံး	ti' hse. thoun:
catorce	တစ်ဆယ့်လေး	ti' hse. lei:
quince	တစ်ဆယ့်ငါး	ti' hse. nga:
dieciséis	တစ်ဆယ့်ခြောက်	ti' hse. khau'

diecisiete	တစ်ဆယ့်ခုနစ်	ti' hse. khu ni'
dieciocho	တစ်ဆယ့်ရှစ်	ti' hse. shi'
diecinueve	တစ်ဆယ့်ကိုး	ti' hse. gou:
veinte	နှစ်ဆယ်	hni' hse
veintiuno	နှစ်ဆယ့်တစ်	hni' hse. ti'
veintidós	နှစ်ဆယ့်နှစ်	hni' hse. hni'
veintitrés	နှစ်ဆယ့်သုံး	hni' hse. thuan:
treinta	သုံးဆယ်	thoun: ze
treinta y uno	သုံးဆယ့်တစ်	thoun: ze. di'
treinta y dos	သုံးဆယ့်နှစ်	thoun: ze. hni'
treinta y tres	သုံးဆယ့်သုံး	thoun: ze. dhoun:
cuarenta	လေးဆယ်	lei: hse
cuarenta y uno	လေးဆယ့်တစ်	lei: hse. ti'
cuarenta y dos	လေးဆယ့်နှစ်	lei: hse. hni'
cuarenta y tres	လေးဆယ့်သုံး	lei: hse. thaun:
cincuenta	ငါးဆယ်	nga: ze
cincuenta y uno	ငါးဆယ့်တစ်	nga: ze di'
cincuenta y dos	ငါးဆယ့်နှစ်	nga: ze hni'
cincuenta y tres	ငါးဆယ့်သုံး	nga: ze dhoun:
sesenta	ခြောက်ဆယ်	chau' hse
sesenta y uno	ခြောက်ဆယ့်တစ်	chau' hse. di'
sesenta y dos	ခြောက်ဆယ့်နှစ်	chau' hse. hni'
sesenta y tres	ခြောက်ဆယ့်သုံး	chau' hse. dhoun:
setenta	ခုနစ်ဆယ်	khun hni' hse.
setenta y uno	ခုနစ်ဆယ့်တစ်	qunxcy•tx
setenta y dos	ခုနစ်ဆယ့်နှစ်	khun hni' hse. hni
setenta y tres	ခုနစ်ဆယ့်သုံး	khu. ni' hse. dhoun:
ochenta	ရှစ်ဆယ်	shi' hse
ochenta y uno	ရှစ်ဆယ့်တစ်	shi' hse. ti'
ochenta y dos	ရှစ်ဆယ့်နှစ်	shi' hse. hni'
ochenta y tres	ရှစ်ဆယ့်သုံး	shi' hse. dhun:
noventa	ကိုးဆယ်	kou: hse
noventa y uno	ကိုးဆယ့်တစ်	kou: hse. ti'
noventa y dos	ကိုးဆယ့်နှစ်	kou: hse. hni'
noventa y tres	ကိုးဆယ့်သုံး	kou: hse. dhaun:

5. Números cardinales. Unidad 2

cien	တစ်ရာ	ti' ja
doscientos	နှစ်ရာ	hni' ja
trescientos	သုံးရာ	thoun: ja
cuatrocientos	လေးရာ	lei: ja
quinientos	ငါးရာ	nga: ja
seiscientos	ခြောက်ရာ	chau' ja
setecientos	ခုနစ်ရာ	khun hni' ja

ochocientos	ရှစ်ရာ	shi' ja
novecientos	ကိုးရာ	kou: ja
mil	တစ်ထောင်	ti' htaun
dos mil	နှစ်ထောင်	hni' taun
tres mil	သုံးထောင်	thoun: daun
diez mil	တစ်သောင်း	ti' thaun:
cien mil	တစ်သိန်း	ti' thein:
millón (m)	တစ်သန်း	ti' than:
mil millones	ဘီလီယံ	bi li jan

6. Números ordinales

primero (adj)	ပထမ	pahtama.
segundo (adj)	ဒုတိယ	du. di. ja.
tercero (adj)	တတိယ	tati. ja.
cuarto (adj)	စတုတ္ထ	zadou' hta.
quinto (adj)	ပဉ္စမ	pjin sama.
sexto (adj)	ဆဋ္ဌမ	hsa. htama.
séptimo (adj)	သတ္တမ	tha' tama.
octavo (adj)	အဋ္ဌမ	a' htama.
noveno (adj)	နဝမ	na. wa. ma.
décimo (adj)	ဒသမ	da dha ma

7. Números. Fracciones

fracción (f)	အပိုင်းကိန်း	apain: gein:
un medio	နှစ်ပိုင်းတစ်ပိုင်း	hni' bain: di' bain:
un tercio	သုံးပိုင်းတစ်ပိုင်း	thoun: bain: di' bain:
un cuarto	လေးပိုင်းတစ်ပိုင်း	lei: bain: ti' pain:
un octavo	ရှစ်ပိုင်းတစ်ပိုင်း	shi' bain: di' bain:
un décimo	ဆယ်ပိုင်းတစ်ပိုင်း	hse bain: da' bain:
dos tercios	သုံးပိုင်းနှစ်ပိုင်း	thoun: bain: hni' bain:
tres cuartos	လေးပိုင်းသုံးပိုင်း	lei: bain: dhoun: bain:

8. Números. Operaciones básicas

sustracción (f)	နုတ်ခြင်း	nou' khjin:
sustraer (vt)	နုတ်သည်	nou' te
división (f)	စားခြင်း	sa: gjin:
dividir (vt)	စားသည်	sa: de
adición (f)	ပေါင်းခြင်း	paun: gjin:
sumar (totalizar)	ပေါင်းသည်	paun: de
adicionar (vt)	ထပ်ပေါင်းသည်	hta' paun: de
multiplicación (f)	မြှောက်ခြင်း	hmjau' chin:
multiplicar (vt)	မြှောက်သည်	hmjau' de

9. Números. Miscelánea

cifra (f)	ကိန်းဂဏန်း	kein: ga nan:
número (m) (~ cardinal)	ကိန်း	kein:
numeral (m)	ဂဏန်းအက္ခရာ	ganan: e' kha ja
menos (m)	အနုတ်	ahnou'
más (m)	အပေါင်း	apaun:
fórmula (f)	ပုံသေနည်း	poun dhei ne:
cálculo (m)	တွက်ချက်ခြင်း	twe' che' chin:
contar (vt)	ရေတွက်သည်	jei dwe' te
calcular (vt)	ရေတွက်သည်	jei dwe' te
comparar (vt)	နှိုင်းယှဉ်သည်	hnain: shin de
¿Cuánto?	ဘယ်လောက်လဲ	be lau' le:
suma (f)	ပေါင်းလဒ်	paun: la'
resultado (m)	ရလဒ်	jala'
resto (m)	အကြွင်း	akjwin:
algunos, algunas ...	အချို့	achou.
poco (adv)	အနည်းငယ်	ane: nge
resto (m)	ကျန်သော	kjan de.
uno y medio	တစ်ခုခွဲ	ti' khu. khwe:
docena (f)	ဒါဇင်	da zin
en dos	တစ်ဝက်စီ	ti' we' si
en partes iguales	ညီတူညီမျှ	nji du nji hmja.
mitad (f)	တစ်ဝက်	ti' we'
vez (f)	ကြိမ်	kjein

10. Los verbos más importantes. Unidad 1

abrir (vt)	ဖွင့်သည်	hpwin. de
acabar, terminar (vt)	ပြီးသည်	pji: de
aconsejar (vt)	အကြံပေးသည်	akjan bei: de
adivinar (vt)	မှန်းဆသည်	hman za de
advertir (vt)	သတိပေးသည်	dhadi. pei: de
alabarse, jactarse (vr)	ကြွားသည်	kjwa: de
almorzar (vi)	နေ့လယ်စာစားသည်	nei. le za za de
alquilar (~ una casa)	ငှားသည်	hnga: de
amenazar (vt)	ခြိမ်းခြောက်သည်	chein: gjau' te
arrepentirse (vr)	နောင်တရသည်	naun da. ja. de
ayudar (vt)	ကူညီသည်	ku nji de
bañarse (vr)	ရေကူးသည်	jei ku: de
bromear (vi)	စနောက်သည်	sanau' te
buscar (vt)	ရှာသည်	sha de
caer (vi)	ကျဆင်းသည်	kja zin: de
callarse (vr)	နှုတ်ဆိတ်သည်	hnou' hsei' te
cambiar (vt)	ပြောင်းလဲသည်	pjaun: le: de
castigar, punir (vt)	အပြစ်ပေးသည်	apja' pei: de
cavar (vt)	တူးသည်	tu: de

cazar (vi, vt)	အမဲလိုက်သည်	ame: lai' de
cenar (vi)	ညစာစားသည်	nja. za za: de
cesar (vt)	ရပ်သည်	ja' te
coger (vt)	ဖမ်းသည်	hpan: de
comenzar (vt)	စတင်သည်	sa. tin de
comparar (vt)	နှိုင်းယှဉ်သည်	hnain: shin de
comprender (vt)	နားလည်သည်	na: le de
confiar (vt)	ယုံကြည်သည်	joun kji de
confundir (vt)	ရောထွေးသည်	jo: dwei: de
conocer (~ a alguien)	သိသည်	thi. de
contar (vt) (enumerar)	ရေတွက်သည်	jei dwe' te
contar con ...	အားကိုးသည်	a: kou: de
continuar (vt)	ဆက်လုပ်သည်	hse' lou' te
controlar (vt)	ထိန်းချုပ်သည်	htein: gjou' te
correr (vi)	ပြေးသည်	pjei: de
costar (vt)	ကုန်ကျသည်	koun kja de
crear (vt)	ဖန်တီးသည်	hpan di: de

11. Los verbos más importantes. Unidad 2

dar (vt)	ပေးသည်	pei: de
dar una pista	အရိပ်အမြွက်ပေးသည်	aji' ajmwe' pei: de
decir (vt)	ပြောသည်	pjo: de
decorar (para la fiesta)	အလှဆင်သည်	ahla. zin dhe
defender (vt)	ကာကွယ်သည်	ka gwe de
dejar caer	ဖြုတ်ချသည်	hpjou' cha. de
desayunar (vi)	နံနက်စာစားသည်	nan ne' za za: de
descender (vi)	ဆင်းသည်	hsin: de
dirigir (administrar)	ညွှန်ကြားသည်	hnjun gja: de
disculpar (vt)	ခွင့်လွှတ်သည်	khwin. hlu' te
disculparse (vr)	တောင်းပန်သည်	thaun: ban de
discutir (vt)	ဆွေးနွေးသည်	hswe: nwe: de
dudar (vt)	သံသယဖြစ်သည်	than thaja. bji' te
encontrar (hallar)	ရှာတွေ့သည်	sha dwei. de
engañar (vi, vt)	လိမ်ပြောသည်	lain bjo: de
entrar (vi)	ဝင်သည်	win de
enviar (vt)	ပို့သည်	pou. de
equivocarse (vr)	မှားသည်	hma: de
escoger (vt)	ရွေးသည်	jwei: de
esconder (vt)	ဖုံးကွယ်သည်	hpoun: gwe de
escribir (vt)	ရေးသည်	jei: de
esperar (aguardar)	စောင့်သည်	saun. de
esperar (tener esperanza)	မျှော်လင့်သည်	hmjo. lin. de
estar (vi)	ဖြစ်နေသည်	hpji' nei de
estar de acuerdo	သဘောတူသည်	dhabo: tu de
estudiar (vt)	သင်ယူလေ့လာသည်	thin ju lei. la de
exigir (vt)	တိုက်တွန်းသည်	tai' tun: de

existir (vi)	တည်ရှိသည်	ti shi. de
explicar (vt)	ရှင်းပြသည်	shin: bja. de
faltar (a las clases)	ပျက်ကွက်သည်	pje' kwe' te
firmar (~ el contrato)	လက်မှတ်ထိုးသည်	le' hma' htou: de
girar (~ a la izquierda)	ကွေ့သည်	kwei. de
gritar (vi)	အော်သည်	o de
guardar (conservar)	ထိန်းထားသည်	htein: da: de
gustar (vi)	ကြိုက်သည်	kjai' de
hablar (vi, vt)	ပြောသည်	pjo: de
hacer (vt)	ပြုလုပ်သည်	pju. lou' te
informar (vt)	အကြောင်းကြားသည်	akjaun: kja: de
insistir (vi)	တိုက်တွန်းပြောဆိုသည်	tou' tun: bjo: zou de
insultar (vt)	စော်ကားသည်	so ga: de
interesarse (vr)	စိတ်ဝင်စားသည်	sei' win za: de
invitar (vt)	ဖိတ်သည်	hpi' de
ir (a pie)	သွားသည်	thwa: de
jugar (divertirse)	ကစားသည်	gaza: de

12. Los verbos más importantes. Unidad 3

leer (vi, vt)	ဖတ်သည်	hpa' te
liberar (ciudad, etc.)	လွတ်မြောက်စေသည်	lu' mjau' sei de
llamar (por ayuda)	ခေါ်သည်	kho de
llegar (vi)	ရောက်သည်	jau' te
llorar (vi)	ငိုသည်	ngou de
matar (vt)	သတ်သည်	tha' te
mencionar (vt)	ဖော်ပြသည်	hpjo bja. de
mostrar (vt)	ပြသည်	pja. de
nadar (vi)	ရေကူးသည်	jei ku: de
negarse (vr)	ငြင်းဆန်သည်	njin: zan de
objetar (vt)	ငြင်းသည်	njin: de
observar (vt)	စောင့်ကြည့်သည်	saun. gji. de
oír (vt)	ကြားသည်	ka: de
olvidar (vt)	မေ့သည်	mei. de
orar (vi)	ရှိခိုးသည်	shi. gou: de
ordenar (mil.)	အမိန့်ပေးသည်	amin. bei: de
pagar (vi, vt)	ပေးချေသည်	pei: gjei de
pararse (vr)	ရပ်သည်	ja' te
participar (vi)	ပါဝင်သည်	pa win de
pedir (ayuda, etc.)	တောင်းဆိုသည်	taun: hsou: de
pedir (en restaurante)	မှာသည်	hma de
pensar (vi, vt)	ထင်သည်	htin de
percibir (ver)	သတိထားမိသည်	dhadi. da: mi. de
perdonar (vt)	ခွင့်လွှတ်သည်	khwin. hlu' te
permitir (vt)	ခွင့်ပြုသည်	khwin bju. de
pertenecer a ...	ပိုင်ဆိုင်သည်	pain zain de

planear (vt)	စီစဉ်သည်	si zin de
poder (v aux)	တတ်နိုင်သည်	ta' nain de
poseer (vt)	ပိုင်ဆိုင်သည်	pain zain de
preferir (vt)	ပိုကြိုက်သည်	pou gjai' te
preguntar (vt)	မေးသည်	mei: de
preparar (la cena)	ချက်ပြုတ်သည်	che' pjou' te
prever (vt)	ကြိုမြင်သည်	kjou mjin de
probar, tentar (vt)	စမ်းကြည့်သည်	san: kji. de
prometer (vt)	ကတိပေးသည်	gadi pei: de
pronunciar (vt)	အသံထွက်သည်	athan dwe' te
proponer (vt)	အဆိုပြုသည်	ahsou bju. de
quebrar (vt)	ဖျက်ဆီးသည်	hpje' hsi: de
quejarse (vr)	တိုင်ပြောသည်	tain bjo: de
querer (amar)	ချစ်သည်	chi' te
querer (desear)	လိုချင်သည်	lou gjin de

13. Los verbos más importantes. Unidad 4

recomendar (vt)	အကြံပြုထောက်ခံသည်	akjan pju htau' khan de
regañar, reprender (vt)	ဆူသည်	hsu. de
reírse (vr)	ရယ်သည်	je de
repetir (vt)	ထပ်လုပ်သည်	hta' lou' te
reservar (~ una mesa)	မှာသည်	hma de
responder (vi, vt)	ဖြေသည်	hpjei de
robar (vt)	ခိုးသည်	khou: de
saber (~ algo mas)	သိသည်	thi. de
salir (vi)	ထွက်သည်	htwe' te
salvar (vt)	ကယ်ဆယ်သည်	ke ze de
seguir ...	လိုက်သည်	lai' te
sentarse (vr)	ထိုင်သည်	htain de
ser (vi)	ဖြစ်သည်	hpji' te
ser necesario	အလိုရှိသည်	alou' shi. de
significar (vt)	ဆိုလိုသည်	hsou lou de
sonreír (vi)	ပြုံးသည်	pjoun: de
sorprenderse (vr)	အံ့သြသည်	an. o. de
subestimar (vt)	လျှော့တွက်သည်	sho. dwe' de
tener (vt)	ရှိသည်	shi. de
tener hambre	ဗိုက်ဆာသည်	bai' hsa de
tener miedo	ကြောက်သည်	kjau' te
tener prisa	လောသည်	lo de
tener sed	ရေဆာသည်	jei za de
tirar, disparar (vi)	ပစ်သည်	pi' te
tocar (con las manos)	ကိုင်သည်	kain de
tomar (vt)	ယူသည်	ju de
tomar nota	ရေးထားသည်	jei: da: de
trabajar (vi)	အလုပ်လုပ်သည်	alou' lou' te
traducir (vt)	ဘာသာပြန်သည်	ba dha bjan de

unir (vt)	ပေါင်းစည်းသည်	paun: ze: de
vender (vt)	ရောင်းသည်	jaun: de
ver (vt)	မြင်သည်	mjin de
volar (pájaro, avión)	ပျံသန်းသည်	pjan dan: de

14. Los colores

color (m)	အရောင်	ajaun
matiz (m)	အသွေးအဆင်း	athwei: ahsin:
tono (m)	အရောင်အသွေး	ajaun athwei:
arco (m) iris	သက်တံ	the' tan
blanco (adj)	အဖြူရောင်	ahpju jaun
negro (adj)	အနက်ရောင်	ane' jaun
gris (adj)	ခဲရောင်	khe: jaun
verde (adj)	အစိမ်းရောင်	asain: jaun
amarillo (adj)	အဝါရောင်	awa jaun
rojo (adj)	အနီရောင်	ani jaun
azul (adj)	အပြာရောင်	apja jaun
azul claro (adj)	အပြာနုရောင်	apja nu. jaun
rosa (adj)	ပန်းရောင်	pan: jaun
naranja (adj)	လိမ္မော်ရောင်	limmo jaun
violeta (adj)	ခရမ်းရောင်	khajan: jaun
marrón (adj)	အညိုရောင်	anjou jaun
dorado (adj)	ရွှေရောင်	shwei jaun
argentado (adj)	ငွေရောင်	ngwei jaun
beige (adj)	ဝါညိုနုရောင်	wa njou nu. jaun
crema (adj)	နို့နှစ်ရောင်	nou. hni' jaun
turquesa (adj)	စိမ်းပြာရောင်	sein: bja jaun
rojo cereza (adj)	ချယ်ရီရောင်	che ji jaun
lila (adj)	ခရမ်းဖျော့ရောင်	khajan: bjo. jaun
carmesí (adj)	ကြက်သွေးရောင်	kje' thwei: jaun
claro (adj)	အရောင်ဖျော့သော	ajaun bjo. de.
oscuro (adj)	အရောင်ရင့်သော	ajaun jin. de.
vivo (adj)	တောက်ပသော	tau' pa. de.
de color (lápiz ~)	အရောင်ရှိသော	ajaun shi. de.
en colores (película ~)	ရောင်စုံ	jau' soun
blanco y negro (adj)	အဖြူအမည်း	ahpju ame:
unicolor (adj)	တစ်ရောင်တည်းရှိသော	ti' jaun te: shi. de.
multicolor (adj)	အရောင်စုံသော	ajaun zoun de.

15. Las preguntas

¿Quién?	ဘယ်သူလဲ	be dhu le:
¿Qué?	ဘာလဲ	ba le:
¿Dónde?	ဘယ်မှာလဲ	be hma le:

¿Adónde?	ဘယ်ကိုလဲ	be gou le:
¿De dónde?	ဘယ်ကလဲ	be ga. le:
¿Cuándo?	ဘယ်တော့လဲ	be do. le:
¿Para qué?	ဘာအတွက်လဲ	ba atwe' le:
¿Por qué?	ဘာကြောင့်လဲ	ba gjaun. le:
¿Por qué razón?	ဘာအတွက်လဲ	ba atwe' le:
¿Cómo?	ဘယ်လိုလဲ	be lau le:
¿Qué ...? (~ color)	ဘယ်လိုမျိုးလဲ	be lau mjou: le:
¿Cuál?	ဘယ်ဟာလဲ	be ha le:
¿A quién?	ဘယ်သူ့ကိုလဲ	be dhu. gou le:
¿De quién? (~ hablan ...)	ဘယ်သူ့အကြောင်းလဲ	be dhu. kjaun: le:
¿De qué?	ဘာအကြောင်းလဲ	ba akjain: le:
¿Con quién?	ဘယ်သူနဲ့လဲ	be dhu ne. le:
¿Cuánto?	ဘယ်လောက်လဲ	be lau' le:
¿De quién?	ဘယ်သူ့	be dhu.

16. Las preposiciones

con ... (~ algn)	နဲ့အတူ	ne. atu
sin ... (~ azúcar)	မပါဘဲ	ma. ba be:
a ... (p.ej. voy a México)	သို့	thou.
de ... (hablar ~)	အကြောင်း	akjaun:
antes de ...	မတိုင်မီ	ma. dain mi
delante de ...	ရှေ့မှာ	shei. hma
debajo	အောက်မှာ	au' hma
sobre ..., encima de ...	အပေါ်မှာ	apo hma
en, sobre (~ la mesa)	အပေါ်	apo
de (origen)	မှ	hma.
de (fabricado de)	ဖြင့်	hpjin.
dentro de ...	နောက်	nau'
encima de ...	ဖြတ်လျက်	hpja' lje'

17. Las palabras útiles. Los adverbios. Unidad 1

¿Dónde?	ဘယ်မှာလဲ	be hma le:
aquí (adv)	ဒီမှာ	di hma
allí (adv)	ဟိုမှာ	hou hma.
en alguna parte	တစ်နေရာရာမှာ	ti' nei ja ja hma
en ninguna parte	ဘယ်မှာမှ	be hma hma.
junto a ...	နားမှာ	na: hma
junto a la ventana	ပြတင်းပေါက်နားမှာ	badin: pau' hna: hma
¿A dónde?	ဘယ်ကိုလဲ	be gou le:
aquí (venga ~)	ဒီဘက်ကို	di be' kou
allí (vendré ~)	ဟိုဘက်ကို	hou be' kou

de aquí (adv)	ဒီဘက်မှ	di be' hma
de allí (adv)	ဟိုဘက်မှ	hou be' hma.
cerca (no lejos)	နီးသည်	ni: de
lejos (adv)	အဝေးမှာ	awei: hma
cerca de ...	နားမှာ	na: hma
al lado (de ...)	ဘေးမှာ	bei: hma
no lejos (adv)	မနီးမဝေး	ma. ni ma. wei:
izquierdo (adj)	ဘယ်	be
a la izquierda (situado ~)	ဘယ်ဘက်မှာ	be be' hma
a la izquierda (girar ~)	ဘယ်ဘက်	be be'
derecho (adj)	ညာဘက်	nja be'
a la derecha (situado ~)	ညာဘက်မှာ	nja be' hma
a la derecha (girar)	ညာဘက်	nja be'
delante (yo voy ~)	ရှေ့မှာ	shei. hma
delantero (adj)	ရှေ့	shei.
adelante (movimiento)	ရှေ့	shei.
detrás de ...	နောက်မှာ	nau' hma
desde atrás	နောက်က	nau' ka.
atrás (da un paso ~)	နောက်	nau'
centro (m), medio (m)	အလယ်	ale
en medio (adv)	အလယ်မှာ	ale hma
de lado (adv)	ဘေးမှာ	bei: hma
en todas partes	နေရာတိုင်းမှာ	nei ja dain: hma
alrededor (adv)	ပတ်လည်မှာ	pa' le hma
de dentro (adv)	အထဲမှ	a hte: hma.
a alguna parte	တစ်နေရာရာကို	ti' nei ja ja gou
todo derecho (adv)	တိုက်ရိုက်	tai' jai'
atrás (muévelo para ~)	အပြန်	apjan
de alguna parte (adv)	တစ်နေရာရာမှ	ti' nei ja ja hma.
no se sabe de dónde	တစ်နေရာရာမှ	ti' nei ja ja hma.
primero (adv)	ပထမအနေဖြင့်	pahtama. anei gjin.
segundo (adv)	ဒုတိယအနေဖြင့်	du. di. ja. anei bjin.
tercero (adv)	တတိယအနေဖြင့်	tati. ja. anei bjin.
de súbito (adv)	မတော်တဆ	ma. do da. za.
al principio (adv)	အစမှာ	asa. hma
por primera vez	ပထမဆုံး	pahtama. zoun:
mucho tiempo antes ...	မတိုင်ခင် အတော်လေး အလိုက	ma. dain gin ato lei: alou ga.
de nuevo (adv)	အသစ်တဖန်	athi' da. ban
para siempre (adv)	အမြဲတမ်း	amje: dan:
jamás, nunca (adv)	ဘယ်တော့မှ	be do hma.
de nuevo (adv)	တဖန်	tahpan
ahora (adv)	အခုတော့	akhu dau.
frecuentemente (adv)	ခဏခဏ	khana. khana.

entonces (adv)	ထို့သို့ဖြစ်လျှင်	htou dhou. bji' shin
urgentemente (adv)	အမြန်	aman
usualmente (adv)	ပုံမှန်	poun hman
a propósito, ...	စကားမစပ်	zaga: ma. za'
es probable	ဖြင်နိုင်သည်	hpjin nain de
probablemente (adv)	ဖြစ်နိုင်သည်	hpji' nein de
tal vez	ဖြစ်နိုင်သည်	hpji' nein de
además ...	ဒါ့အပြင်	da. apjin
por eso ...	ဒါကြောင့်	da gjaun.
a pesar de ...	သော်လည်း	tho lei:
gracias a ...	ကြောင့်	kjaun.
qué (pron)	ဘာ	ba
que (conj)	ဟု	hu
algo (~ le ha pasado)	တစ်ခုခု	ti' khu. gu.
algo (~ así)	တစ်ခုခု	ti' khu. gu.
nada (f)	ဘာမှ	ba hma.
quien	ဘယ်သူ	be dhu.
alguien (viene ~)	တစ်ယောက်ယောက်	ti' jau' jau'
alguien (¿ha llamado ~?)	တစ်ယောက်ယောက်	ti' jau' jau'
nadie	ဘယ်သူမှ	be dhu hma.
a ninguna parte	ဘယ်ကိုမှ	be gou hma.
de nadie	ဘယ်သူမှမပိုင်သော	be dhu hma ma. bain de.
de alguien	တစ်ယောက်ယောက်ရဲ့	ti' jau' jau' je.
tan, tanto (adv)	ဒီလို	di lou
también (~ habla francés)	ထို့ပြင်လည်း	htou. bjin le:
también (p.ej. Yo ~)	လည်းဘဲ	le: be:

18. Las palabras útiles. Los adverbios. Unidad 2

¿Por qué?	ဘာကြောင့်လဲ	ba gjaun. le:
no se sabe porqué	တစ်ခုခုကြောင့်	ti' khu. gu. gjaun.
porque ...	အဘယ်ကြောင့်ဆိုသော်	abe gjo:n. zou dho
por cualquier razón (adv)	တစ်ခုခုအတွက်	ti' khu. gu. atwe'
y (p.ej. uno y medio)	နှင့်	hnin.
o (p.ej. té o café)	သို့မဟုတ်	thou. ma. hou'
pero (p.ej. me gusta, ~)	ဒါပေမဲ့	da bei me.
para (p.ej. es para ti)	အတွက်	atwe'
demasiado (adv)	အလွန်	alun
sólo, solamente (adv)	သာ	tha
exactamente (adv)	အတိအကျ	ati. akja.
unos ..., cerca de ... (~ 10 kg)	ခန့်	khan.
aproximadamente	ခန့်မှန်းခြေအားဖြင့်	khan hman: gjei a: bjin.
aproximado (adj)	ခန့်မှန်းခြေဖြစ်သော	khan hman: gjei bji' te.
casi (adv)	နီးပါး	ni: ba:
resto (m)	ကျန်သော	kjan de.

el otro (adj)	တခြားသော	tacha: de.
otro (p.ej. el otro día)	အခြားသော	apja: de.
cada (adj)	တိုင်း	tain:
cualquier (adj)	မဆို	ma. zou
mucho (innum.)	အများကြီး	amja: gji:
mucho (num.)	အမြောက်အများ	amjau' amja:
muchos (mucha gente)	များစွာသော	mja: zwa de.
todos	အားလုံး	a: loun:

a cambio de ...	အစား	asa:
en cambio (adv)	အစား	asa:
a mano (hecho ~)	လက်ဖြင့်	le' hpjin.
poco probable	ဖြစ်နိုင်ခြေ နည်းသည်	hpji' nain gjei ni: de

probablemente	ဖြစ်နိုင်သည်	hpji' nein de
a propósito (adv)	တမင်	tamin
por accidente (adv)	အမှတ်တမဲ့	ahma' ta. me.

muy (adv)	သိပ်	thei'
por ejemplo (adv)	ဥပမာအားဖြင့်	upama a: bjin.
entre (~ nosotros)	ကြား	kja:
entre (~ otras cosas)	ကြားထဲတွင်	ka: de: dwin:
tanto (~ gente)	ဒီလောက်	di lau'
especialmente (adv)	အထူးသဖြင့်	a htu: dha. hjin.

Conceptos básicos. Unidad 2

19. Los opuestos

rico (adj)	ချမ်းသာသော	chan: dha de.
pobre (adj)	ဆင်းရဲသော	hsin: je: de.
enfermo (adj)	နေမကောင်းသော	nei ma. kaun: de.
sano (adj)	ကျန်းမာသော	kjan: ma de.
grande (adj)	ကြီးသော	kji: de.
pequeño (adj)	သေးသော	thei: de.
rápidamente (adv)	မြန်မြန်	mjan mjan
lentamente (adv)	ဖြည်းဖြည်း	hpjei: bjei:
rápido (adj)	မြန်သော	mjan de.
lento (adj)	ဖြည်းသော	hpjei: de.
alegre (adj)	ပျော်ရွှင်သော	pjo shwin de.
triste (adj)	ဝမ်းနည်းသော	wan: ne: de.
juntos (adv)	အတူတကွ	atu da. kwa.
separadamente	သီးခြားစီ	thi: gjin: zi
en voz alta	ကျယ်လောင်စွာ	kje laun zwa
en silencio	တိတ်ဆိတ်စွာ	tei' hsei' swa
alto (adj)	မြင့်သော	mjin. de.
bajo (adj)	ပုသော	pu dho:
profundo (adj)	နက်သော	ne' te.
poco profundo (adj)	တိမ်သော	tein de
sí	ဟုတ်တယ်	hou' te
no	မဟုတ်ဘူး	ma hou' bu:
lejano (adj)	ဝေးသော	wei: de.
cercano (adj)	နီးသော	ni: de.
lejos (adv)	အဝေးမှာ	awei: hma
cerco (adv)	အနီးမှာ	ani: hma
largo (adj)	ရှည်သော	shei lja: zu: sha. zwa ode
corto (adj)	တိုသော	tou de.
bueno (de buen corazón)	သဘောကောင်းသော	thabo: kaun: de.
malvado (adj)	ယုတ်မာသော	jou' ma de.

casado (adj)	မိန်းမရှိသော	mein: ma. shi. de.
soltero (adj)	တစ်ဦးတည်းဖြစ်သော	ti' u: te: hpi' te.
prohibir (vt)	တားမြစ်သည်	ta: mji' te
permitir (vt)	ခွင့်ပြုသည်	khwin bju. de
fin (m)	အဆုံး	ahsoun:
principio (m)	အစ	asa.
izquierdo (adj)	ဘယ်	be
derecho (adj)	ညာဘက်	nja be'
primero (adj)	ပထမ	pahtama.
último (adj)	နောက်ဆုံးဖြစ်သော	nau' hsoun: bji' te.
crimen (m)	ရာဇဝတ်မှု	raza. wu' hma.
castigo (m)	အပြစ်ပေးခြင်း	apja' pei: gjin:
ordenar (vt)	အမိန့်ချသည်	amin. gja. de
obedecer (vi, vt)	နာခံသည်	na gan de
recto (adj)	ဖြောင့်တန်းသော	hpjaun. dan: de.
curvo (adj)	ကောက်ကွေ့သော	kau' kwe. de.
paraíso (m)	ကောင်းကင်ဘုံ	kaun: gin boun
infierno (m)	ငရဲ	nga. je:
nacer (vi)	မွေးဖွားသည်	mwei: bwa: de
morir (vi)	ကွယ်လွန်သည်	kwe lun de
fuerte (adj)	သန်မာသော	than ma de.
débil (adj)	အားပျော့သော	a: bjo. de.
viejo (adj)	အိုမင်းသော	ou min de.
joven (adj)	ငယ်ရွယ်သော	ngwe jwe de.
viejo (adj)	အိုဟောင်းသော	ou haun: de.
nuevo (adj)	သစ်သော	thi' te.
duro (adj)	မာသော	ma de.
blando (adj)	နူးညံ့သော	nu: njan. de.
tibio (adj)	နွေးသော	nwei: de.
frío (adj)	အေးသော	ei: de.
gordo (adj)	ဝသော	wa. de.
delgado (adj)	ပိန်သော	pein de.
estrecho (adj)	ကျဉ်းသော	kjin de.
ancho (adj)	ကျယ်သော	kje de.
bueno (adj)	ကောင်းသော	kaun: de.
malo (adj)	ဆိုးသော	hsou: de.
valiente (adj)	ရဲရင့်သော	je: jin. de.
cobarde (adj)	ကြောက်တတ်သော	kjau' ta' te.

20. Los días de la semana

lunes (m)	တနင်္လာ	tanin: la
martes (m)	အင်္ဂါ	in ga
miércoles (m)	ဗုဒ္ဓဟူး	bou' da. hu:
jueves (m)	ကြာသပတေး	kja dha ba. dei:
viernes (m)	သောကြာ	thau' kja
sábado (m)	စနေ	sanei
domingo (m)	တနင်္ဂနွေ	tanin: ganwei
hoy (adv)	ယနေ့	ja. nei.
mañana (adv)	မနက်ဖြန်	mane' bjan
pasado mañana	သဘက်ခါ	dhabe' kha
ayer (adv)	မနေ့က	ma. nei. ka.
anteayer (adv)	တနေ့က	ta. nei. ga.
día (m)	နေ့	nei.
día (m) de trabajo	ရုံးဖွင့်ရက်	joun: hpwin je'
día (m) de fiesta	ပွဲတော်ရက်	pwe: do je'
día (m) de descanso	ရုံးပိတ်ရက်	joun: bei' je'
fin (m) de semana	ရုံးပိတ်ရက်များ	joun: hpwin je' mja:
todo el día	တနေ့လုံး	ta. nei. loun:
al día siguiente	နောက်နေ့	nau' nei.
dos días atrás	လွန်ခဲ့သော နှစ်ရက်က	lun ge: de. hni' ja' ka.
en vísperas (adv)	အကြိုနေ့မှာ	akjou nei. hma
diario (adj)	နေ့စဉ်	nei. zin
cada día (adv)	နေ့တိုင်း	nei dain:
semana (f)	ရက်သတ္တပတ်	je' tha' daba'
semana (f) pasada	ပြီးခဲ့တဲ့အပတ်က	pji: ge. de. apa' ka.
semana (f) que viene	လာမယ့်အပတ်မှာ	la. me. apa' hma
semanal (adj)	အပတ်စဉ်	apa' sin
cada semana (adv)	အပတ်စဉ်	apa' sin
2 veces por semana	တစ်ပတ် နှစ်ကြိမ်	ti' pa' hni' kjein
todos los martes	အင်္ဂါနေ့တိုင်း	in ga nei. dain:

21. Las horas. El día y la noche

mañana (f)	နံနက်ခင်း	nan ne' gin:
por la mañana	နံနက်ခင်းမှာ	nan ne' gin: hma
mediodía (m)	မွန်းတည့်	mun: de.
por la tarde	နေ့လယ်စာစားချိန်ပြီးနောက်	nei. le za za: gjein bji: nau'
noche (f)	ညနေခင်း	nja. nei gin:
por la noche	ညနေခင်းမှာ	nja. nei gin: hma
noche (f) (p.ej. 2:00 a.m.)	ည	nja
por la noche	ညမှာ	nja hma
medianoche (f)	သန်းခေါင်ယံ	than: gaun jan
segundo (m)	စက္ကန့်	se' kan.
minuto (m)	မိနစ်	mi. ni'
hora (f)	နာရီ	na ji

media hora (f)	နာရီဝက်	na ji we'
cuarto (m) de hora	ဆယ့်ငါးမိနစ်	hse. nga: mi. ni'
quince minutos	၁၅ မိနစ်	ta' hse. nga: mi ni'
veinticuatro horas	နှစ်ဆယ်လေးနာရီ	hni' hse lei: na ji
salida (f) del sol	နေထွက်ချိန်	nei dwe' gjein
amanecer (m)	အာရုဏ်ဦး	a joun u:
madrugada (f)	နံနက်စောစော	nan ne' so: zo:
puesta (f) del sol	နေဝင်ချိန်	nei win gjein
de madrugada	နံနက်အစောပိုင်း	nan ne' aso: bain:
esta mañana	ယနေ့နံနက်	ja. nei. nan ne'
mañana por la mañana	မနက်ဖြန်နံနက်	mane' bjan nan ne'
esta tarde	ယနေ့နေ့လယ်	ja. nei. nei. le
por la tarde	နေ့လယ်စာစားချိန်ပြီးနောက်	nei. le za za: gjein bji: nau'
mañana por la tarde	မနက်ဖြန်မွန်းလွဲပိုင်း	mane' bjan mun: lwe: bain:
esta noche (p.ej. 8:00 p.m.)	ယနေ့ညနေ	ja. nei. nja. nei
mañana por la noche	မနက်ဖြန်ညနေ	mane' bjan nja. nei
a las tres en punto	၃ နာရီတွင်	thoun: na ji dwin
a eso de las cuatro	၄ နာရီခန့်တွင်	lei: na ji khan dwin
para las doce	၁၂ နာရီအရောက်	hse. hni' na ji ajau'
dentro de veinte minutos	နောက် မိနစ် ၂၀ မှာ	nau' mi. ni' hni' se hma
dentro de una hora	နောက်တစ်နာရီမှာ	nau' ti' na ji hma
a tiempo (adv)	အချိန်ကိုက်	achein kai'
... menos cuarto	မတ်တင်း	ma' tin:
durante una hora	တစ်နာရီအတွင်း	ti' na ji atwin:
cada quince minutos	၁၅ မိနစ်တိုင်း	ta' hse. nga: mi ni' htain:
día y noche	၂၄ နာရီလုံး	hna' hse. lei: na ji

22. Los meses. Las estaciones

enero (m)	ဇန်နဝါရီလ	zan na. wa ji la.
febrero (m)	ဖေဖော်ဝါရီလ	hpei bo wa ji la
marzo (m)	မတ်လ	ma' la.
abril (m)	ဧပြီလ	ei bji la.
mayo (m)	မေလ	mei la.
junio (m)	ဇွန်လ	zun la.
julio (m)	ဇူလိုင်လ	zu lain la.
agosto (m)	ဩဂုတ်လ	o: gou' la.
septiembre (m)	စက်တင်ဘာလ	sa' htin ba la.
octubre (m)	အောက်တိုဘာလ	au' tou ba la
noviembre (m)	နိုဝင်ဘာလ	nou win ba la.
diciembre (m)	ဒီဇင်ဘာလ	di zin ba la.
primavera (f)	နွေဦးရာသီ	nwei: u: ja dhi
en primavera	နွေဦးရာသီမှာ	nwei: u: ja dhi hma
de primavera (adj)	နွေဦးရာသီနှင့်ဆိုင်သော	nwei: u: ja dhi hnin. zain de.
verano (m)	နွေရာသီ	nwei: ja dhi

en verano	နွေရာသီမှာ	nwei: ja dhi hma
de verano (adj)	နွေရာသီနှင့်ဆိုင်သော	nwei: ja dhi hnin. zain de.
otoño (m)	ဆောင်းဦးရာသီ	hsaun: u: ja dhi
en otoño	ဆောင်းဦးရာသီမှာ	hsaun: u: ja dhi hma
de otoño (adj)	ဆောင်းဦးရာသီနှင့်ဆိုင်သော	hsaun: u: ja dhi hnin. zain de.
invierno (m)	ဆောင်းရာသီ	hsaun: ja dhi
en invierno	ဆောင်းရာသီမှာ	hsaun: ja dhi hma
de invierno (adj)	ဆောင်းရာသီနှင့်ဆိုင်သော	hsaun: ja dhi hnin. zain de.
mes (m)	လ	la.
este mes	ဒီလ	di la.
al mes siguiente	နောက်လ	nau' la
el mes pasado	ယခင်လ	jakhin la.
hace un mes	ပြီးခဲ့တဲ့တစ်လကျော်	pji: ge. de. di' la. gjo
dentro de un mes	နောက်တစ်လကျော်	nau' ti' la. gjo
dentro de dos meses	နောက်နှစ်လကျော်	nau' hni' la. gjo
todo el mes	တစ်လလုံး	ti' la. loun:
todo un mes	တစ်လလုံး	ti' la. loun:
mensual (adj)	လစဉ်	la. zin
mensualmente (adv)	လစဉ်	la. zin
cada mes	လတိုင်း	la. dain:
dos veces por mes	တစ်လနှစ်ကြိမ်	ti' la. hni' kjein:
año (m)	နှစ်	hni'
este año	ဒီနှစ်မှာ	di hna' hma
el próximo año	နောက်နှစ်မှာ	nau' hni' hnma
el año pasado	ယခင်နှစ်မှာ	jakhin hni' hma
hace un año	ပြီးခဲ့တဲ့တစ်နှစ်ကျော်က	pji: ge. de. di' hni' kjo ga.
dentro de un año	နောက်တစ်နှစ်ကျော်	nau' ti' hni' gjo
dentro de dos años	နောက်နှစ်နှစ်ကျော်	nau' hni' hni' gjo
todo el año	တစ်နှစ်လုံး	ti' hni' loun:
todo un año	တစ်နှစ်လုံး	ti' hni' loun:
cada año	နှစ်တိုင်း	hni' tain:
anual (adj)	နှစ်စဉ်ဖြစ်သော	hni' san bji' te.
anualmente (adv)	နှစ်စဉ်	hni' san
cuatro veces por año	တစ်နှစ်လေးကြိမ်	ti' hni' lei: gjein
fecha (f) (la ~ de hoy es ...)	နေ့စွဲ	nei. zwe:
fecha (f) (~ de entrega)	ရက်စွဲ	je' swe:
calendario (m)	ပြက္ခဒိန်	pje' gadein
medio año (m)	နှစ်ဝက်	hni' we'
seis meses	နှစ်ဝက်	hni' we'
estación (f)	ရာသီ	ja dhi
siglo (m)	ရာစု	jazu.

23. La hora. Miscelánea

tiempo (m)	အချိန်	achein
momento (m)	အခိုက်အတန့်	akhai' atan.

instante (m)	ခဏ	khana.
instantáneo (adj)	ချက်ချင်း	che' chin:
lapso (m) de tiempo	ကာလအပိုင်းအခြား	ka la apain: acha:
vida (f)	ဘဝ	ba. wa.
eternidad (f)	ထာဝရ	hta wa. ja.
época (f)	ခေတ်	khi'
era (f)	ခေတ်	khi'
ciclo (m)	စက်ဝန်း	se' wun:
periodo (m)	အချိန်ပိုင်း	achein bain:
plazo (m) (~ de tres meses)	သက်တမ်း	the' tan
futuro (m)	အနာဂတ်	ana ga'
futuro (adj)	အနာဂတ်	ana ga'
la próxima vez	နောက်တစ်ကြိမ်	nau' ti' kjein
pasado (m)	အတိတ်	ati'
pasado (adj)	လွန်ခဲ့သော	lun ge. de.
la última vez	ပြီးခဲ့သောတစ်ခေါက်	pji: ge. dho di' gau'
más tarde (adv)	နောက်မှ	nau' hma.
después	ပြီးနောက်	pji: nau'
actualmente (adv)	ယခုအချိန်	jakhu. achein
ahora (adv)	အခု	akhu.
inmediatamente	ချက်ချင်း	che' chin:
pronto (adv)	မကြာခင်	ma. gja gin
de antemano (adv)	ကြိုတင်	kjou tin
hace mucho tiempo	တော်တော်ကြာကြာက	to do gja gja
hace poco (adv)	သိပ်မကြာခင်က	thei' ma. gja gjin ga.
destino (m)	ကံတရား	kan daja:
recuerdos (m pl)	အမှတ်တရ	ahma' ta ra
archivo (m)	မော်ကွန်း	mo gun:
durante ...	အချိန်အတွင်း	achein atwin
mucho tiempo (adv)	ကြာကြာ	kja gja
poco tiempo (adv)	ခဏ	khana.
temprano (adv)	စောစော	so: zo:
tarde (adv)	နောက်ကျမှ	nau' kja. hma.
para siempre (adv)	အမြဲတမ်း	amje: dan:
comenzar (vt)	စတင်သည်	sa. tin de
aplazar (vt)	ရွှေ့ဆိုင်းသည်	shwei. zain: de
simultáneamente	တချိန်တည်းမှာ	takhein de: hma
permanentemente	အမြဲတမ်း	amje: dan:
constante (ruido, etc.)	ဆက်တိုင်ဖြစ်သော	hse' dain bja' de.
temporal (adj)	ယာယီဖြစ်သော	ja ji bji' te.
a veces (adv)	တခါတလေ	takha talei
raramente (adv)	ရှားရှားပါးပါး	sha: sha: ba: ba:
frecuentemente	ခဏခဏ	khana. khana.

24. Las líneas y las formas

cuadrado (m)	စတုရန်း	satu. jan:
cuadrado (adj)	စတုရန်းပုံဖြစ်သော	satu. jan: boun bji' te.

círculo (m)	အဝိုင်း	awain:
redondo (adj)	ဝိုင်းသော	wain: de.
triángulo (m)	တြိဂံ	tri. gan
triangular (adj)	တြိဂံပုံဖြစ်သော	tri. gan bou hpi' te
óvalo (m)	ဘဲဥပုံ	be: u. boun
oval (adj)	ဘဲဥပုံဖြစ်သော	be: u. boun pja' de.
rectángulo (m)	ထောင့်မှန်စတုဂံ	htaun. hman zatu. gan
rectangular (adj)	ထောင့်မှန်ဖြစ်သော	htaun. hman hpji' te.
pirámide (f)	ထုချွန်းပုံ	htu. gjwan: boun
rombo (m)	ရမ္ဗု	ran bu
trapecio (m)	ထရာပီးဇီးယမ်း	htaja bi: zi: jan:
cubo (m)	ကုဗတုံး	ku ba. toun:
prisma (m)	ပရစ်ဇမ်	pa. ji' zan
circunferencia (f)	အဝန်း	awun:
esfera (f)	ထုလုံး	htu. loun:
globo (m)	မို့မောင်လုံးဝန်းသော	mou maun loun: wun: de.
diámetro (m)	အချင်း	achin:
radio (m)	အချင်းဝက်	achin: we'
perímetro (m)	ပတ်လည်အနား	pa' le ana:
centro (m)	ဗဟို	ba hou
horizontal (adj)	အလျားလိုက်	alja: lai'
vertical (adj)	ဒေါင်လိုက်	daun lou'
paralela (f)	အပြိုင်	apjain
paralelo (adj)	အပြိုင်ဖြစ်သော	apjain bja' te.
línea (f)	မျဉ်း	mjin:
trazo (m)	ချက်	che'
recta (f)	မျဉ်းဖြောင့်	mjin: baun.
curva (f)	မျဉ်းကွေး	mjin: gwei:
fino (la ~a línea)	ပါးသော	pa: de.
contorno (m)	ကွန်တိုမျဉ်း	kun tou mjin:
intersección (f)	ဖြတ်မှတ်	hpja' hma'
ángulo (m) recto	ထောင့်မှန်	htaun. hman
segmento (m)	အပိုင်း	apain:
sector (m)	စက်ဝိုင်းစိတ်	se' wain: zei'
lado (m)	အနား	ana:
ángulo (m)	ထောင့်	htaun.

25. Las unidades de medida

peso (m)	အလေးချိန်	alei: gjein
longitud (f)	အရှည်	ashei
anchura (f)	အကျယ်	akje
altura (f)	အမြင့်	amjin.
profundidad (f)	အနက်	ane'
volumen (m)	ထုထည်	du. de
área (f)	အကျယ်အဝန်း	akje awun:
gramo (m)	ဂရမ်	ga ran
miligramo (m)	မီလီဂရမ်	mi li ga. jan

kilogramo (m)	ကီလိုဂရမ်	ki lou ga jan
tonelada (f)	တန်	tan
libra (f)	ပေါင်	paun
onza (f)	အောင်စ	aun sa.

metro (m)	မီတာ	mi ta
milímetro (m)	မီလီမီတာ	mi li mi ta
centímetro (m)	စင်တီမီတာ	sin ti mi ta
kilómetro (m)	ကီလိုမီတာ	ki lou mi ta
milla (f)	မိုင်	main

pulgada (f)	လက်မ	le' ma
pie (m)	ပေ	pei
yarda (f)	ကိုက်	kou'

metro (m) cuadrado	စတုရန်းမီတာ	satu. jan: mi ta
hectárea (f)	ဟက်တာ	he' ta

litro (m)	လီတာ	li ta
grado (m)	ဒီဂရီ	di ga ji
voltio (m)	ဗို့	boi.
amperio (m)	အမ်ပီယာ	an bi ja
caballo (m) de fuerza	မြင်းကောင်ရေအား	mjin: gaun jei a:

cantidad (f)	အရေအတွက်	ajei adwe'
un poco de ...	နည်းနည်း	ne: ne:
mitad (f)	တစ်ဝက်	ti' we'
docena (f)	ဒါဇင်	da zin
pieza (f)	ခု	khu.

dimensión (f)	အတိုင်းအတာ	atain: ata
escala (f) (del mapa)	စကေး	sakei:

mínimo (adj)	အနည်းဆုံး	ane: zoun
el más pequeño (adj)	အသေးဆုံး	athei: zoun:
medio (adj)	အလယ်အလတ်	ale ala'
máximo (adj)	အများဆုံး	amja: zoun:
el más grande (adj)	အကြီးဆုံး	akji: zoun:

26. Contenedores

tarro (m) de vidrio	ဖန်ဘူး	hpan bu:
lata (f)	သံဘူး	than bu:
cubo (m)	ရေပုံး	jei boun:
barril (m)	စည်ပိုင်း	si bain:

palangana (f)	ဇလုံ	za loun
tanque (m)	သံစည်	than zi
petaca (f) (de alcohol)	အရက်ပုလင်းပြား	aje' pu lin: pja:
bidón (m) de gasolina	ဓာတ်ဆီပုံး	da' hsi boun:
cisterna (f)	တိုင်ကီ	tain ki

taza (f) (mug de cerámica)	မတ်ခွက်	ma' khwe'
taza (f) (~ de café)	ခွက်	khwe'

platillo (m)	အောက်ခံပန်းကန်ပြား	au' khan ban: kan pja:
vaso (m) (~ de agua)	ဖန်ခွက်	hpan gwe'
copa (f) (~ de vino)	ဝိုင်ခွက်	wain gwe'
olla (f)	ပေါင်းအိုး	paun: ou:
botella (f)	ပုလင်း	palin:
cuello (m) de botella	ပုလင်းလည်ပင်း	palin: le bin:
garrafa (f)	ဖန်ချိုင့်	hpan gjain.
jarro (m) (~ de agua)	ကရား	kaja:
recipiente (m)	အိုးခွက်	ou: khwe'
tarro (m)	မြေအိုး	mjei ou:
florero (m)	ပန်းအိုး	pan: ou:
frasco (m) (~ de perfume)	ပုလင်း	palin:
frasquito (m)	ပုလင်းကလေး	palin: galei:
tubo (m)	ဘူး	bu:
saco (m) (~ de azúcar)	ဂုံနီအိတ်	goun ni ei'
bolsa (f) (~ plástica)	အိတ်	ei'
paquete (m) (~ de cigarrillos)	ဘူး	bu:
caja (f)	စက္ကူဘူး	se' ku bu:
cajón (m) (~ de madera)	သေတ္တာ	thi' ta
cesta (f)	တောင်း	taun:

27. Materiales

material (m)	အထည်	a hte
madera (f)	သစ်သား	thi' tha:
de madera (adj)	သစ်သားနှင့်လုပ်သော	thi' tha: hnin. lou' te.
vidrio (m)	ဖန်	hpan
de vidrio (adj)	ဖန်နှင့်လုပ်သော	hpan hnin. lou' te
piedra (f)	ကျောက်	kjau'
de piedra (adj)	ကျောက်ဖြင့်လုပ်ထားသော	kjau' hpjin. lou' hta: de.
plástico (m)	ပလတ်စတစ်	pa. la' sa. ti'
de plástico (adj)	ပလတ်စတစ်နှင့်လုပ်သော	pa. la' sa. ti' hnin. zain de
goma (f)	ရော်ဘာ	jo ba
de goma (adj)	ရော်ဘာနှင့်လုပ်သော	jo ba hnin. lou' te.
tela (f)	အထည်	a hte
de tela (adj)	အထည်နှင့်လုပ်သော	a hte hnin. lou' te.
papel (m)	စက္ကူ	se' ku
de papel (adj)	စက္ကူနှင့်လုပ်သော	se' ku hnin. lou' te.
cartón (m)	စက္ကူထူ	se' ku htu
de cartón (adj)	စက္ကူထူနှင့်လုပ်သော	se' ku htu hnin. lou' te.
polietileno (m)	ပေါ်လီသင်း	po li thin:
celofán (m)	မှန်ကြည်စက္ကူ	hman gji se' ku

linóleo (m)	ကြမ်းခင်း ဖယောင်းပုဆိုး	kjan: khin: hpa jaun: pou hsou:
contrachapado (m)	အထပ်သား	a hta' tha:
porcelana (f)	ကြွေ	kjwei
de porcelana (adj)	ကြွေနှင့်လုပ်သော	kjwei hnin. lou' te
arcilla (f), barro (m)	မြေစေး	mjei zei:
de barro (adj)	မြေထည်	mjei de
cerámica (f)	ကြွေထည်မြေထည်	kjwei de mjei de
de cerámica (adj)	ကြွေထည်မြေထည်နှင့်လုပ်သော	kjwei de mjei de hnin. lou' te.

28. Los metales

metal (m)	သတ္တု	tha' tu.
metálico (adj)	သတ္တုနှင့်လုပ်သော	tha' tu. hnin. lou' te.
aleación (f)	သတ္တုစပ်	tha' tu. za'
oro (m)	ရွှေ	shwei
de oro (adj)	ရွှေနှင့်လုပ်သော	shwei hnin. lou' te
plata (f)	ငွေ	ngwei
de plata (adj)	ငွေနှင့်လုပ်သော	ngwei hnin. lou' de.
hierro (m)	သံ	than
de hierro (adj)	သံနှင့်လုပ်သော	than hnin. lou' te.
acero (m)	သံမဏိ	than mani.
de acero (adj)	သံမဏိနှင့်လုပ်သော	than mani. hnin. lou' te.
cobre (m)	ကြေးနီ	kjei: ni
de cobre (adj)	ကြေးနီနှင့်လုပ်သော	kjei: ni hnin. lou. de.
aluminio (m)	အလူမီနီယံ	alu mi ni jan
de aluminio (adj)	အလူမီနီယံနှင့်လုပ်သော	alu mi ni jan hnin. lou' te.
bronce (m)	ကြေးညို	kjei: njou
de bronce (adj)	ကြေးညိုနှင့်လုပ်သော	kjei: njou hnin. lou' de.
latón (m)	ကြေးဝါ	kjei: wa
níquel (m)	နီကယ်	ni ke
platino (m)	ရွှေဖြူ	shwei bju
mercurio (m)	ပြဒါး	bada:
estaño (m)	သံဖြူ	than bju
plomo (m)	ခဲ	khe:
zinc (m)	သွပ်	thu'

EL SER HUMANO

El ser humano. El cuerpo

29. El ser humano. Conceptos básicos

ser (m) humano	လူ	lu
hombre (m) (varón)	အမျိုးသား	amjou: dha:
mujer (f)	အမျိုးသမီး	amjou: dhami:
niño -a (m, f)	ကလေး	kalei:
niña (f)	ကောင်မလေး	kaun ma. lei:
niño (m)	ကောင်လေး	kaun lei:
adolescente (m)	ဆယ်ကျော်သက်	hse gjo dhe'
viejo, anciano (m)	လူကြီး	lu gji:
vieja, anciana (f)	အမျိုးသမီးကြီး	amjou: dhami: gji:

30. La anatomía humana

organismo (m)	ဇီဝရုပ်	zi wa ju'
corazón (m)	နှလုံး	hnaloun:
sangre (f)	သွေး	thwei:
arteria (f)	သွေးလွှတ်ကြော	thwei hlwa' kjo:
vena (f)	သွေးပြန်ကြော	thwei: bjan gjo:
cerebro (m)	ဦးနှောက်	oun: hnau'
nervio (m)	အာရုံကြော	a joun gjo:
nervios (m pl)	အာရုံကြောများ	a joun gjo: mja:
vértebra (f)	ကျောရိုးအဆစ်	kjo: jou: ahsi'
columna (f) vertebral	ကျောရိုး	kjo: jou:
estómago (m)	အစာအိမ်	asa: ein
intestinos (m pl)	အူ	au
intestino (m)	အူ	au
hígado (m)	အသည်း	athe:
riñón (m)	ကျောက်ကပ်	kjau' ka'
hueso (m)	အရိုး	ajou:
esqueleto (m)	အရိုးစု	ajou: zu
costilla (f)	နံရိုး	nan jou:
cráneo (m)	ဦးခေါင်းခွံ	u: gaun: gwan
músculo (m)	ကြွက်သား	kjwe' tha:
bíceps (m)	လက်ရိုးကြွက်သား	le' jou: gjwe' tha:
tríceps (m)	လက်မောင်းနောက်သား	le' maun: nau' tha:
tendón (m)	အရွတ်	ajwa'
articulación (f)	အဆစ်	ahsi'

pulmones (m pl)	အဆုတ်	ahsou'
genitales (m pl)	အင်္ဂါဇာတ်	in ga za'
piel (f)	အရေပြား	ajei bja:

31. La cabeza

cabeza (f)	ခေါင်း	gaun:
cara (f)	မျက်နှာ	mje' hna
nariz (f)	နှာခေါင်း	hna gaun:
boca (f)	ပါးစပ်	pa: zi'
ojo (m)	မျက်စိ	mje' si.
ojos (m pl)	မျက်စိများ	mje' si. mja:
pupila (f)	သူငယ်အိမ်	thu nge ein
ceja (f)	မျက်ခုံး	mje' khoun:
pestaña (f)	မျက်တောင်	mje' taun
párpado (m)	မျက်ခွံ	mje' khwan
lengua (f)	လျှာ	sha
diente (m)	သွား	thwa:
labios (m pl)	နှုတ်ခမ်း	hna' khan:
pómulos (m pl)	ပါးရိုး	pa: jou:
encía (f)	သွားဖုံး	thwahpoun:
paladar (m)	အာခေါင်	a gaun
ventanas (f pl)	နှာခေါင်းပေါက်	hna gaun: bau'
mentón (m)	မေးစေ့	mei: zei.
mandíbula (f)	မေးရိုး	mei: jou:
mejilla (f)	ပါး	pa:
frente (f)	နဖူး	na. hpu:
sien (f)	နားထင်	na: din
oreja (f)	နားရွက်	na: jwe'
nuca (f)	နောက်စေ့	nau' sei.
cuello (m)	လည်ပင်း	le bin:
garganta (f)	လည်ချောင်း	le gjaun:
pelo, cabello (m)	ဆံပင်	zabin
peinado (m)	ဆံပင်ပုံစံ	zabin boun zan
corte (m) de pelo	ဆံပင်ညှပ်သည့်ပုံစံ	zabin hnja' thi. boun zan
peluca (f)	ဆံပင်တု	zabin du.
bigote (m)	နှုတ်ခမ်းမွေး	hnou' khan: hmwei:
barba (f)	မုတ်ဆိတ်မွေး	mou' hsei' hmwei:
tener (~ la barba)	အရှည်ထားသည်	ashei hta: de
trenza (f)	ကျစ်ဆံမြီး	kji' zan mji:
patillas (f pl)	ပါးသိုင်းမွေး	pa: dhain: hmwei:
pelirrojo (adj)	ဆံပင်အနီရောင်ရှိသော	zabin ani jaun shi. de
gris, canoso (adj)	အရောင်ဖျော့သော	ajaun bjo. de.
calvo (adj)	ထိပ်ပြောင်သော	htei' pjaun de.
calva (f)	ဆံပင်ကျွတ်နေသောနေရာ	zabin kju' nei dho nei ja
cola (f) de caballo	မြင်းမြီးပုံစံဆံပင်	mjin: mji: boun zan zan bin
flequillo (m)	ဆံရစ်	hsaji'

32. El cuerpo

mano (f)	လက်	le'
brazo (m)	လက်မောင်း	le' maun:
dedo (m)	လက်ချောင်း	le' chaun:
dedo (m) del pie	ခြေချောင်း	chei gjaun:
dedo (m) pulgar	လက်မ	le' ma
dedo (m) meñique	လက်သန်း	le' than:
uña (f)	လက်သည်းခွံ	le' the: dou' tan zin:
puño (m)	လက်သီး	le' thi:
palma (f)	လက်ဝါး	le' wa:
muñeca (f)	လက်ကောက်ဝတ်	le' kau' wa'
antebrazo (m)	လက်ဖျံ	le' hpjan
codo (m)	တံတောင်ဆစ်	daduan zi'
hombro (m)	ပခုံး	pakhoun:
pierna (f)	ခြေထောက်	chei htau'
planta (f)	ခြေထောက်	chei htau'
rodilla (f)	ဒူး	du:
pantorrilla (f)	ခြေသလုံးကြွက်သား	chei dha. loun: gjwe' dha:
cadera (f)	တင်ပါး	tin ba:
talón (m)	ခြေဖနောင့်	chei ba. naun.
cuerpo (m)	ခန္ဓာကိုယ်	khan da kou
vientre (m)	ဗိုက်	bai'
pecho (m)	ရင်ဘတ်	jin ba'
seno (m)	နို့	nou.
lado (m), costado (m)	နံပါး	nan ba:
espalda (f)	ကျော	kjo:
zona (f) lumbar	ခါးအောက်ပိုင်း	kha: au' pain:
cintura (f), talle (m)	ခါး	kha:
ombligo (m)	ချက်	che'
nalgas (f pl)	တင်ပါး	tin ba:
trasero (m)	နောက်ပိုင်း	nau' pain:
lunar (m)	မှဲ့	hme.
marca (f) de nacimiento	မွေးရာပါအမှတ်	mwei: ja ba ahma'
tatuaje (m)	တက်တူး	te' tu:
cicatriz (f)	အမာရွတ်	ama ju'

La ropa y los accesorios

33. La ropa exterior. Los abrigos

ropa (f)	အဝတ်အစား	awu' aza:
ropa (f) de calle	အပေါ်ဝတ်အင်္ကျီ	apo we' in: gji
ropa (f) de invierno	ဆောင်းတွင်းဝတ်အဝတ်အစား	hsaun: dwin: wu' awu' asa:
abrigo (m)	ကုတ်အင်္ကျီရှည်	kou' akji shi
abrigo (m) de piel	သားမွေးအနွေးထည်	tha: mwei: anwei: de
abrigo (m) corto de piel	အမွေးပွအပေါ်အင်္ကျီ	ahmwei pwa po akji.
chaqueta (f) plumón	ငှက်မွေးကုတ်အင်္ကျီ	hnge' hmwei: kou' akji.
cazadora (f)	အပေါ်အင်္ကျီ	apo akji.
impermeable (m)	မိုးကာအင်္ကျီ	mou: ga akji
impermeable (adj)	ရေလုံသော	jei loun de.

34. Ropa de hombre y mujer

camisa (f)	ရှပ်အင်္ကျီ	sha' in gji
pantalones (m pl)	ဘောင်းဘီ	baun: bi
jeans, vaqueros (m pl)	ဂျင်းဘောင်းဘီ	gjin: bain: bi
chaqueta (f), saco (m)	အပေါ်အင်္ကျီ	apo akji.
traje (m)	အနောက်တိုင်းဝတ်စုံ	anau' tain: wu' saun
vestido (m)	ဂါဝန်	ga wun
falda (f)	စကတ်	saka'
blusa (f)	ဘလောက်စ်အင်္ကျီ	ba. lau' s in: gji
rebeca (f), chaqueta (f) de punto	ကြယ်သီးပါသော အနွေးထည်	kje dhi: ba de. anwei: dhe
chaqueta (f)	အပေါ်ဖုံးအင်္ကျီ	apo hpoun akji.
camiseta (f) (T-shirt)	တီရှပ်	ti shi'
pantalones (m pl) cortos	ဘောင်းဘီတို	baun: bi dou
traje (m) deportivo	အားကစားဝတ်စုံ	a: gaza: wu' soun
bata (f) de baño	ရေချိုးခန်းဝတ်စုံ	jei gjou: gan: wu' soun
pijama (m)	ညအိပ်ဝတ်စုံ	nja a' wu' soun
suéter (m)	ဆွယ်တာ	hswe da
pulóver (m)	ဆွယ်တာ	hswe da
chaleco (m)	ဝစ်ကုတ်	wi' kou'
frac (m)	တေးလ်ကုတ်အင်္ကျီ	tei: l kou' in: gji
esmoquin (m)	ညစာစားပွဲဝတ်စုံ	nja. za za: bwe: wu' soun
uniforme (m)	တူညီဝတ်စုံ	tu nji wa' soun
ropa (f) de trabajo	အလုပ်ဝင် ဝတ်စုံ	alou' win wu' zoun
mono (m)	စက်ရုံဝတ်စုံ	se' joun wu' soun
bata (f) (p. ej. ~ blanca)	ဂျူတီကုတ်	gju di gou'

35. La ropa. La ropa interior

ropa (f) interior	အတွင်းခံ	atwin: gan
bóxer (m)	ယောကျ်ားဝတ်အတွင်းခံ	jau' kja: wu' atwin: gan
bragas (f pl)	မိန်းကလေးဝတ်အတွင်းခံ	mein: galei: wa' atwin: gan
camiseta (f) interior	စွပ်ကျယ်	su' kje
calcetines (m pl)	ခြေအိတ်များ	chei ei' mja:
camisón (m)	ညအိပ်ဂါဝန်ရှည်	nja a' ga wun she
sostén (m)	ဘရာစီယာ	ba ra si ja
calcetines (m pl) altos	ခြေအိတ်ရှည်	chei ei' shi
pantimedias (f pl)	အသားကပ်-ဘောင်းဘီရှည်	atha: ka' baun: bi shei
medias (f pl)	စတော့ကင်	sato. kin
traje (m) de baño	ရေကူးဝတ်စုံ	jei ku: wa' zoun

36. Gorras

gorro (m)	ဦးထုပ်	u: htou'
sombrero (m) de fieltro	ဦးထုပ်ပျော့	u: htou' pjo.
gorra (f) de béisbol	ရှာထိုးဦးထုပ်	sha dou: u: dou'
gorra (f) plana	လူကြီးဆောင်းဦးထုပ်ပြား	lu gji: zaun: u: dou' pja:
boina (f)	ဘယ်ရီဦးထုပ်	be ji u: htu'
capuchón (m)	အင်္ကျီတွင်ပါသော ခေါင်းစွပ်	akji. twin pa dho: gaun: zu'
panamá (m)	ဦးထုပ်အဝိုင်း	u: htou' awain:
gorro (m) de punto	သိုးမွှေးခေါင်းစွပ်	thou: mwei: gaun: zu'
pañuelo (m)	ခေါင်းစည်းပုဝါ	gaun: zi: bu. wa
sombrero (m) de mujer	အမျိုးသမီးဆောင်းဦးထုပ်	amjou: dhami: zaun: u: htou'
casco (m) (~ protector)	ဦးထုပ်အမာ	u: htou' ama
gorro (m) de campaña	တပ်မတော်သုံးဦးထုပ်	ta' mado dhoun: u: dou'
casco (m) (~ de moto)	အမာစားဦးထုပ်	ama za: u: htou'
bombín (m)	ဦးထုပ်လုံး	u: htou' loun:
sombrero (m) de copa	ဦးထုပ်မြင့်	u: htou' mjin.

37. El calzado

calzado (m)	ဖိနပ်	hpana'
botas (f pl)	ရှူးဖိနပ်	shu: hpi. na'
zapatos (m pl) (~ de tacón bajo)	မိန်းကလေးစီးရှူးဖိနပ်	mein: galei: zi: shu: bi. na'
botas (f pl) altas	လည်ရှည်ဖိနပ်	le she bi. na'
zapatillas (f pl)	အိမ်တွင်းစီးကွင်းထိုးဖိနပ်	ein dwin:
tenis (m pl)	အားကစားဖိနပ်	a: gaza: bana'
zapatillas (f pl) de lona	ပတ္တူဖိနပ်	pa' tu bi. na'
sandalias (f pl)	ကြိုးသိုင်းဖိနပ်	kjou: dhain: bi. na'
zapatero (m)	ဖိနပ်ချုပ်သမား	hpana' chou' tha ma:
tacón (m)	ဒေါက်	dau'

par (m)	အစုံ	asoun.
cordón (m)	ဖိနပ်ကြိုး	hpana' kjou:
encordonar (vt)	ဖိနပ်ကြိုးချည်သည်	hpana' kjou: gjin de
calzador (m)	ဖိနပ်စီးရာသွင်သုံး သည့် ဖိနပ်ကော်	hpana' si: ja dhwin dhoun: dhin. hpana' ko
betún (m)	ဖိနပ်တိုက်ဆေး	hpana' tou' hsei:

38. Los textiles. Las telas

algodón (m)	ဝါချည်	wa gji
de algodón (adj)	ဝါချည်မှ	wa gji hma.
lino (m)	ချည်ကြမ်း	che kjan:
de lino (adj)	ချည်ကြမ်းမှ	che kjan: hma.
seda (f)	ပိုးချည်	pou: gje
de seda (adj)	ပိုးသားဖြင့်ပြုလုပ်ထားသော	pou: dha: bjin. bju. lou' hta: de.
lana (f)	သိုးမွေးချည်	thou: mwei: gji
de lana (adj)	သိုးမွေးဖြင့်ပြုလုပ်ထားသော	thou: mwei: bjin. bju lou' hta: de.
terciopelo (m)	ကတ္တီပါ	gadi ba
gamuza (f)	မျက်နှာပြင်ကြမ်းသောသားရေ	mje' hna bin gjain: dho dha: jei
pana (f)	ချည်ကတ္တီပါ	che gadi ba
nilón (m)	နိုင်လွန်	nain lun
de nilón (adj)	နိုင်လွန်မှ	nain lun hma
poliéster (m)	ပေါ်လီအက်စတာ	po li e' sa. ta
de poliéster (adj)	ပေါ်လီအက်စတာ	po li e' sa. ta
piel (f) (cuero)	သားရေ	tha: ei
de piel (de cuero)	သားရေမှ	tha: jei hma.
piel (f) (~ de zorro, etc.)	သားမွေး	tha: mwei:
de piel (abrigo ~)	သားမွေးဖြင့်ပြုလုပ်ထားသော	tha: mwei: bjin. bju. lou' hta: de.

39. Accesorios personales

guantes (m pl)	လက်အိတ်	lei' ei'
manoplas (f pl)	နှစ်ကန့်လက်အိတ်	hni' kan. le' ei'
bufanda (f)	မာဖလာ	ma ba. la
gafas (f pl)	မျက်မှန်	mje' hman
montura (f)	မျက်မှန်ကိုင်း	mje' hman gain:
paraguas (m)	ထီး	hti:
bastón (m)	တုတ်ကောက်	tou' kau'
cepillo (m) de pelo	ခေါင်းဘီး	gaun: bi:
abanico (m)	ပန်ကန်	pan gan
corbata (f)	လည်စည်း	le zi:
pajarita (f)	ဖဲပြားပုံလည်စည်း	hpe: bja: boun le zi:

tirantes (m pl)	ဘောင်းဘီသိုင်းကြိုး	baun: bi dhain: gjou:
moquero (m)	လက်ကိုင်ပုဝါ	le' kain bu. wa
peine (m)	ဘီး	bi:
pasador (m) de pelo	ဆံညှပ်	hsan hnja'
horquilla (f)	ကလစ်	kali'
hebilla (f)	ခါးပတ်ခေါင်း	kha: ba' khaun:
cinturón (m)	ခါးပတ်	kha: ba'
correa (f) (de bolso)	ပုခုံးသိုင်းကြိုး	pu. goun: dhain: gjou:
bolsa (f)	လက်ကိုင်အိတ်	le' kain ei'
bolso (m)	မိန်းကလေးပုခုံးလွယ်အိတ်	mein: galei: bou goun: lwe ei'
mochila (f)	ကျောပိုးအိတ်	kjo: bou: ei'

40. La ropa. Miscelánea

moda (f)	ဖက်ရှင်	hpe' shin
de moda (adj)	ခေတ်မီသော	khi' mi de.
diseñador (m) de moda	ဖက်ရှင်ဒီဇိုင်နာ	hpe' shin di zain na
cuello (m)	အင်္ကျီကော်လာ	akji. ko la
bolsillo (m)	အိတ်ကပ်	ei' ka'
de bolsillo (adj)	အိတ်ဆောင်	ei' hsaun
manga (f)	အင်္ကျီလက်	akji. le'
presilla (f)	အင်္ကျီချိတ်ကွင်း	akji. gjei' kwin:
bragueta (f)	ဘောင်းဘီလျာဆက်	baun: bi ja ze'
cremallera (f)	ဇစ်	zi'
cierre (m)	ချိတ်စရာ	che' zaja
botón (m)	ကြယ်သီး	kje dhi:
ojal (m)	ကြယ်သီးပေါက်	kje dhi: bau'
saltar (un botón)	ပြုတ်ထွက်သည်	pjou' htwe' te
coser (vi, vt)	စက်ချုပ်သည်	se' khjou' te
bordar (vt)	ပန်းထိုးသည်	pan: dou: de
bordado (m)	ပန်းထိုးခြင်း	pan: dou: gjin:
aguja (f)	အပ်	a'
hilo (m)	အပ်ချည်	a' chi
costura (f)	ချုပ်ရိုး	chou' jou:
ensuciarse (vr)	ညစ်ပေသွားသည်	nji' pei dhwa: de
mancha (f)	အစွန်းအထင်း	aswan: ahtin:
arrugarse (vr)	တွန့်ကြေစေသည်	tun. gjei zei de
rasgar (vt)	ပေါက်ပြဲသွားသည်	pau' pje: dhwa: de
polilla (f)	အဝတ်ပိုးဖလံ	awu' pou: hpa. lan

41. Productos personales. Cosméticos

pasta (f) de dientes	သွားတိုက်ဆေး	thwa: tai' hsei:
cepillo (m) de dientes	သွားတိုက်တံ	thwa: tai' tan
limpiarse los dientes	သွားတိုက်သည်	thwa: tai' te

maquinilla (f) de afeitar	သင်တုန်းဓား	thin toun: da:
crema (f) de afeitar	မုတ်ဆိတ်ရိတ် ဆပ်ပြာ	mou' zei' jei' hsa' pja
afeitarse (vr)	ရိတ်သည်	jei' te
jabón (m)	ဆပ်ပြာ	hsa' pja
champú (m)	ခေါင်းလျှော်ရည်	gaun: sho je
tijeras (f pl)	ကတ်ကြေး	ka' kjei:
lima (f) de uñas	လက်သည်းတိုက်တံစဉ်း	le' the:
cortaúñas (m pl)	လက်သည်းညှပ်	le' the: hnja'
pinzas (f pl)	ဇာဂနာ	za ga. na
cosméticos (m pl)	အလှကုန်ပစ္စည်း	ahla. koun pji' si:
mascarilla (f)	မျက်နှာပေါင်းတင်ခြင်း	mje' hna baun: din gjin:
manicura (f)	လက်သည်းအလှပြင်ခြင်း	le' the: ahla bjin gjin
hacer la manicura	လက်သည်းအလှပြင်သည်	le' the: ahla bjin de
pedicura (f)	ခြေသည်းအလှပြင်သည်	chei dhi: ahla. pjin de
bolsa (f) de maquillaje	မိတ်ကပ်အိတ်	mi' ka' ei'
polvos (m pl)	ပေါင်ဒါ	paun da
polvera (f)	ပေါင်ဒါဘူး	paun da bu:
colorete (m), rubor (m)	ပါးနီ	pa: ni
perfume (m)	ရေမွှေး	jei mwei:
agua (f) de tocador	ရေမွှေး	jei mwei:
loción (f)	လိုးရှင်း	lou shin:
agua (f) de Colonia	အော်ဒီကလုန်းရေမွှေး	o di ka lun: jei mwei:
sombra (f) de ojos	မျက်ခွံဆိုးဆေး	mje' khwan zou: zei:
lápiz (m) de ojos	အိုင်းလိုင်နာတောင့်	ain: lain: na daun.
rímel (m)	မျက်တောင်ခြယ်ဆေး	mje' taun gje zei:
pintalabios (m)	နှုတ်ခမ်းနီ	hna' khan: ni
esmalte (m) de uñas	လက်သည်းဆိုးဆေး	le' the: azou: zei:
fijador (m) para el pelo	ဆံပင်သုံး စပရေး	zabin dhoun za. ba. jei:
desodorante (m)	ချွေးနံ့ပျောက်ဆေး	chwei: nan. bjau' hsei:
crema (f)	ခရင်မ်	khajin m
crema (f) de belleza	မျက်နှာခရင်မ်	mje' hna ga. jin m
crema (f) de manos	ဟန်ခရင်မ်	han kha. rin m
crema (f) antiarrugas	အသားခြောက်ကာကွယ်ဆေး	atha: gjau' ka gwe zei:
crema (f) de día	နေ့လိမ်းခရင်မ်	nei. lein: ga jin'm
crema (f) de noche	ညလိမ်းခရင်မ်	nja lein: khajinm
de día (adj)	နေ့လယ်ဘက်သုံးသော	nei. le be' thoun: de.
de noche (adj)	ညဘက်သုံးသော	nja. be' thoun: de.
tampón (m)	အတောင့်	ataun.
papel (m) higiénico	အိမ်သာသုံးစက္ကူ	ein dha dhoun: se' ku
secador (m) de pelo	ဆံပင်အခြောက်ခံစက်	zabin achou' hsan za'

42. Las joyas

joyas (f pl)	လက်ဝတ်ရတနာ	le' wa' ja. da. na
precioso (adj)	အဖိုးတန်	ahpou: dan

contraste (m)	ရွှေကဲငွေကဲမှတ်	shwei ge: ngwei ge: hma'
anillo (m)	လက်စွပ်	le' swa'
anillo (m) de boda	လက်ထပ်လက်စွပ်	le' hta' le' swa'
pulsera (f)	လက်ကောက်	le' kau'
pendientes (m pl)	နားကပ်	na: ka'
collar (m) (~ de perlas)	လည်ဆွဲ	le zwe:
corona (f)	သရဖူ	tharahpu:
collar (m) de abalorios	လည်ဆွဲပုတီး	le zwe: bu. di:
diamante (m)	စိန်	sein
esmeralda (f)	မြ	mja.
rubí (m)	ပတ္တမြား	pa' ta. mja:
zafiro (m)	နီလာ	ni la
perla (f)	ပုလဲ	pale:
ámbar (m)	ပယင်း	pajin:

43. Los relojes

reloj (m)	နာရီ	na ji
esfera (f)	နာရီဒိုက်ခွက်	na ji dai' hpwe'
aguja (f)	နာရီလက်တံ	na ji le' tan
pulsera (f)	နာရီကြိုး	na ji gjou:
correa (f) (del reloj)	နာရီကြိုး	na ji gjou:
pila (f)	ဓာတ်ခဲ	da' khe:
descargarse (vr)	အားကုန်သည်	a: kun de
cambiar la pila	ဘတ်ထရီလဲသည်	ba' hta ji le: de
adelantarse (vr)	မြန်သည်	mjan de
retrasarse (vr)	နောက်ကျသည်	nau' kja. de
reloj (m) de pared	တိုင်ကပ်နာရီ	tain ka' na ji
reloj (m) de arena	သဲနာရီ	the: naji
reloj (m) de sol	နေနာရီ	nei na ji
despertador (m)	နှိုးစက်	hnou: ze'
relojero (m)	နာရီပြင်ဆရာ	ma ji bjin zaja
reparar (vt)	ပြင်သည်	pjin de

La comida y la nutrición

44. La comida

carne (f)	အသား	atha:
gallina (f)	ကြက်သား	kje' tha:
pollo (m)	ကြက်ကလေး	kje' ka. lei:
pato (m)	ဘဲသား	be: dha:
ganso (m)	ဘဲငန်းသား	be: ngan: dha:
caza (f) menor	တောကောင်သား	to: gaun dha:
pava (f)	ကြက်ဆင်သား	kje' hsin dha:
carne (f) de cerdo	ဝက်သား	we' tha:
carne (f) de ternera	နွားကလေးသား	nwa: ga. lei: dha:
carne (f) de carnero	သိုးသား	thou: tha:
carne (f) de vaca	အမဲသား	ame: dha:
conejo (m)	ယုန်သား	joun dha:
salchichón (m)	ဝက်အူချောင်း	we' u gjaun:
salchicha (f)	အသားချောင်း	atha: gjaun:
beicon (m)	ဝက်ဆားနယ်ခြောက်	we' has: ne gjau'
jamón (m)	ဝက်ပေါင်ခြောက်	we' paun gjau'
jamón (m) fresco	ဝက်ပေါင်ကြက်တိုက်	we' paun gje' tai'
paté (m)	အနှစ်အခဲပျော့	ahni' akhe pjo.
hígado (m)	အသည်း	athe:
carne (f) picada	ကြိတ်သား	kjei' tha:
lengua (f)	လျှာ	sha
huevo (m)	ဥ	u.
huevos (m pl)	ဥများ	u. mja:
clara (f)	အကာ	aka
yema (f)	အနှစ်	ahni'
pescado (m)	ငါး	nga:
mariscos (m pl)	ပင်လယ်အစားအစာ	pin le asa: asa
crustáceos (m pl)	အခွံမာရေနေသတ္တဝါ	akhun ma jei nei dha' ta. wa
caviar (m)	ငါးဥ	nga: u.
cangrejo (m) de mar	ကဏန်း	kanan:
camarón (m)	ပုစွန်	bazun
ostra (f)	ကမာကောင်	kama kaun
langosta (f)	ကျောက်ပုစွန်	kjau' pu. zun
pulpo (m)	ရေဘဝဲသား	jei ba. we: dha:
calamar (m)	ပြည်ကြီးငါး	pjei gji: nga:
esturión (m)	စတာဂျင်ငါး	sata gjin nga:
salmón (m)	ဆော်လမွန်ငါး	hso: la. mun nga:
fletán (m)	ပင်လယ်ငါးကြီးသား	pin le nga: gji: dha:
bacalao (m)	ငါးကြီးဆီထုတ်သောငါး	nga: gji: zi dou' de. nga:

caballa (f)	မက်ကရယ်ငါး	me' ka. je nga:
atún (m)	တူနာငါး	tu na nga:
anguila (f)	ငါးရှဉ့်	nga: shin.
trucha (f)	ထရောက်ငါး	hta. jau' nga:
sardina (f)	ငါးသေတ္တာငါး	nga: dhei ta' nga:
lucio (m)	ပိုက်ငါး	pai' nga
arenque (m)	ငါးသလောက်	nga: dha. lau'
pan (m)	ပေါင်မုန့်	paun moun.
queso (m)	ဒိန်ခဲ	dain ge:
azúcar (m)	သကြား	dhagja:
sal (f)	ဆား	hsa:
arroz (m)	ဆန်စပါး	hsan zaba
macarrones (m pl)	အီတလီခေါက်ဆွဲ	ita. li khau' hswe:
tallarines (m pl)	ခေါက်ဆွဲ	gau' hswe:
mantequilla (f)	ထောပတ်	hto: ba'
aceite (m) vegetal	ဆီ	hsi
aceite (m) de girasol	နေကြာပန်းဆီ	nei gja ban: zi
margarina (f)	ဟင်းရွက်အဆီခဲ	hin: jwe' ahsi khe:
olivas, aceitunas (f pl)	သံလွင်သီး	than lun dhi:
aceite (m) de oliva	သံလွင်ဆီ	than lun zi
leche (f)	နွားနို့	nwa: nou.
leche (f) condensada	နို့ဆီ	ni. zi
yogur (m)	ဒိန်ချဉ်	dain gjin
nata (f) agria	နို့ချဉ်	nou. gjin
nata (f) líquida	မလိုင်	ma. lain
mayonesa (f)	ခပ်ပျစ်ပျစ်စားမြိန်ရည်	kha' pji' pji' sa: mjein jei
crema (f) de mantequilla	ထောပတ်မလိုင်	hto: ba' ma. lein
cereales (m pl) integrales	နှံစားစေ့	nhnan za: zei.
harina (f)	ဂျုံမှုန့်	gjoun hmoun.
conservas (f pl)	စည်သွပ်ဗူးများ	si dhwa' bu: mja:
copos (m pl) de maíz	ပြောင်းဖူးမုန့်ဆန်း	pjaun: bu: moun. zan:
miel (f)	ပျားရည်	pja: je
confitura (f)	ယို	jou
chicle (m)	ပီကေ	pi gei

45. Las bebidas

agua (f)	ရေ	jei
agua (f) potable	သောက်ရေ	thau' jei
agua (f) mineral	ဓာတ်ဆားရည်	da' hsa: ji
sin gas	ဂတ်စ်မပါသော	ga' s ma. ba de.
gaseoso (adj)	ဂတ်စ်ပါသော	ga' s ba de.
con gas	စပါကလင်	saba ga. lin
hielo (m)	ရေခဲ	jei ge:

con hielo	ရေခဲနှင့်	jei ge: hnin.
sin alcohol	အယ်ကိုဟောမပါသော	e kou ho: ma. ba de.
bebida (f) sin alcohol	အယ်ကိုဟောမဟုတ် သော သောက်စရာ	e kou ho: ma. hou' te. dhau' sa. ja
refresco (m)	အအေး	aei:
limonada (f)	လီမွန်ဖျော်ရည်	li mun hpjo ji
bebidas (f pl) alcohólicas	အယ်ကိုဟောပါဝင် သော သောက်စရာ	e kou ho: ba win de. dhau' sa. ja
vino (m)	ဝိုင်	wain
vino (m) blanco	ဝိုင်ဖြူ	wain gju
vino (m) tinto	ဝိုင်နီ	wain ni
licor (m)	အရက်ချိုပြင်း	aje' gjou pjin
champaña (f)	ရှန်ပိန်	shan pein
vermú (m)	ရန့်သင်းသောဆေးစိမ်ဝိုင်	jan dhin: dho: zei: zein wain
whisky (m)	ဝီစကီ	wi sa. gi
vodka (m)	ဗော်ကာ	bo ga
ginebra (f)	ဂျင်	gjin
coñac (m)	ကော့ညက်	ko. nja'
ron (m)	ရမ်	ran
café (m)	ကော်ဖီ	ko hpi
café (m) solo	ဘလက်ကော်ဖီ	ba. le' ko: phi
café (m) con leche	ကော်ဖီနို့ရော	ko hpi ni. jo:
capuchino (m)	ကပူချီနို	ka. pu chi ni.
café (m) soluble	ကော်ဖီမစ်	ko hpi mi'
leche (f)	နွားနို့	nwa: nou.
cóctel (m)	ကော့တေး	ko. dei:
batido (m)	မစ်ရှိတ်	mi' shei'
zumo (m), jugo (m)	အချိုရည်	achou ji
jugo (m) de tomate	ခရမ်းချဉ်သီးအချိုရည်	khajan: chan dhi: achou jei
zumo (m) de naranja	လိမ္မော်ရည်	limmo ji
zumo (m) fresco	အသီးဖျော်ရည်	athi: hpjo je
cerveza (f)	ဘီယာ	bi ja
cerveza (f) rubia	အရောင်ဖျော့သောဘီယာ	ajaun bjau. de. bi ja
cerveza (f) negra	အရောင်ရင့်သောဘီယာ	ajaun jin. de. bi ja
té (m)	လက်ဖက်ရည်	le' hpe' ji
té (m) negro	လက်ဖက်နက်	le' hpe' ne'
té (m) verde	လက်ဖက်စိမ်း	le' hpe' sein:

46. Las verduras

legumbres (f pl)	ဟင်းသီးဟင်းရွက်	hin: dhi: hin: jwe'
verduras (f pl)	ဟင်းခတ်အမွှေးရွက်	hin: ga' ahmwei: jwe'
tomate (m)	ခရမ်းချဉ်သီး	khajan: chan dhi:
pepino (m)	သခွါးသီး	thakhwa: dhi:
zanahoria (f)	မုန်လာဥနီ	moun la u. ni

patata (f)	အာလူး	a lu:
cebolla (f)	ကြက်သွန်နီ	kje' thwan ni
ajo (m)	ကြက်သွန်ဖြူ	kje' thwan bju
col (f)	ဂေါ်ဖီ	go bi
coliflor (f)	ပန်းဂေါ်ဖီ	pan: gozi
col (f) de Bruselas	ဂေါ်ဖီထုပ်အသေးစား	go bi dou' athei: za:
brócoli (m)	ပန်းဂေါ်ဖီအစိမ်း	pan: gozi asein:
remolacha (f)	မုန်လာဥနီလုံး	moun la u. ni loun:
berenjena (f)	ခရမ်းသီး	khajan: dhi:
calabacín (m)	ဘူးသီး	bu: dhi:
calabaza (f)	ဖရုံသီး	hpa joun dhi:
nabo (m)	တရုတ်မုန်လာဥ	tajou' moun la u.
perejil (m)	တရုတ်နံနံပင်	tajou' nan nan bin
eneldo (m)	စမြိတ်ပင်	samjei' pin
lechuga (f)	ဆလပ်ရွက်	hsa. la' jwe'
apio (m)	တရုတ်နံနံကြီး	tajou' nan nan gji:
espárrago (m)	ကညွတ်မာပင်	ka. nju' ma bin
espinaca (f)	ဒေါက်ခွ	dau' khwa.
guisante (m)	ပဲစေ့	pe: zei.
habas (f pl)	ပဲအမျိုးမျိုး	pe: amjou: mjou:
maíz (m)	ပြောင်းဖူး	pjaun: bu:
fréjol (m)	ဗိုလ်စားပဲ	bou za: be:
pimiento (m) dulce	ငရုတ်သီး	nga jou' thi:
rábano (m)	မုန်လာဥသေး	moun la u. dhei:
alcachofa (f)	အာတီချော့	a ti cho.

47. Las frutas. Las nueces

fruto (m)	အသီး	athi:
manzana (f)	ပန်းသီး	pan: dhi:
pera (f)	သစ်တော်သီး	thi' to dhi:
limón (m)	သံပုယိုသီး	than bu. jou dhi:
naranja (f)	လိမ္မော်သီး	limmo dhi:
fresa (f)	စတော်ဘယ်ရီသီး	sato be ri dhi:
mandarina (f)	ပျားလိမ္မော်သီး	pja: lein mo dhi:
ciruela (f)	ဆီးသီး	hsi: dhi:
melocotón (m)	မက်မွန်သီး	me' mwan dhi:
albaricoque (m)	တရုတ်ဆီးသီး	jau' hsi: dhi:
frambuesa (f)	ရတ်စဘယ်ရီ	re' sa be ji
piña (f)	နာနတ်သီး	na na' dhi:
banana (f)	ငှက်ပျောသီး	hnge' pjo: dhi:
sandía (f)	ဖရဲသီး	hpa. je: dhi:
uva (f)	စပျစ်သီး	zabji' thi:
guinda (f)	ချယ်ရီချဉ်သီး	che ji gjin dhi:
cereza (f)	ချယ်ရီချိုသီး	che ji gjou dhi:
melón (m)	သခွားမွှေးသီး	thakhwa: hmwei: dhi:
pomelo (m)	ဂရိတ်ဖရုသီး	ga. ri' hpa. ju dhi:

aguacate (m)	ထောပတ်သီး	hto: ba' thi:
papaya (f)	သင်္ဘောသီး	thin: bo: dhi:
mango (m)	သရက်သီး	thaje' thi:
granada (f)	တလည်းသီး	tale: dhi:
grosella (f) roja	အနီရောင်ဘယ်ရီသီး	ani jaun be ji dhi:
grosella (f) negra	ဘလက်ကားရန့်	ba. le' ka: jan.
grosella (f) espinosa	ကလားဆီးဖြူ	ka. la: his: hpju
arándano (m)	ဘီဘယ်ရီအသီး	bi: be ji athi:
zarzamoras (f pl)	ရှမ်းဆီးသီး	shan: zi: di:
pasas (f pl)	စပျစ်သီးခြောက်	zabji' thi: gjau'
higo (m)	သဖန်းသီး	thahpjan: dhi:
dátil (m)	စွန်ပလွံသီး	sun palun dhi:
cacahuete (m)	မြေပဲ	mjei be:
almendra (f)	ဗာဒံသီး	ba dan di:
nuez (f)	သစ်ကြားသီး	thi' kja: dhi:
avellana (f)	ဟေဇယ်သီး	ho: ze dhi:
nuez (f) de coco	အုန်းသီး	aun: dhi:
pistachos (m pl)	ခွံမာသီး	khwan ma dhi:

48. El pan. Los dulces

pasteles (m pl)	မုန့်ချို	moun. gjou
pan (m)	ပေါင်မုန့်	paun moun.
galletas (f pl)	ဘီစကစ်	bi za. ki'
chocolate (m)	ချောကလက်	cho: ka. le'
de chocolate (adj)	ချောကလက်အရသာရှိသော	cho: ka. le' aja. dha shi. de.
caramelo (m)	သကြားလုံး	dhagja: loun:
tarta (f) (pequeña)	ကိတ်	kei'
tarta (f) (~ de cumpleaños)	ကိတ်မုန့်	kei' moun.
tarta (f) (~ de manzana)	ပိုင်မုန့်	pain hmoun.
relleno (m)	သွပ်ထားသောအစာ	thu' hta: dho: asa
confitura (f)	ယို	jou
mermelada (f)	အထူးပြုလုပ်ထားသော ယို	a htu: bju. lou' hta: de. jou
gofre (m)	ဝေဖာ	wei hpa
helado (m)	ရေခဲမုန့်	jei ge: moun.
pudin (m)	ပူတင်း	pu tin:

49. Los platos

plato (m)	ဟင်းပွဲ	hin: bwe:
cocina (f)	အစားအသောက်	asa: athau'
receta (f)	ဟင်းချက်နည်း	hin: gji' ne:
porción (f)	တစ်ယောက်စာဟင်းပွဲ	ti' jau' sa hin: bwe:
ensalada (f)	အသုပ်	athou'
sopa (f)	စွပ်ပြုတ်	su' pjou'

caldo (m)	ဟင်းရည်	hin: ji
bocadillo (m)	အသားညှပ်ပေါင်မုန့်	atha: hnja' paun moun.
huevos (m pl) fritos	ကြက်ဥကြော်	kje' u. kjo
hamburguesa (f)	ဟန်ဘာဂါ	han ba ga
bistec (m)	အမဲသားတုံး	ame: dha: doun:
guarnición (f)	အရံဟင်း	ajan hin:
espagueti (m)	အီတလီခေါက်ဆွဲ	ita. li khau' hswe:
puré (m) de patatas	အာလူးနွားနို့ဖျော်	a luu: nwa: nou. bjo
pizza (f)	ပီဇာ	pi za
gachas (f pl)	အုတ်ဂျုံယာဂု	ou' gjoun ja gu.
tortilla (f) francesa	ကြက်ဥခေါက်ကြော်	kje' u. khau' kjo
cocido en agua (adj)	ပြုတ်ထားသော	pjou' hta: de.
ahumado (adj)	ကျပ်တင်ထားသော	kja' tin da: de.
frito (adj)	ကြော်ထားသော	kjo da de.
seco (adj)	ခြောက်နေသော	chau' nei de.
congelado (adj)	အေးခဲနေသော	ei: khe: nei de.
marinado (adj)	ဆားရည်စိမ်ထားသော	hsa:
azucarado, dulce (adj)	ချိုသော	chou de.
salado (adj)	ငန်သော	ngan de.
frío (adj)	အေးသော	ei: de.
caliente (adj)	ပူသော	pu dho:
amargo (adj)	ခါးသော	kha: de.
sabroso (adj)	အရသာရှိသော	aja. dha shi. de.
cocer en agua	ပြုတ်သည်	pjou' te
preparar (la cena)	ချက်သည်	che' de
freír (vt)	ကြော်သည်	kjo de
calentar (vt)	အပူပေးသည်	apu bei: de
salar (vt)	ဆားထည့်သည်	hsa: hte. de
poner pimienta	အစပ်ထည့်သည်	asin hte. dhe
rallar (vt)	ခြစ်သည်	chi' te
piel (f)	အခွံ	akhun
pelar (vt)	အခွံနွှာသည်	akhun hnwa de

50. Las especias

sal (f)	ဆား	hsa:
salado (adj)	ငန်သော	ngan de.
salar (vt)	ဆားထည့်သည်	hsa: hte. de
pimienta (f) negra	ငရုတ်ကောင်း	nga jou' kaun:
pimienta (f) roja	ငရုတ်သီး	nga jou' thi:
mostaza (f)	မုန်ညင်း	moun njin:
rábano (m) picante	သဘောဒန့်သလွန်	thin: bo: dan. dha lun
condimento (m)	ဟင်းခတ်အမွှန့်အမျိုးမျိုး	hin: ga' ahnun. amjou: mjou:
especia (f)	ဟင်းခတ်အမွှေးအကြိုင်	hin: ga' ahmwei: akjain
salsa (f)	ဆော့	hso.
vinagre (m)	ရှာလကာရည်	sha la. ga je

anís (m)	စမုန်စပါးပင်	samoun zaba: bin
albahaca (f)	ပင်စိမ်း	pin zein:
clavo (m)	လေးညှင်း	lei: hnjin:
jengibre (m)	ဂျင်း	gjin:
cilantro (m)	နံနံပင်	nan nan bin
canela (f)	သစ်ကြံပိုးခေါက်	thi' kjan bou: gau'
sésamo (m)	နှမ်း	hnan:
hoja (f) de laurel	ကရဝေးရွက်	ka ja wei: jwe'
paprika (f)	ပန်းငရုတ်မှုန့်	pan: nga. jou' hnoun.
comino (m)	ကရဝေး	ka. ja. wei:
azafrán (m)	ကုံကုမံ	koun kou man

51. Las comidas

comida (f)	အစားအစာ	asa: asa
comer (vi, vt)	စားသည်	sa: de
desayuno (m)	နံနက်စာ	nan ne' za
desayunar (vi)	နံနက်စာစားသည်	nan ne' za za: de
almuerzo (m)	နေ့လယ်စာ	nei. le za
almorzar (vi)	နေ့လယ်စာစားသည်	nei. le za za de
cena (f)	ညစာ	nja. za
cenar (vi)	ညစာစားသည်	nja. za za: de
apetito (m)	စားချင်စိတ်	sa: gjin zei'
¡Que aproveche!	စားကောင်းပါစေ	sa: gaun: ba zei
abrir (vt)	ဖွင့်သည်	hpwin. de
derramar (líquido)	ဖိတ်ကျသည်	hpi' kja de
derramarse (líquido)	မှောက်သည်	hmau' de
hervir (vi)	ဆူပွက်သည်	hsu. bwe' te
hervir (vt)	ဆူပွက်သည်	hsu. bwe' te
hervido (agua ~a)	ဆူပွက်ထားသော	hsu. bwe' hta: de.
enfriar (vt)	အအေးခံသည်	aei: gan de
enfriarse (vr)	အေးသွားသည်	ei: dhwa: de
sabor (m)	အရသာ	aja. dha
regusto (m)	ပအာခြင်း	pa. achin:
adelgazar (vi)	ဝိတ်ချသည်	wei' cha. de
dieta (f)	ဓာတ်စာ	da' sa
vitamina (f)	ဗီတာမင်	bi ta min
caloría (f)	ကယ်လိုရီ	ke lou ji
vegetariano (m)	သက်သက်လွတ်စားသူ	the' the' lu' za: dhu
vegetariano (adj)	သက်သက်လွတ်စားသော	the' the' lu' za: de.
grasas (f pl)	အဆီ	ahsi
proteínas (f pl)	အသားဓာတ်	atha: da'
carbohidratos (m pl)	ကစီဓာတ်	ka. zi da'
loncha (f)	အချပ်	acha'
pedazo (m)	အတုံး	atoun:
miga (f)	အစအန	asa an

52. Los cubiertos

cuchara (f)	ဇွန်း	zun:
cuchillo (m)	ဓား	da:
tenedor (m)	ခက်ရင်း	khajin:
taza (f)	ခွက်	khwe'
plato (m)	ပန်းကန်ပြား	bagan: bja:
platillo (m)	အောက်ခံပန်းကန်ပြား	au' khan ban: kan pja:
servilleta (f)	လက်သုတ်ပုဝါ	le' thou' pu. wa
mondadientes (m)	သွားကြားထိုးတံ	thwa: kja: dou: dan

53. El restaurante

restaurante (m)	စားသောက်ဆိုင်	sa: thau' hsain
cafetería (f)	ကော်ဖီဆိုင်	ko hpi zain
bar (m)	ဘား	ba:
salón (m) de té	လက်ဖက်ရည်ဆိုင်	le' hpe' ji zain
camarero (m)	စားပွဲထိုး	sa: bwe: dou:
camarera (f)	စားပွဲထိုးမိန်းကလေး	sa: bwe: dou: mein: ga. lei:
barman (m)	အရက်ဘားဝန်ထမ်း	aje' ba: wun dan:
carta (f), menú (m)	စားသောက်ဖွယ်စာရင်း	sa: thau' hpwe za jin:
carta (f) de vinos	ဝိုင်စာရင်း	wain za jin:
reservar una mesa	စားပွဲကြိုတင်မှာယူသည်	sa: bwe: gjou din hma ju de
plato (m)	ဟင်းပွဲ	hin: bwe:
pedir (vt)	မှာသည်	hma de
hacer un pedido	မှာသည်	hma de
aperitivo (m)	နှုတ်မြိန်ဆေး	hna' mjein zei:
entremés (m)	နှုတ်မြိန်စာ	hna' mjein za
postre (m)	အချိုပွဲ	achou bwe:
cuenta (f)	ကျသင့်ငွေ	kja. thin. ngwei
pagar la cuenta	ကုန်ကျငွေရှင်းသည်	koun gja ngwei shin: de
dar la vuelta	ပြန်အမ်းသည်	pjan an: de
propina (f)	မုန့်ဖိုး	moun. bou:

La familia nuclear, los parientes y los amigos

54. La información personal. Los formularios

nombre (m)	အမည်	amji
apellido (m)	မိသားစုအမည်	mi. dha: zu. amji
fecha (f) de nacimiento	မွေးနေ့	mwei: nei.
lugar (m) de nacimiento	မွေးရပ်	mwer: ja'
nacionalidad (f)	လူမျိုး	lu mjou:
domicilio (m)	နေရပ်ဒေသ	nei ja' da. dha.
país (m)	နိုင်ငံ	nain ngan
profesión (f)	အလုပ်အကိုင်	alou' akain
sexo (m)	လိင်	lin
estatura (f)	အရပ်	aja'
peso (m)	ကိုယ်အလေးချိန်	kou alei: chain

55. Los familiares. Los parientes

madre (f)	အမေ	amei
padre (m)	အဖေ	ahpei
hijo (m)	သား	tha:
hija (f)	သမီး	thami:
hija (f) menor	သမီးအငယ်	thami: ange
hijo (m) menor	သားအငယ်	tha: ange
hija (f) mayor	သမီးအကြီး	thami: akji:
hijo (m) mayor	သားအကြီး	tha: akji:
hermano (m)	ညီအစ်ကို	nji a' kou
hermano (m) mayor	အစ်ကို	akou
hermano (m) menor	ညီ	nji
hermana (f)	ညီအစ်မ	nji a' ma
hermana (f) mayor	အစ်မ	ama.
hermana (f) menor	ညီမ	nji ma.
primo (m)	ဝမ်းကွဲအစ်ကို	wan: kwe: i' kou
prima (f)	ဝမ်းကွဲညီမ	wan: kwe: nji ma.
mamá (f)	မေမေ	mei mei
papá (m)	ဖေဖေ	hpei hpei
padres (pl)	မိဘတွေ	mi. ba. dwei
niño -a (m, f)	ကလေး	kalei:
niños (pl)	ကလေးများ	kalei: mja:
abuela (f)	အဘွား	ahpwa
abuelo (m)	အဘိုး	ahpou:

nieto (m)	မြေး	mjei:
nieta (f)	မြေးမ	mjei: ma.
nietos (pl)	မြေးများ	mjei: mja:
tío (m)	ဦးလေး	u: lei:
tía (f)	အဒေါ်	ado
sobrino (m)	တူ	tu
sobrina (f)	တူမ	tu ma.
suegra (f)	ယောက္ခမ	jau' khama.
suegro (m)	ယောက္ခထီး	jau' khadi:
yerno (m)	သားမက်	tha: me'
madrastra (f)	မိထွေး	mi. dwei:
padrastro (m)	ပထွေး	pahtwei:
niño (m) de pecho	နို့စို့ကလေး	nou. zou. galei:
bebé (m)	ကလေးငယ်	kalei: nge
chico (m)	ကလေး	kalei:
mujer (f)	မိန်းမ	mein: ma.
marido (m)	ယောက်ျား	jau' kja:
esposo (m)	ခင်ပွန်း	khin bun:
esposa (f)	ဇနီး	zani:
casado (adj)	မိန်းမရှိသော	mein: ma. shi. de.
casada (adj)	ယောက်ျားရှိသော	jau' kja: shi de
soltero (adj)	လူလွတ်ဖြစ်သော	lu lu' hpji te.
soltero (m)	လူပျို	lu bjou
divorciado (adj)	တစ်ခုလပ်ဖြစ်သော	ti' khu. la' hpji' te.
viuda (f)	မုဆိုးမ	mu. zou: ma.
viudo (m)	မုဆိုးဖို	mu. zou: bou
pariente (m)	ဆွေမျိုး	hswe mjou:
pariente (m) cercano	ဆွေမျိုးရင်းချာ	hswe mjou: jin: gja
pariente (m) lejano	ဆွေမျိုးနီးစပ်	hswe mjou: ni: za'
parientes (pl)	မွေးချင်းများ	mwei: chin: mja:
huérfano (m), huérfana (f)	မိဘမဲ့	mi. ba me.
huérfano (m)	မိဘမဲ့ကလေး	mi. ba me. ga lei:
huérfana (f)	မိဘမဲ့ကလေးမ	mi. ba me. ga lei: ma
tutor (m)	အုပ်ထိန်းသူ	ou' htin: dhu
adoptar (un niño)	သားအဖြစ်မွေးစားသည်	tha: ahpji' mwei: za: de
adoptar (una niña)	သမီးအဖြစ်မွေးစားသည်	thami: ahpji' mwei: za: de

56. Los amigos. Los compañeros del trabajo

amigo (m)	သူငယ်ချင်း	thu nge gjin:
amiga (f)	မိန်းကလေးသူငယ်ချင်း	mein: galei: dhu nge gjin:
amistad (f)	ခင်မင်ရင်းနှီးမှု	khin min jin: ni: hmu.
ser amigo	ခင်မင်သည်	khin min de
amigote (m)	အပေါင်းအသင်း	apaun: athin:
amiguete (f)	အပေါင်းအသင်း	apaun: athin:
compañero (m)	လုပ်ဖော်ကိုင်ဖက်	lou' hpo kain be'

jefe (m)	အကြီးအကဲ	akji: ake:
superior (m)	အထက်လူကြီး	a hte' lu gji:
propietario (m)	ပိုင်ရှင်	pain shin
subordinado (m)	လက်အောက်ခံအမှုထမ်း	le' au' khan ahmu. htan:
colega (m, f)	လုပ်ဖော်ကိုင်ဖက်	lou' hpo kain be'
conocido (m)	အကျွမ်းဝင်မှု	akjwan: win hmu.
compañero (m) de viaje	ခရီးဖော်	khaji: bo
condiscípulo (m)	တစ်တန်းတည်းသား	ti' tan: de: dha:
vecino (m)	အိမ်နီးနားချင်း	ein ni: na: gjin:
vecina (f)	မိန်းကလေးအိမ်နီးနားချင်း	mein: galei: ein: ni: na: gjin:
vecinos (pl)	အိမ်နီးနားချင်းများ	ein ni: na: gjin: mja:

57. El hombre. La mujer

mujer (f)	အမျိုးသမီး	amjou: dhami:
muchacha (f)	မိန်းကလေး	mein: ga. lei:
novia (f)	သတို့သမီး	dhadou. thami:
guapa (adj)	လှပသော	hla. ba. de.
alta (adj)	အရပ်မြင့်သော	aja' mjin. de.
esbelta (adj)	သွယ်လျသော	thwe lja de.
de estatura mediana	အရပ်ပုသော	aja' pu. de.
rubia (f)	ဆံပင်ရွှေရောင် ဖျော့မိန်းကလေး	zabin shwei jaun bjo. min: ga lei:
morena (f)	ဆံပင်နက်သောမိန်းကလေး	zabin ne' de.min: ga lei:
de señora (adj)	အမျိုးသမီးနှင့်ဆိုင်သော	amjou: dhami: hnin. zain dho:
virgen (f)	အပျိုစင်	apjou zin
embarazada (adj)	ကိုယ်ဝန်ဆောင်ထားသော	kou wun hsaun da: de.
hombre (m) (varón)	အမျိုးသား	amjou: dha:
rubio (m)	ဆံပင်ရွှေရောင် ဖျော့ယောကျ်ားလေး	zabin shwei jaun bjo. jau' gja: lei:
moreno (m)	ဆံပင်နက်သောယောကျ်ားလေး	zabin ne' de. jau' gja: lei:
alto (adj)	အရပ်မြင့်သော	aja' mjin. de.
de estatura mediana	အရပ်ပုသော	aja' pu. de.
grosero (adj)	ရိုင်းစိုင်းသော	jain: zain: de.
rechoncho (adj)	တုတ်ခိုင်သော	tou' khain de.
robusto (adj)	တောင့်တင်းသော	taun. din: de
fuerte (adj)	သန်မာသော	than ma de.
fuerza (f)	ခွန်အား	khwan a:
gordo (adj)	ဝသော	wa. de.
moreno (adj)	ညိုသော	njou de.
esbelto (adj)	သွယ်လျသော	thwe lja de.
elegante (adj)	ကျော့ရှင်းသော	kjo. shin: de

58. La edad

edad (f)	အသက်အရွယ်	athe' ajwe'
juventud (f)	ပျိုရွယ်ချိန်	pjou jwe gjein
joven (adj)	ငယ်ရွယ်သော	ngwe jwe de.
menor (adj)	ပိုငယ်သော	pou nge de.
mayor (adj)	အသက်ပိုကြီးသော	athe' pou kji: de.
joven (m)	လူငယ်	lu nge
adolescente (m)	ဆယ်ကျော်သက်	hse gjo dhe'
muchacho (m)	လူငယ်	lu nge
anciano (m)	လူကြီး	lu gji:
anciana (f)	အမျိုးသမီးကြီး	amjou: dhami: gji:
adulto	အရွယ်ရောက်သော	ajwe' jau' te.
de edad media (adj)	သက်လတ်ပိုင်း	the' la' pain:
anciano, mayor (adj)	အိုမင်းသော	ou min de.
viejo (adj)	အသက်ကြီးသော	athe' kji: de.
jubilación (f)	အငြိမ်းစားလစာ	anjein: za: la. za
jubilarse	အငြိမ်းစားယူသည်	anjein: za: ju dhe
jubilado (m)	အငြိမ်းစား	anjein: za:

59. Los niños

niño -a (m, f)	ကလေး	kalei:
niños (pl)	ကလေးများ	kalei: mja:
gemelos (pl)	အမွှာ	ahmwa
cuna (f)	ကလေးပုခက်	kalei: pou khe'
sonajero (m)	ဂျောက်ဂျက်	gjo' gja'
pañal (m)	ခါးတောင်းကျိုက်အထည်	kha: daun: gjai' ahte
chupete (m)	ချိုလိမ်	chou lein
cochecito (m)	ကလေးလက်တွန်းလှည်း	kalei: le' twan: hle:
jardín (m) de infancia	ကလေးထိန်းကျောင်း	kalei: din: kjaun:
niñera (f)	ကလေးထိန်း	kalei: din:
infancia (f)	ကလေးဘဝ	kalei: ba. wa.
muñeca (f)	အရုပ်မ	ajou' ma.
juguete (m)	ကစားစရာအရုပ်	gaza: zaja ajou'
mecano (m)	ပြန်ဆက်ရသော ကလေး ကစားစရာ	pjan za' ja de. galei: gaza: zaja
bien criado (adj)	လိမ္မာသော	limmo: de
mal criado (adj)	ဆိုးသွမ်းသော	hsou: dhwan: de.
mimado (adj)	အလိုလိုက်ခံရသော	alou lou' khan ja de.
hacer travesuras	ဆိုးသည်	hsou:de
travieso (adj)	ကျီစယ်တတ်သော	kji ze da' de.
travesura (f)	ကျီစယ်သည်	kji ze de

travieso (m)	အဆော့မက်သောကလေး	ahsau me' dho: ga. lei:
obediente (adj)	နာခံတတ်သော	na gan da' te.
desobediente (adj)	မနာခံသော	ma. na gan de.

dócil (adj)	လိမ္မာသော	limmo: de
inteligente (adj)	တော်သော	to de.
niño (m) prodigio	ပါရမီရှင်ကလေး	pa rami shin galei:

60. El matrimonio. La vida familiar

besar (vt)	နမ်းသည်	nan: de
besarse (vr)	အနမ်းပေးသည်	anan: pei: de
familia (f)	မိသားစု	mi. dha: zu.
familiar (adj)	မျိုးရိုး	mjou: jou:
pareja (f)	စုံတွဲ	soun dwe:
matrimonio (m)	အိမ်ထောင်သည်	ein daun de
hogar (m) familiar	အိမ်	ein
dinastía (f)	မင်းဆက်	min: ze'

cita (f)	ချိန်းတွေ့ခြင်း	chein: dwei chin:
beso (m)	အနမ်း	anan:

amor (m)	အချစ်	akja'
querer (amar)	ချစ်သည်	chi' te
querido (adj)	ချစ်လှစွာသော	chi' hla. zwa de.

ternura (f)	ကြင်နာမှု	kjin na hmu.
tierno (afectuoso)	ကြင်နာသော	kjin na hmu. de.
fidelidad (f)	သစ္စာ	thi' sa
fiel (adj)	သစ္စာရှိသော	thi' sa shi. de.
cuidado (m)	ဂရုစိုက်ခြင်း	ga ju. sai' chin:
cariñoso (un padre ~)	ဂရုစိုက်သော	ga ju. sai' te.

recién casados (pl)	လက်ထပ်ကာစဖြစ်သော	le' hta' ka za. bji' de.
luna (f) de miel	ပျားရည်စမ်းကာလ	pja: je zan: ga la.
estar casada	ယောကျ်ားယူသည်	jau' kja: ju de
casarse (con una mujer)	မိန်းမယူသည်	mein: ma. ju de

boda (f)	မင်္ဂလာဆောင်ပွဲ	min ga. la zaun bwe:
bodas (f pl) de oro	ရွှေရတု	shwei jadu.
aniversario (m)	နှစ်ပတ်လည်	hni' ba' le

amante (m)	လင်ငယ်	lin nge
amante (f)	မယားငယ်	ma. ja: nge

adulterio (m)	ဖောက်ပြန်ခြင်း	hpau' pjan gjin
cometer adulterio	ဖောက်ပြန်သည်	hpau' pjan de
celoso (adj)	သဝန်တိုသော	thawun dou de.
tener celos	သဝန်တိုသည်	thawun dou de
divorcio (m)	ကွာရှင်းခြင်း	kwa shin gjin:
divorciarse (vr)	ကွာရှင်းသည်	kwa shin: de

reñir (vi)	ငြင်းခုံသည်	njin: goun de
reconciliarse (vr)	ပြန်လည်သင့်မြတ်သည်	pjan le dhin. mja' te

juntos (adv)	အတူတကွ	atu da. kwa.
sexo (m)	လိင်ကိစ္စ	lein gei' sa.
felicidad (f)	ပျော်ရွှင်မှု	pjo shwin hmu
feliz (adj)	ပျော်ရွှင်သော	pjo shwin de.
desgracia (f)	ကံဆိုးခြင်း	kan hsou: chin:
desgraciado (adj)	ကံဆိုးသော	kan hsoun de.

Las características de personalidad. Los sentimientos

61. Los sentimientos. Las emociones

sentimiento (m)	ခံစားချက်	khan za: che'
sentimientos (m pl)	ခံစားချက်များ	khan za: che' mja:
sentir (vt)	ခံစားရသည်	khan za ja. de
hambre (f)	ဆာခြင်း	hsa gjin:
tener hambre	ဗိုက်ဆာသည်	bai' hsa de
sed (f)	ရေဆာခြင်း	jei za gjin:
tener sed	ရေဆာသည်	jei za de
somnolencia (f)	အိပ်ချင်ခြင်း	ei' chin gjin:
tener sueño	အိပ်ချင်သည်	ei' chin de
cansancio (m)	ပင်ပန်းခြင်း	pin ban: chin:
cansado (adj)	ပင်ပန်းသော	pin ban: de.
estar cansado	ပင်ပန်းသည်	pin ban: de
humor (m) (de buen ~)	စိတ်ခံစားမှု	sei' khan za: hmu.
aburrimiento (m)	ငြီးငွေ့ခြင်း	ngji: ngwei. chin:
aburrirse (vr)	ပျင်းသည်	pjin: de
soledad (f)	မမြင်ကွယ်ရာ	ma. mjin gwe ja
aislarse (vr)	မျက်ကွယ်ပြုသည်	mje' kwe' pju. de
inquietar (vt)	စိတ်ပူအောင်လုပ်သည်	sei' pu aun lou' te
inquietarse (vr)	စိတ်ပူသည်	sei' pu de
inquietud (f)	စိုးရမ်မှု	sou: jein hmu.
preocupación (f)	စိုးရိမ်ပူပန်မှု	sou: jein bu ban hmu.
preocupado (adj)	ကိစ္စတစ်ရပ်ရပ်တွင် နစ်မြုပ်နေသော	kei. sa ti' ja' ja' twin ni' mju' nei de.
estar nervioso	စိတ်လှုပ်ရှားသည်	sei' hlou' sha: de
darse al pánico	တုန်လှုပ်ချောက်ချားသည်	toun hlou' chau' cha: de
esperanza (f)	မျှော်လင့်ချက်	hmjo. lin. gje'
esperar (tener esperanza)	မျှော်လင့်သည်	hmjo. lin. de
seguridad (f)	ကျိန်းသေ	kjein: dhei
seguro (adj)	ကျိန်းသေသော	kjein: dhei de.
inseguridad (f)	မရေရာခြင်း	ma. jei ja gjin:
inseguro (adj)	မရေရာသော	ma. jei ja de.
borracho (adj)	အရက်မူးသော	aje' mu: de.
sobrio (adj)	အရက်မမူးသော	aje' ma mu: de.
débil (adj)	အားပျော့သော	a: bjo. de.
feliz (adj)	ပျော်ရွှင်သော	pjo shwin de.
asustar (vt)	လန့်သည်	lan. de
furia (f)	ရူးသွပ်ခြင်း	ju: dhu' chin
rabia (f)	ဒေါသ	do: dha.
depresión (f)	စိတ်ဓာတ်ကျခြင်း	sei' da' cha. gjin:

incomodidad (f)	စိတ်ကသိကအောက်ဖြစ်ခြင်း	sei' ka thi ga au' hpji' chin:
comodidad (f)	စိတ်ချမ်းသာခြင်း	sei' chan: dha gjin:
arrepentirse (vr)	နောင်တရသည်	naun da. ja. de
arrepentimiento (m)	နောင်တရခြင်း	naun da. ja. gjin:
mala suerte (f)	ကံဆိုးခြင်း	kan hsou: chin:
tristeza (f)	ဝမ်းနည်းခြင်း	wan: ne: gjin:
vergüenza (f)	အရှက်	ashe'
júbilo (m)	ဝမ်းသာမှု	wan: dha hmu.
entusiasmo (m)	စိတ်အားထက်သန်မှု	sei' a: de' than hmu.
entusiasta (m)	စိတ်အားထက်သန်သူ	sei' a: de' than hmu
mostrar entusiasmo	စိတ်အားထက်သန်မှုပြသည်	sei' a: de' than hmu. bja. de

62. El carácter. La personalidad

carácter (m)	စရိုက်	zajai'
defecto (m)	အားနည်းချက်	a: ne: gje'
mente (f)	ဦးနှောက်	oun: hnau'
razón (f)	ဆင်ခြင်တုံတရား	hsin gjin doun da. ja:
consciencia (f)	အသိတရား	athi. taja:
hábito (m)	အကျင့်	akjin.
habilidad (f)	စွမ်းရည်	swan: ji
poder (~ nadar, etc.)	လုပ်နိုင်သည်	lou' nain de
paciente (adj)	သည်းခံတတ်သော	thi: khan da' te
impaciente (adj)	သည်းမခံတတ်သော	thi: ma. gan da' te
curioso (adj)	စပ်စုသော	sa' su. de.
curiosidad (f)	စပ်စုခြင်း	sa' su. gjin:
modestia (f)	ဣန္ဒြေ	ein darei
modesto (adj)	ဣန္ဒြေရှိသော	ein darei shi. de
inmodesto (adj)	ဣန္ဒြေမရှိသော	ein darei ma. shi. de
pereza (f)	ပျင်းရိခြင်း	pjin: ji. gjin:
perezoso (adj)	ပျင်းရိသော	pjin: ji. de.
perezoso (m)	ငပျင်း	nga. bjin:
astucia (f)	ကလိမ်ကျစ်လုပ်ခြင်း	kalein kji' lou' chin
astuto (adj)	ကလိမ်ကကျစ်ကျသော	kalein ka. kji' kja de.
desconfianza (f)	သံသယဝင်ခြင်း	than thaja.
desconfiado (adj)	သံသယဝင်သော	than thaja. win de.
generosidad (f)	ရက်ရောမှု	je' jo: hmu.
generoso (adj)	ရက်ရောသော	je' jo: de.
talentoso (adj)	ပါရမီရှိသော	pa rami shi. de
talento (m)	ပါရမီ	pa rami
valiente (adj)	သတ္တိရှိသော	tha' ti. shi. de.
coraje (m)	သတ္တိ	tha' ti.
honesto (adj)	ရိုးသားသော	jou: dha: de.
honestidad (f)	ရိုးသားမှု	jou: dha: hmu.
prudente (adj)	ဂရုစိုက်သော	ga ju. sai' te.
valeroso (adj)	ရဲရင့်သော	je: jin. de.

serio (adj)	လေးနက်သော	lei: ne' de.
severo (adj)	တင်းကျပ်သော	tin: gja' te
decidido (adj)	တိကျပြတ်သားသော	ti. gja. bja' tha: de.
indeciso (adj)	မတိကျမပြတ်သားသော	ma. di. gja. ma. bja' tha: de.
tímido (adj)	ရှက်တတ်သော	she' ta' te.
timidez (f)	ရှက်ရွံ့မှု	she' jwan. hmu.
confianza (f)	မိမိကိုယ်မိမိယုံကြည်မှု	mi. mi. kou mi. mi. gji hmu.
creer (créeme)	ယုံကြည်သည်	joun kji de
confiado (crédulo)	အယုံလွယ်သော	ajoun lwe de.
sinceramente (adv)	ဟန်မဆောင်ဘဲ	han ma. zaun be:
sincero (adj)	ဟန်မဆောင်တတ်သော	han ma. zaun da' te
sinceridad (f)	ရိုးသားမှု	jou: dha: hmu.
abierto (adj)	ပွင့်လင်းသော	pwin: lin: de.
calmado (adj)	တိတ်ဆိတ်သော	tei' hsei' te
franco (sincero)	ပွင့်လင်းသော	pwin: lin: de.
ingenuo (adj)	အယုံလွယ်သော	ajoun lwe de.
distraído (adj)	စဉ်းစားဉာဏ်မရှိသော	sin: za: njan ma. shi. de.
gracioso (adj)	ရယ်စရာကောင်းသော	je zaja gaun: de.
avaricia (f)	လောဘကြီးခြင်း	lau ba. gji: gjin:
avaro (adj)	လောဘကြီးသော	lau ba. gji: de.
tacaño (adj)	တွန့်တိုသော	tun. dou de.
malvado (adj)	ယုတ်မာသော	jou' ma de.
terco (adj)	ခေါင်းမာသော	gaun: ma de.
desagradable (adj)	မဖွယ်မရာဖြစ်သော	ma. bwe ma. ja bji' te.
egoísta (m)	တစ်ကိုယ်ကောင်းဆန်သူ	ti' kai gaun: zan dhu
egoísta (adj)	တစ်ကိုယ်ကောင်းဆန်သော	ti' kai gaun: zan de.
cobarde (m)	ငကြောက်	nga. gjau'
cobarde (adj)	ကြောက်တတ်သော	kjau' ta' te.

63. El sueño. Los sueños

dormir (vi)	အိပ်သည်	ei' ja de
sueño (m) (estado)	အိပ်ခြင်း	ei' chin:
sueño (m) (dulces ~s)	အိပ်မက်	ei' me'
soñar (vi)	အိပ်မက်မက်သည်	ei' me' me' te
adormilado (adj)	အိပ်ချင်သော	ei' chin de.
cama (f)	ခုတင်	khu. din
colchón (m)	မွေ့ယာ	mwei. ja
manta (f)	စောင်	saun
almohada (f)	ခေါင်းအုံး	gaun: oun:
sábana (f)	အိပ်ရာခင်း	ei' ja khin:
insomnio (m)	အိပ်မပျော်နိုင်ခြင်း	ei' ma. bjo nain gjin:
de insomnio (adj)	အိပ်မပျော်သော	ei' ma. bjo de.
somnífero (m)	အိပ်ဆေး	ei' hsei:
tomar el somnífero	အိပ်ဆေးသောက်သည်	ei' hsei: thau' te
tener sueño	အိပ်ချင်သည်	ei' chin de

bostezar (vi)	သမ်းသည်	than: de
irse a la cama	အိပ်ရာဝင်သည်	ei' ja win de
hacer la cama	အိပ်ရာခင်းသည်	ei' ja khin: de
dormirse (vr)	အိပ်ပျော်သွားသည်	ei' pjo dhwa: de
pesadilla (f)	အိပ်မက်ဆိုး	ei' me' hsou:
ronquido (m)	ဟောက်သံ	hau' than
roncar (vi)	ဟောက်သည်	hau' te
despertador (m)	နှိုးစက်	hnou: ze'
despertar (vt)	နှိုးသည်	hnou: de
despertarse (vr)	နိုးသည်	nou: de
levantarse (vr)	အိပ်ရာထသည်	ei' ja hta. de
lavarse (vr)	မျက်နှာသစ်သည်	mje' hna dhi' te

64. El humor. La risa. La alegría

humor (m)	ဟာသ	ha dha.
sentido (m) del humor	ဟာသအမြင်	ha dha. amjin
divertirse (vr)	ပျော်ရွှင်သည်	pjo shwin de
alegre (adj)	ပျော်ရွှင်သော	pjo shwin de.
júbilo (m)	ပျော်ရွှင်မှု	pjo shwin hmu
sonrisa (f)	အပြုံး	apjoun:
sonreír (vi)	ပြုံးသည်	pjoun: de
echarse a reír	ရယ်လိုက်သည်	je lai' te
reírse (vr)	ရယ်သည်	je de
risa (f)	ရယ်သံ	je dhan
anécdota (f)	ဟာသဇာတ်လမ်း	ha dha. za' lan
gracioso (adj)	ရယ်စရာကောင်းသော	je zaja gaun: de.
ridículo (adj)	ရယ်စရာကောင်းသောသူ	je zaja gaun: de. dhu
bromear (vi)	စနောက်သည်	sanau' te
broma (f)	ရယ်စရာ	je zaja
alegría (f) (emoción)	ဝမ်းသာမှု	wan: dha hmu.
alegrarse (vr)	ဝမ်းသာသည်	wan: dha de
alegre (~ de que ...)	ဝမ်းသာသော	wan dha de.

65. La discusión y la conversación. Unidad 1

comunicación (f)	ဆက်ဆံပြောဆိုခြင်း	hse' hsan bjou: zou gjin
comunicarse (vr)	ဆက်ဆံပြောဆိုသည်	hse' hsan bjou: zou de
conversación (f)	စကားစမြည်	zaga: zamji
diálogo (m)	အပြန်အလှန်ပြောခြင်း	apjan a hlan bau gjin:
discusión (f) (debate)	ဆွေးနွေးခြင်း	hswe: nwe: gjin:
debate (m)	အငြင်းပွားမှု	anjin: bwa: hmu.
debatir (vi)	ငြင်းခုံသည်	njin: goun de
interlocutor (m)	ပါဝင်ဆွေးနွေးသူ	pa win zwei: nwei: dhu
tema (m)	ခေါင်းစဉ်	gaun: zin

punto (m) de vista	ရှုထောင့်	shu. daun.
opinión (f)	အမြင်	amjin
discurso (m)	စကား	zaga:
discusión (f) (del informe, etc.)	ဆွေးနွေးခြင်း	hswe: nwe: gjin:
discutir (vt)	ဆွေးနွေးသည်	hswe: nwe: de
conversación (f)	စကားပြောပုံ	zaga: bjo: boun
conversar (vi)	စကားပြောသည်	zaga: bjo: de
reunión (f)	တွေ့ဆုံမှု	twei. hsoun hmu
encontrarse (vr)	တွေ့ဆုံသည်	twei. hsoun de
proverbio (m)	စကားပုံ	zaga: boun
dicho (m)	စကားပုံ	zaga: boun
adivinanza (f)	စကားထာ	zaga: da
contar una adivinanza	စကားထာဖွက်သည်	zaga: da bwe' te
contraseña (f)	စကားဝှက်	zaga: hwe'
secreto (m)	လျှို့ဝှက်ချက်	shou. hwe' che'
juramento (m)	ကျမ်းသစ္စာ	kjan: thi' sa
jurar (vt)	ကျမ်းသစ္စာဆိုသည်	kjan: thi' sa hsou de
promesa (f)	ကတိ	ka ti
prometer (vt)	ကတိပေးသည်	gadi pei: de
consejo (m)	အကြံဉာဏ်	akjan njan
aconsejar (vt)	အကြံပေးသည်	akjan bei: de
seguir el consejo	အကြံကိုလက်ခံသည်	akjan kou le' khan de
escuchar (a los padres)	နားထောင်သည်	na: daun de
noticias (f pl)	သတင်း	dhadin:
sensación (f)	သတင်းထူး	dhadin: du:
información (f)	သတင်းအချက်အလက်	dhadin: akje' ale'
conclusión (f)	သုံးသပ်ချက်	thoun: dha' che'
voz (f)	အသံ	athan
cumplido (m)	ချီးမွမ်းစကား	chi: mun: zaga:
amable (adj)	ကြင်နာသော	kjin na hmu. de.
palabra (f)	စကားလုံး	zaga: loun:
frase (f)	စကားစု	zaga: zu.
respuesta (f)	အဖြေ	ahpei
verdad (f)	အမှန်တရား	ahman da ja:
mentira (f)	မုသား	mu. dha:
pensamiento (m)	အတွေး	atwei:
idea (f)	အကြံ	akjan
fantasía (f)	စိတ်ကူးယဉ်အိပ်မက်	sei' ku: jin ei' me'

66. La discusión y la conversación. Unidad 2

respetado (adj)	လေးစားရသော	lei: za: ja. de.
respetar (vt)	လေးစားသည်	lei: za: de
respeto (m)	လေးစားမှု	lei: za: hmu.
Estimado ...	လေးစားရပါသော	lei: za: ja. ba. de.
presentar (~ a sus padres)	မိတ်ဆက်ပေးသည်	mi' hse' pei: de

conocer a alguien	မိတ်ဆက်သည်	mi' hse' te
intención (f)	ရည်ရွယ်ချက်	ji jwe gje'
tener intención (de ...)	ရည်ရွယ်သည်	ji jwe de
deseo (m)	ဆန္ဒ	hsan da.
desear (vt) (~ buena suerte)	ဆန္ဒပြုသည်	hsan da. bju de
sorpresa (f)	အံ့သြခြင်း	an. o: chin:
sorprender (vt)	အံ့သြစေသည်	an. o: sei: de
sorprenderse (vr)	အံ့သြသည်	an. o. de
dar (vt)	ပေးသည်	pei: de
tomar (vt)	ယူသည်	ju de
devolver (vt)	ပြန်ပေးသည်	pjan bei: de
retornar (vt)	ပြန်ပေးသည်	pjan bei: de
disculparse (vr)	တောင်းပန်သည်	thaun: ban de
disculpa (f)	တောင်းပန်ခြင်း	thaun: ban gjin:
perdonar (vt)	ခွင့်လွှတ်သည်	khwin. hlu' te
hablar (vi)	အပြန်အလှန်ပြောသည်	apjan a hlan bau de
escuchar (vt)	နားထောင်သည်	na: daun de
escuchar hasta el final	နားထောင်သည်	na: daun de
comprender (vt)	နားလည်သည်	na: le de
mostrar (vt)	ပြသည်	pja. de
mirar a ...	ကြည့်သည်	kji. de
llamar (vt)	ခေါ်သည်	kho de
distraer (molestar)	နှောင့်ယှက်သည်	hnaun. hje' te
molestar (vt)	နှောင့်ယှက်သည်	hnaun. hje' te
pasar (~ un mensaje)	တဆင့်ပေးသည်	tahsin. bei: de
petición (f)	တောင်းဆိုချက်	taun: hsou che'
pedir (vt)	တောင်းဆိုသည်	taun: hsou: de
exigencia (f)	တောင်းဆိုခြင်း	taun: hsou: chin:
exigir (vt)	တိုက်တွန်းသည်	tai' tun: de
motejar (vr)	ကျီစယ်သည်	kji ze de
burlarse (vr)	သရော်သည်	thajo: de
burla (f)	သရော်ခြင်း	thajo: gjin:
apodo (m)	ချစ်စနိုးပေးထားသောနာမည်	chi' sa. nou: bei: da: dho: na me
alusión (f)	စောင်းပြောမှု	saun: bjo: hmu.
aludir (vi)	စောင်းပြောသည်	saun: bjo: de
sobrentender (vt)	ဆိုလိုသည်	hsou lou de
descripción (f)	ဖော်ပြချက်	hpjo bja. gje'
describir (vt)	ဖော်ပြသည်	hpjo bja. de
elogio (m)	ချီးမွမ်းခြင်း	chi: mun: gjin:
elogiar (vt)	ချီးမွမ်းသည်	chi: mun: de
decepción (f)	စိတ်ပျက်ခြင်း	sei' pje' chin
decepcionar (vt)	စိတ်ပျက်စေသည်	sei' pje' sei de
estar decepcionado	စိတ်ပျက်သည်	sei' pje' te
suposición (f)	ယူဆခြင်း	ju za. chin:
suponer (vt)	ယူဆသည်	ju za. de

advertencia (f)	သတိပေးခြင်း	dhadi. pei: gjin:
prevenir (vt)	သတိပေးသည်	dhadi. pei: de

67. La discusión y la conversación. Unidad 3

convencer (vt)	စည်းရုံးသည်	si: joun: de
calmar (vt)	ဖျောင်းဖျသည်	hpjaun: bja de
silencio (m) (~ es oro)	နှုတ်ဆိတ်ခြင်း	hnou' hsei' chin:
callarse (vr)	နှုတ်ဆိတ်သည်	hnou' hsei' te
susurrar (vi, vt)	တီးတိုးပြောသည်	ti: dou: bjo de
susurro (m)	တီးတိုးပြောသံ	ti: dou: bjo dhan
francamente (adv)	ရှင်းရှင်းပြောရရင်	shin: shin: bjo: ja. jin
en mi opinión ...	မိမိအမြင်အားဖြင့်	mi. mi. amjin a: bjin.
detalle (m) (de la historia)	အသေးစိတ်မှု	athei: zi' hmu.
detallado (adj)	အသေးစိတ်သော	athei: zi' te.
detalladamente (adv)	အသေးစိတ်	athei: zi'
pista (f)	အရိပ်အမြွက်	aji' ajmwe'
dar una pista	အရိပ်အမြွက်ပေးသည်	aji' ajmwe' pei: de
mirada (f)	အသွင်	athwin
echar una mirada	ကြည့်သည်	kji. de
fija (mirada ~)	မလှုပ်မရှားသော	ma. hlou' sha: de
parpadear (vi)	မျက်တောင်ခတ်သည်	mje' taun ga' te
guiñar un ojo	မျက်စိတစ်ဖက်မှိတ်သည်	mje' zi. di' hpe' hmei' te
asentir con la cabeza	ခေါင်းညိတ်သည်	gaun: njei' te
suspiro (m)	သက်ပြင်းချခြင်း	the' pjin: gja. gjin:
suspirar (vi)	သက်ပြင်းချသည်	the' pjin: gja. de
estremecerse (vr)	သိမ့်သိမ့်တုန်သည်	thein. dhein. doun de
gesto (m)	လက်ဟန်ခြေဟန်	le' han hpjei han
tocar (con la mano)	ထိသည်	hti. de
asir (~ de la mano)	ဖမ်းကိုင်သည်	hpan: gain de
palmear (~ la espalda)	ပုတ်သည်	pou' te
¡Cuidado!	ဂရုစိုက်ပါ	ga ju. sai' pa
¿De veras?	တကယ်လား	dage la:
¿Estás seguro?	သေချာလား	thei gja la:
¡Suerte!	အောင်မြင်ပါစေ	aun mjin ba zei
¡Ya veo!	ရှင်းပါတယ်	shin: ba de
¡Es una lástima!	စိတ်မကောင်းပါဘူး	sei' ma. kaun: ba bu:

68. El acuerdo. El rechazo

acuerdo (m)	သဘောတူညီချက်	dhabo: tu nji gje'
estar de acuerdo	သဘောတူသည်	dhabo: tu de
aprobación (f)	လက်ခံခြင်း	le' khan gjin:
aprobar (vt)	လက်ခံသည်	le' khan de
rechazo (m)	ငြင်းဆန်ခြင်း	njin: zan gjin:

negarse (vr)	ငြင်းဆန်သည်	njin: zan de
¡Excelente!	အရမ်းကောင်း	ajan: gaun:
¡De acuerdo!	ကောင်းတယ်	kaun: de
¡Vale!	ကောင်းပြီ	kaun: bji
prohibido (adj)	တားမြစ်ထားသော	ta: mji' hta: te.
está prohibido	မလုပ်ရ	ma. lou' ja.
es imposible	မဖြစ်နိုင်	ma. bji' nain
incorrecto (adj)	မှားသော	hma: de.
rechazar (vt)	ပယ်ချသည်	pe gja. de
apoyar (la decisión)	ထောက်ခံသည်	htau' khan de
aceptar (vt)	လက်ခံသည်	le' khan de
confirmar (vt)	အတည်ပြုသည်	ati pju. de
confirmación (f)	အတည်ပြုချက်	ati pju. gje'
permiso (m)	ခွင့်ပြုချက်	khwin bju. che'
permitir (vt)	ခွင့်ပြုသည်	khwin bju. de
decisión (f)	ဆုံးဖြတ်ချက်	hsoun: hpja' cha'
no decir nada	နှုတ်ဆိတ်သည်	hnou' hsei' te
condición (f)	အခြေအနေ	achei anei
excusa (f) (pretexto)	ဆင်ခြေ	hsin gjei
elogio (m)	ချီးမွမ်းခြင်း	chi: mun: gjin:
elogiar (vt)	ချီးမွမ်းသည်	chi: mun: de

69. El éxito. La buena suerte. El fracaso

éxito (m)	အောင်မြင်မှု	aun mjin hmu.
con éxito (adv)	အောင်မြင်စွာ	aun mjin zwa
exitoso (adj)	အောင်မြင်သော	aun mjin dho:
suerte (f)	ကံကောင်းခြင်း	kan gaun: gjin:
¡Suerte!	အောင်မြင်ပါစေ	aun mjin ba zei
de suerte (día ~)	ကံကောင်းစွာရရှိသော	kan gaun: zwa ja. shi. de.
afortunado (adj)	ကံကောင်းသော	kan kaun: de.
fiasco (m)	မအောင်မြင်ခြင်း	ma. aun mjin gjin:.
infortunio (m)	ကံဆိုးခြင်း	kan hsou: chin:
mala suerte (f)	ကံဆိုးခြင်း	kan hsou: chin:
fracasado (adj)	မအောင်မြင်သော	ma. aun mjin de.
catástrofe (f)	ကပ်ဘေး	ka' bei:
orgullo (m)	ဂုဏ်	goun
orgulloso (adj)	ဂုဏ်ယူသော	goun dhu de.
estar orgulloso	ဂုဏ်ယူသည်	goun dhu de
ganador (m)	အနိုင်ရသူ	anain ja. dhu
ganar (vi)	အနိုင်ရသည်	anain ja de
perder (vi)	ရှုံးသည်	shoun: de
tentativa (f)	ကြိုးစားမှု	kjou: za: hmu.
intentar (tratar)	ကြိုးစားသည်	kjou: za: de
chance (f)	အခွင့်အရေး	akhwin. ajei:

70. Las discusiones. Las emociones negativas

grito (m)	အော်သံ	o dhan
gritar (vi)	အော်သည်	o de
comenzar a gritar	စတင်အော်သည်	sa. tin o de
disputa (f), riña (f)	ငြင်းခုံခြင်း	njin: goun gjin:
reñir (vi)	ငြင်းခုံသည်	njin: goun de
escándalo (m) (riña)	ခိုက်ရန်ဖြစ်ခြင်း	khai' jan bji' chin:
causar escándalo	ခိုက်ရန်ဖြစ်သည်	khai' jan bji' te
conflicto (m)	အငြင်းပွားမှု	anjin: bwa: hmu.
malentendido (m)	နားလည်မှုလွဲခြင်း	na: le hmu. lwe: gjin:
insulto (m)	စော်ကားမှု	so ga: hmu
insultar (vt)	စော်ကားသည်	so ga: de
insultado (adj)	အစော်ကားခံရသော	aso ka: gan ja de.
ofensa (f)	စိတ်နာမှု	sei' na hmu.
ofender (vt)	စိတ်နာအောင်လုပ်သည်	sei' na aun lou' te
ofenderse (vr)	စိတ်နာသည်	sei' na de
indignación (f)	မခံမရပ်နိုင်ဖြစ်ခြင်း	ma. gan ma. ja' nain bji' chin
indignarse (vr)	မခံမရပ်နိုင်ဖြစ်သည်	ma. gan ma. ja' nain bji' te
queja (f)	တိုင်ပြောခြင်း	tain bjo: gjin:
quejarse (vr)	တိုင်ပြောသည်	tain bjo: de
disculpa (f)	တောင်းပန်ခြင်း	thaun: ban gjin:
disculparse (vr)	တောင်းပန်သည်	thaun: ban de
pedir perdón	တောင်းပန်သည်	thaun: ban de
crítica (f)	ဝေဖန်မှု	wei ban hmu.
criticar (vt)	ဝေဖန်သည်	wei ban de
acusación (f)	စွပ်စွဲခြင်း	su' swe: chin:
acusar (vt)	စွပ်စွဲသည်	su' swe: de
venganza (f)	လက်စားချေခြင်း	le' sa: gjei gjin:
vengar (vt)	လက်စားချေသည်	le' sa: gjei de
pagar (vt)	ပြန်ဆပ်သည်	pjan za' te
desprecio (m)	အထင်သေးခြင်း	a htin dhei: gjin:
despreciar (vt)	အထင်သေးသည်	a htin dhei: de
odio (m)	အမုန်း	amun:
odiar (vt)	မုန်းသည်	moun: de
nervioso (adj)	စိတ်လှုပ်ရှားသော	sei' hlou' sha: de.
estar nervioso	စိတ်လှုပ်ရှားသည်	sei' hlou' sha: de
enfadado (adj)	စိတ်ဆိုးသော	sei' hsou: de.
enfadar (vt)	ဒေါသထွက်စေသည်	do: dha. dwe' sei de
humillación (f)	မျက်နှာပျက်ရခြင်း	mje' hna bje' ja gjin:
humillar (vt)	မျက်နှာပျက်စေသည်	mje' hna bje' sei de
humillarse (vr)	အရှက်ရသည်	ashe' ja. de
choque (m)	တုန်လှုပ်ချောက်ချားခြင်း	toun hlou' chau' cha: gjin:
chocar (vi)	တုန်လှုပ်ချောက်ချားသည်	toun hlou' chau' cha: de
molestia (f) (problema)	ဒုက္ခ	dou' kha.

desagradable (adj)	မဖွယ်မရာဖြစ်သော	ma. bwe ma. ja bji' te.
miedo (m)	ကြောက်ရွံ့ခြင်း	kjau' jun. gjin:
terrible (tormenta, etc.)	အလွန်	alun
de miedo (historia ~)	ထိတ်လန့်သော	htei' lan. de
horror (m)	ကြောက်မက်ဖွယ်ရာ	kjau' ma' hpwe ja
horrible (adj)	ကြောက်မက်ဖွယ်ဖြစ်သော	kjau' ma' hpwe bja' te.
empezar a temblar	တုန်သည်	toun de
llorar (vi)	ငိုသည်	ngou de
comenzar a llorar	မျက်ရည်ဝဲသည်	mje' je we: de
lágrima (f)	မျက်ရည်	mje' je
culpa (f)	အပြစ်	apja'
remordimiento (m)	စိတ်မသန့်ခြင်း	sei' ma. dhan. gjin:
deshonra (f)	အရှက်	ashe'
protesta (f)	ကန့်ကွက်ချက်	kan gwe' che'
estrés (m)	စိတ်ဖိစီးမှု	sei' hpi zi: hmu.
molestar (vt)	နှောင့်ယှက်သည်	hnaun. hje' te
estar furioso	ဒေါသထွက်သည်	do: dha. dwe' de
enfadado (adj)	ဒေါသကြီးသော	do: dha. gji: de.
terminar (vt)	အဆုံးသတ်သည်	ahsoun: tha' te
regañar (vt)	ဆူပူကြိမ်းမောင်းသည်	hsu. bu gjein: maun: de
asustarse (vr)	လန့်သွားသည်	lan. dhwa: de
golpear (vt)	ရိုက်သည်	jai' te
pelear (vi)	ခိုက်ရန်ဖြစ်သည်	khai' jan bji' te
resolver (~ la discusión)	ဖျန်ဖြေပေးသည်	hpan bjei bjei: de
descontento (adj)	မကျေနပ်သော	ma. gjei na' te.
furioso (adj)	ပြင်းထန်သော	pjin: dan dho:
¡No está bien!	ဒါ မကောင်းဘူး	da ma. gaun: dhu:
¡Está mal!	ဒါတော့ဆိုးတယ်	da do. zou: de

La medicina

71. Las enfermedades

enfermedad (f)	ရောဂါ	jo: ga
estar enfermo	ဖျားနာသည်	hpa: na de
salud (f)	ကျန်းမာရေး	kjan: ma jei:
resfriado (m) (coriza)	နှာစေးခြင်း	hna zei: gjin:
angina (f)	အာသီးရောင်ခြင်း	a sha. jaun gjin:
resfriado (m)	အအေးမိခြင်း	aei: mi. gjin:
resfriarse (vr)	အအေးမိသည်	aei: mi. de
bronquitis (f)	ချောင်းဆိုးရင်ကျပ်နာ	gaun: ou: jin gja' na
pulmonía (f)	အဆုတ်ရောင်ရောဂါ	ahsou' jaun jo: ga
gripe (f)	တုပ်ကွေး	tou' kwei:
miope (adj)	အဝေးမှုန်သော	awei: hmun de.
présbita (adj)	အနီးမှုန်	ani: hmoun
estrabismo (m)	မျက်စိစွေခြင်း	mje' zi. zwei gjin:
estrábico (m) (adj)	မျက်စိစွေသော	mje' zi. zwei de.
catarata (f)	နာမကျန်းဖြစ်ခြင်း	na. ma. gjan: bji' chin:
glaucoma (m)	ရေတိမ်	jei dein
insulto (m)	လေသင်တုန်းဖြတ်ခြင်း	lei dhin doun: bja' chin:
ataque (m) cardiaco	နှလုံးဖောက်ပြန်မှု	hnaloun: bau' bjan hmu.
infarto (m) de miocardio	နှလုံးကြွက်သားပုပ်ခြင်း	hnaloun: gjwe' tha: bou' chin:
parálisis (f)	သွက်ချာပါဒ	thwe' cha ba da.
paralizar (vt)	ဆိုင်းတွသွားသည်	hsain: dwa dhwa: de
alergia (f)	မတည့်ခြင်း	ma. de. gjin:
asma (f)	ပန်းနာ	pan: na
diabetes (f)	ဆီးချိုရောဂါ	hsi: gjou jau ba
dolor (m) de muelas	သွားကိုက်ခြင်း	thwa: kai' chin:
caries (f)	သွားပိုးစားခြင်း	thwa: pou: za: gjin:
diarrea (f)	ဝမ်းလျှောခြင်း	wan: sho: gjin:
estreñimiento (m)	ဝမ်းချုပ်ခြင်း	wan: gjou' chin:
molestia (f) estomacal	ဗိုက်နာခြင်း	bai' na gjin:
envenenamiento (m)	အစာအဆိပ်သင့်ခြင်း	asa: ahsei' thin. gjin:
envenenarse (vr)	အစားမှားခြင်း	asa: hma: gjin:
artritis (f)	အဆစ်ရောင်နာ	ahsi' jaun na
raquitismo (m)	အရိုးပျော့နာ	ajou: bjau. na
reumatismo (m)	ဒူလာ	du la
ateroesclerosis (f)	နှလုံးသွေးကြော အဆီပိတ်ခြင်း	hna. loun: twei: kjau ahsi pei' khin:
gastritis (f)	အစာအိမ်ရောင်ရမ်းနာ	asa: ein jaun jan: na
apendicitis (f)	အူအတက်ရောင်ခြင်း	au hte' jaun gjin:

colecistitis (f)	သည်းခြေပြွန်ရောင်ခြင်း	thi: gjei bjun jaun gjin:
úlcera (f)	ဖက်ခွက်နာ	hpe' khwe' na

sarampión (m)	ဝက်သက်	we' the'
rubeola (f)	ဂျိုက်သိုး	gjou' thou:
ictericia (f)	အသားဝါရောဂါ	atha: wa jo: ga
hepatitis (f)	အသည်းရောင်ရောဂါ	athe: jaun jau ba

esquizofrenia (f)	စိတ်ကစဉ့်ကလျားရောဂါ	sei' ga. zin. ga. lja: jo: ga
rabia (f) (hidrofobia)	ခွေးရူးပြန်ရောဂါ	khwei: ju: bjan jo: ba
neurosis (f)	စိတ်မူမမှန်ခြင်း	sei' mu ma. hman gjin:
conmoción (f) cerebral	ဦးနှောက်ထိခိုက်ခြင်း	oun: hnau' hti. gai' chin:

cáncer (m)	ကင်ဆာ	kin hsa
esclerosis (f)	အသားမျှင်ခက် မာသွားခြင်း	atha: hmjin kha' ma dwa: gjin:
esclerosis (m) múltiple	အာရုံကြောပျက်စီး ရောင်ရမ်းသည့်ရောဂါ	a joun gjo: bje' si: jaun jan: dhi. jo: ga

alcoholismo (m)	အရက်နာစွဲခြင်း	aje' na zwe: gjin:
alcohólico (m)	အရက်သမား	aje' dha. ma:
sífilis (f)	ဆစ်ဖလစ်ကာလသားရောဂါ	his' hpa. li' ka la. dha: jo: ba
SIDA (m)	ကိုယ်ခံအားကျကူးစက်ရောဂါ	kou khan a: kja ku: za' jau ba

tumor (m)	အသားပို	atha: pou
maligno (adj)	ကင်ဆာဖြစ်နေသော	kin hsa bji' nei de.
benigno (adj)	ပြန့်ပွါးခြင်းမရှိသော	pjan. bwa: gjin: ma. shi. de.

fiebre (f)	အဖျားတက်ရောဂါ	ahpja: de' jo: ga
malaria (f)	ငှက်ဖျားရောဂါ	hnge' hpja: jo: ba
gangrena (f)	ဂန်ဂရီနာရောဂါ	gan ga. ji na jo: ba
mareo (m)	လှိုင်းမူးခြင်း	hlain: mu: gjin:
epilepsia (f)	ဝက်ရူးပြန်ရောဂါ	we' ju: bjan jo: ga

epidemia (f)	ကပ်ရောဂါ	ka' jo ba
tifus (m)	တိုက်ဖိုက်ရောဂါ	tai' hpai' jo: ba
tuberculosis (f)	တီဘီရောဂါ	ti bi jo: ba
cólera (f)	ကာလဝမ်းရောဂါ	ka la. wan: jau ga
peste (f)	ကပ်ဆိုး	ka' hsou:

72. Los síntomas. Los tratamientos. Unidad 1

síntoma (m)	လက္ခဏာ	le' khana
temperatura (f)	အပူချိန်	apu gjein
fiebre (f)	ကိုယ်အပူချိန်တက်	kou apu chain de'
pulso (m)	သွေးခုန်နှုန်း	thwei: khoun hnan:

mareo (m) (vértigo)	မူးနောက်ခြင်း	mu: nau' chin:
caliente (adj)	ပူသော	pu dho:
escalofrío (m)	တုန်ခြင်း	toun gjin:
pálido (adj)	ဖြူရော်သော	hpju jo de.

tos (f)	ချောင်းဆိုးခြင်း	gaun: zou: gjin:
toser (vi)	ချောင်းဆိုးသည်	gaun: zou: de
estornudar (vi)	နှာချေသည်	hna gjei de

desmayo (m)	အားနည်းခြင်း	a: ne: gjin:
desmayarse (vr)	သတိလစ်သည်	dhadi. li' te
moradura (f)	ပွန်းပဲ့ဒဏ်ရာ	pun: be. dan ja
chichón (m)	ဆောင့်မိခြင်း	hsaun. mi. gjin:
golpearse (vr)	ဆောင့်မိသည်	hsaun. mi. de.
magulladura (f)	ပွန်းပဲ့ဒဏ်ရာ	pun: be. dan ja
magullarse (vr)	ပွန်းပဲ့ဒဏ်ရာရသည်	pun: be. dan ja ja. de
cojear (vi)	ထော့နဲ့ထော့နဲ့လျှောက်သည်	hto. ne. hto. ne. shau' te
dislocación (f)	အဆစ်လွဲခြင်း	ahsi' lwe: gjin:
dislocar (vt)	အဆစ်လွဲသည်	ahsi' lwe: de
fractura (f)	ကျိုးအက်ခြင်း	kjou: e' chin:
tener una fractura	ကျိုးအက်သည်	kjou: e' te
corte (m) (tajo)	ရှသည်	sha. de
cortarse (vr)	ရှမိသည်	sha. mi. de
hemorragia (f)	သွေးထွက်ခြင်း	thwei: htwe' chin:
quemadura (f)	မီးလောင်သည့်ဒဏ်ရာ	mi: laun de. dan ja
quemarse (vr)	မီးလောင်ဒဏ်ရာရသည်	mi: laun dan ja ja. de
pincharse (~ el dedo)	ဖောက်သည်	hpau' te
pincharse (vr)	ကိုယ်တိုင်ဖောက်သည်	kou tain hpau' te
herir (vt)	ထိခိုက်ဒဏ်ရာရသည်	hti. gai' dan ja ja. de
herida (f)	ထိခိုက်ဒဏ်ရာ	hti. gai' dan ja
lesión (f) (herida)	ဒဏ်ရာ	dan ja
trauma (m)	စိတ်ဒဏ်ရာ	sei' dan ja
delirar (vi)	ကယောင်ကတမ်းဖြစ်သည်	kajaun ka dan: bi' te
tartamudear (vi)	တုံ့နှေးတုံ့ နှေးဖြစ်သည်	toun. hnei: toun. hnei: bji' te
insolación (f)	အပူလျှပ်ခြင်း	apu hlja' chin

73. Los síntomas. Los tratamientos. Unidad 2

dolor (m)	နာကျင်မှု	na gjin hmu.
astilla (f)	ပဲ့ထွက်သောအစ	pe. dwe' tho: asa.
sudor (m)	ချွေး	chwei:
sudar (vi)	ချွေးထွက်သည်	chwei: htwe' te
vómito (m)	အန်ခြင်း	an gjin:
convulsiones (f pl)	အကြောလိုက်ခြင်း	akjo: lai' chin:
embarazada (adj)	ကိုယ်ဝန်ဆောင်ထားသော	kou wun hsaun da: de.
nacer (vi)	မွေးဖွားသည်	mwei: bwa: de
parto (m)	မီးဖွားခြင်း	mi: bwa: gjin:
dar a luz	မီးဖွားသည်	mi: bwa: de
aborto (m)	ကိုယ်ဝန်ဖျက်ချခြင်း	kou wun hpje' cha chin:
respiración (f)	အသက်ရှူခြင်း	athe' shu gjin:
inspiración (f)	ဝင်လေ	win lei
espiración (f)	ထွက်လေ	htwe' lei
espirar (vi)	အသက်ရှူထုတ်သည်	athe' shu dou' te
inspirar (vi)	အသက်ရှူသွင်းသည်	athe' shu dhwin: de

inválido (m)	ကိုယ်အင်္ဂါမသန် စွမ်းသူ	kou an ga ma. dhan swan: dhu
mutilado (m)	မသန်မစွမ်းသူ	ma. dhan ma. zwan dhu
drogadicto (m)	ဆေးစွဲသူ	hsei: zwe: dhu
sordo (adj)	နားမကြားသော	na: ma. gja: de.
mudo (adj)	ဆွံ့အသော	hsun. ade.
sordomudo (adj)	ဆွံ့အ နားမကြားသူ	hsun. ana: ma. gja: dhu
loco (adj)	စိတ်မနှံ့သော	sei' ma. hnan. de.
loco (m)	စိတ်မနှံ့သူ	sei' ma. hnan. dhu
loca (f)	စိတ်ဝေဒနာရှင် မိန်းကလေး	sei' wei da. na shin mein: ga. lei:
volverse loco	ရူးသွပ်သည်	ju: dhu' de
gen (m)	မျိုးရိုးဗီဇ	mjou: jou: bi za.
inmunidad (f)	ကိုယ်ခံအား	kou gan a:
hereditario (adj)	မျိုးရိုးလိုက်သော	mjou: jou: lou' te.
de nacimiento (adj)	မွေးရာပါဖြစ်သော	mwei: ja ba bji' te.
virus (m)	ဗိုင်းရပ်ပိုးမွှား	bain: ja' pou: hmwa:
microbio (m)	အဏုဇီဝရုပ်	anu zi wa. jou'
bacteria (f)	ဗက်တီးရီးယားပိုး	be' ti: ji: ja: bou:
infección (f)	ရောဂါကူးစက်မှု	jo ga gu: ze' hmu.

74. Los síntomas. Los tratamientos. Unidad 3

hospital (m)	ဆေးရုံ	hsei: joun
paciente (m)	လူနာ	lu na
diagnosis (f)	ရောဂါစစ်ဆေးခြင်း	jo ga zi' hsei: gjin:
cura (f)	ဆေးကုထုံး	hsei: ku. doun:
tratamiento (m)	ဆေးဝါးကုသမှု	hsei: wa: gu. dha. hmu.
curarse (vr)	ဆေးကုသမှုခံယူသည်	hsei: ku. dha. hmu. dha de
tratar (vt)	ပြုစုသည်	pju. zu. de
cuidar (a un enfermo)	ပြုစုစောင့်ရှောက်သည်	pju. zu. zaun. shau' te
cuidados (m pl)	ပြုစုစောင့်ရှောက်ခြင်း	pju. zu. zaun. shau' chin:
operación (f)	ခွဲစိတ်ကုသခြင်း	khwe: zei' ku. dha. hin:
vendar (vt)	ပတ်တီးစည်းသည်	pa' ti: ze: de
vendaje (m)	ပတ်တီးစည်းခြင်း	pa' ti: ze: gjin:
vacunación (f)	ကာကွယ်ဆေးထိုးခြင်း	ka gwe hsei: dou: gjin:
vacunar (vt)	ကာကွယ်ဆေးထိုးသည်	ka gwe hsei: dou: de
inyección (f)	ဆေးထိုးခြင်း	hsei: dou: gjin:
aplicar una inyección	ဆေးထိုးသည်	hsei: dou: de
ataque (m)	ရောဂါ ရုတ်တရက်ကျရောက်ခြင်း	jo ga jou' ta. je' kja. jau' chin:
amputación (f)	ဖြတ်တောက်ကုသခြင်း	hpja' tau' ku. dha gjin:
amputar (vt)	ဖြတ်တောက်ကုသသည်	hpja' tau' ku. dha de
coma (m)	မေ့မြောခြင်း	mei. mjo: gjin:
estar en coma	မေ့မြောသည်	mei. mjo: de
revitalización (f)	အစွမ်းကုန်ပြုစုခြင်း	aswan: boun bju. zu. bjin:
recuperarse (vr)	ရောဂါသက်သာလာသည်	jo ga dhe' tha la de

estado (m) (de salud)	ကျန်းမာရေးအခြေအနေ	kjan: ma jei: achei a nei
consciencia (f)	ပြန်လည်သတိရလာခြင်း	pjan le dhadi. ja. la. gjin:
memoria (f)	မှတ်ဉာဏ်	hma' njan
extraer (un diente)	နှုတ်သည်	hna' te
empaste (m)	သွားပေါက်ဖာထေးမှု	thwa: bau' hpa dei: hmu.
empastar (vt)	ဖာသည်	hpa de
hipnosis (f)	အိပ်မွေ့ချခြင်း	ei' mwei. gja. gjin:
hipnotizar (vt)	အိပ်မွေ့ချသည်	ei' mwei. gja. de

75. Los médicos

médico (m)	ဆရာဝန်	hsa ja wun
enfermera (f)	သူနာပြု	thu na bju.
médico (m) personal	ကိုယ်ရေး ဆရာဝန်	kou jei: hsaja wun
dentista (m)	သွားဆရာဝန်	thwa: hsaja wun
oftalmólogo (m)	မျက်စိဆရာဝန်	mje' si. za. ja wun
internista (m)	ရောဂါရှာဖွေရေးဆရာဝန်	jo ga sha bwei jei: hsaja wun
cirujano (m)	ခွဲစိတ်ကုဆရာဝန်	khwe: hsei' ku hsaja wun
psiquiatra (m)	စိတ်ရောဂါအထူးကုဆရာဝန်	sei' jo: ga ahtu: gu. zaja wun
pediatra (m)	ကလေးအထူးကုဆရာဝန်	kalei: ahtu: ku. hsaja wun
psicólogo (m)	စိတ်ပညာရှင်	sei' pjin nja shin
ginecólogo (m)	မီးယပ်ရောဂါအထူး ကုဆရာဝန်	mi: ja' jo: ga ahtu: gu za. ja wun
cardiólogo (m)	နှလုံးရောဂါအထူး ကုဆရာဝန်	hnaloun: jo: ga ahtu: gu. zaja wun

76. La medicina. Las drogas. Los accesorios

medicamento (m), droga (f)	ဆေးဝါး	hsei: wa:
remedio (m)	ကုသခြင်း	ku. dha. gjin:
prescribir (vt)	ဆေးအညွှန်းပေးသည်	hsa: ahnjun: bwe: de
receta (f)	ဆေးညွှန်း	hsei: hnjun:
tableta (f)	ဆေးပြား	hsei: bja:
ungüento (m)	လိမ်းဆေး	lein: zei:
ampolla (f)	လေလုံဖန်ပုလင်းငယ်	lei loun ban bu. lin: nge
mixtura (f), mezcla (f)	စပ်ဆေးရည်	sa' ei: je
sirope (m)	ဖျော်ရည်ဆီ	hpjo jei zi
píldora (f)	ဆေးတောင့်	hsei: daun.
polvo (m)	အမှုန့်	ahmoun.
venda (f)	ပတ်တီး	pa' ti:
algodón (m) (discos de ~)	ဂွမ်းလိပ်	gwan: lei'
yodo (m)	တင်ဂျာအိုင်ဒင်း	tin gja ein din:
tirita (f), curita (f)	ပလာစတာ	pa. la sata
pipeta (f)	မျက်စဉ်းခတ်ကိရိယာ	mje' zin: ba' ki. ji. ja
termómetro (m)	အပူချိန်တိုင်းကိရိယာ	apu gjein dain: gi. ji. ja

jeringa (f)	ဆေးထိုးပြွတ်	hsei: dou: bju'
silla (f) de ruedas	ဘီးတပ်ကုလားထိုင်	bi: da' ku. la: dain
muletas (f pl)	ချိုင်းထောက်	chain: dau'
anestésico (m)	အကိုက်အခဲပျောက်ဆေး	akai' akhe: pjau' hsei:
purgante (m)	ဝမ်းနုတ်ဆေး	wan: hnou' hsei:
alcohol (m)	အရက်ပျံ	aje' pjan
hierba (f) medicinal	ဆေးဖက်ဝင်အပင်များ	hsei: hpa' win apin mja:
de hierbas (té ~)	ဆေးဖက်ဝင်အပင် နှင့်ဆိုင်သော	hsei: hpa' win apin hnin. zain de.

77. El tabaquismo. Los productos del tabaco

tabaco (m)	ဆေးရွက်ကြီး	hsei: jwe' kji:
cigarrillo (m)	စီးကရက်	si: ga. ja'
cigarro (m)	ဆေးပြင်းလိပ်	hsei: bjin: li'
pipa (f)	ဆေးတံ	hsei: dan
paquete (m)	ဘူး	bu:
cerillas (f pl)	မီးခြစ်ဆံများ	mi: gji' zain mja:
caja (f) de cerillas	မီးခြစ်ဆံဘူး	mi: gji' zain bu:
encendedor (m)	မီးခြစ်	mi: gji'
cenicero (m)	ဆေးလိပ်ပြာခွက်	hsei: lei' pja gwe'
pitillera (f)	စီးကရက်အလှဘူး	si: ga. ja' ahla. bu:
boquilla (f)	စီးကရက်ထည့်သောက်သည့် ပြွန်တံငယ်	si: ga. ja' hti. dau' thi. bjwan dan nge
filtro (m)	ဖင်စီခံ	hpin zi gan
fumar (vi, vt)	ဆေးလိပ်သောက်သည်	hsei: lei' ma. dhau' te
encender un cigarrillo	ဆေးလိပ်မီးညှိသည်	hsei: lei' mi: hni. de
tabaquismo (m)	ဆေးလိပ်သောက်ခြင်း	hsei: lei' ma. dhau' chin:
fumador (m)	ဆေးလိပ်သောက်သူ	hsei: lei' ma. dhau' thu
colilla (f)	ဆေးလိပ်တို	hsei: lei' tou
humo (m)	မီးခိုး	mi: gou:
ceniza (f)	ပြာ	pja

EL AMBIENTE HUMANO

La ciudad

78. La ciudad. La vida en la ciudad

ciudad (f)	မြို့	mjou.
capital (f)	မြို့တော်	mjou. do
aldea (f)	ရွာ	jwa
plano (m) de la ciudad	မြို့လမ်းညွှန်မြေပုံ	mjou. lan hnjun mjei boun
centro (m) de la ciudad	မြို့လယ်ခေါင်	mjou. le gaun
suburbio (m)	ဆင်ခြေဖုံးအရပ်	hsin gjei aja'
suburbano (adj)	ဆင်ခြေဖုံးအရပ်ဖြစ်သော	hsin gjei hpoun aja' hpa' te.
arrabal (m)	မြို့စွန်	mjou. zun
afueras (f pl)	ပတ်ဝန်းကျင်	pa' wun: gjin:
barrio (m)	စည်ကားရာမြို့လယ်နေရာ	si: ga: ja mjou. le nei ja
zona (f) de viviendas	လူနေရပ်ကွက်	lu nei ja' kwe'
tráfico (m)	ယာဉ်အသွားအလာ	jin athwa: ala
semáforo (m)	မီးပွိုင့်	mi: bwain.
transporte (m) urbano	ပြည်သူ့ပိုင်ခရီးသွား ပို့ဆောင်ရေး	pji dhu bain gaji: dhwa: bou. zaun jei:
cruce (m)	လမ်းဆုံ	lan: zoun
paso (m) de peatones	လူကူးမျဉ်းကြား	lu gu: mji: gja:
paso (m) subterráneo	မြေအောက်လမ်းကူး	mjei au' lan: gu:
cruzar (vt)	လမ်းကူးသည်	lan: gu: de
peatón (m)	လမ်းသွားလမ်းလာ	lan: dhwa: lan: la
acera (f)	လူသွားလမ်း	lu dhwa: lan:
puente (m)	တံတား	dada:
muelle (m)	ကမ်းနားတမံ	kan: na: da. man
fuente (f)	ရေပန်း	jei ban:
alameda (f)	ရိပ်သာလမ်း	jei' tha lan:
parque (m)	ပန်းခြံ	pan: gjan
bulevar (m)	လမ်းငယ်	lan: ge
plaza (f)	ရင်ပြင်	jin bjin
avenida (f)	လမ်းမကြီး	lan: mi. gji:
calle (f)	လမ်း	lan:
callejón (m)	လမ်းသွယ်	lan: dhwe
callejón (m) sin salida	လမ်းဆုံး	lan: zoun:
casa (f)	အိမ်	ein
edificio (m)	အဆောက်အဦ	ahsau' au
rascacielos (m)	မိုးမျှော်တိုက်	mou: hmjo tou'
fachada (f)	အိမ်ရှေ့နံရံ	ein shei. nan jan

techo (m)	အမိုး	amou:
ventana (f)	ပြတင်းပေါက်	badin: pau'
arco (m)	မုခ်ဝ	mou' wa.
columna (f)	တိုင်	tain
esquina (f)	ထောင့်	htaun.
escaparate (f)	ဆိုင်ရှေ့ပစ္စည်း အခင်းအကျင်း	hseun shei. bji' si: akhin: akjin:
letrero (m) (~ luminoso)	ဆိုင်းဘုတ်	hsain: bou'
cartel (m)	ပိုစတာ	pou sata
cartel (m) publicitario	ကြော်ငြာပိုစတာ	kjo nja bou sata
valla (f) publicitaria	ကြော်ငြာဆိုင်းဘုတ်	kjo nja zain: bou'
basura (f)	အမှိုက်	ahmai'
cajón (m) de basura	အမှိုက်ပုံး	ahmai' poun:
tirar basura	လွှင့်ပစ်သည်	hlwin. bi' te
basurero (m)	အမှိုက်ပုံ	ahmai' poun
cabina (f) telefónica	တယ်လီဖုန်းဆက်ရန်နေရာ	te li hpoun: ze' jan nei ja
farola (f)	လမ်းမီး	lan: mi:
banco (m) (del parque)	ခုံတန်းရှည်	khoun dan: shei
policía (m)	ရဲ	je:
policía (f) (~ nacional)	ရဲ	je:
mendigo (m)	သူတောင်းစား	thu daun: za:
persona (f) sin hogar	အိမ်ယာမဲ့	ein ja me.

79. Las instituciones urbanas

tienda (f)	ဆိုင်	hsain
farmacia (f)	ဆေးဆိုင်	hsei: zain
óptica (f)	မျက်မှန်ဆိုင်	mje' hman zain
centro (m) comercial	ဈေးဝင်စင်တာ	zei: wun zin da
supermercado (m)	ကုန်တိုက်ကြီး	koun dou' kji:
panadería (f)	မုန့်တိုက်	moun. dai'
panadero (m)	ပေါင်မုန့်ဖုတ်သူ	paun moun. bou' dhu
pastelería (f)	မုန့်ဆိုင်	moun. zain
tienda (f) de comestibles	ကုန်စုံဆိုင်	koun zoun zain
carnicería (f)	အသားဆိုင်	atha: ain
verdulería (f)	ဟင်းသီးဟင်းရွက်ဆိုင်	hin: dhi: hin: jwe' hsain
mercado (m)	ဈေး	zei:
cafetería (f)	ကော်ဖီဆိုင်	ko hpi zain
restaurante (m)	စားသောက်ဆိုင်	sa: thau' hsain
cervecería (f)	ဘီယာဆိုင်	bi ja zain:
pizzería (f)	ပီဇာမုန့်ဆိုင်	pi za moun. zain
peluquería (f)	ဆံပင်ညှပ်ဆိုင်	zain hnja' hsain
oficina (f) de correos	စာတိုက်	sa dai'
tintorería (f)	အဝတ်အခြောက်လျှော်လုပ်ငန်း	awu' achou' hlo: lou' ngan:
estudio (m) fotográfico	ဓာတ်ပုံရိုက်ခန်း	da' poun jai' khan:
zapatería (f)	ဖိနပ်ဆိုင်	hpana' sain

librería (f)	စာအုပ်ဆိုင်	sa ou' hsain
tienda (f) deportiva	အားကစားပစ္စည်းဆိုင်	a: gaza: pji' si: zain
arreglos (m pl) de ropa	စက်ပြင်ဆိုင်	se' pjin zain
alquiler (m) de ropa	ဝတ်စုံအငှါးဆိုင်	wa' zoun ahnga: zain
videoclub (m)	အခွေငှါးဆိုင်	akhwei hnga: zain:
circo (m)	ဆပ်ကပ်	hsa' ka'
zoológico (m)	တိရစ္ဆာန်ဥယျာဉ်	tharei' hsan u. jin
cine (m)	ရုပ်ရှင်ရုံ	jou' shin joun
museo (m)	ပြတိုက်	pja. dai'
biblioteca (f)	စာကြည့်တိုက်	sa gji. dai'
teatro (m)	ကဇာတ်ရုံ	ka. za' joun
ópera (f)	အော်ပရာဇာတ်ရုံ	o pa ra za' joun
club (m) nocturno	နိုက်ကလပ်	nai' ka. la'
casino (m)	လောင်းကစားရုံ	laun: gaza: joun
mezquita (f)	ဗလီ	bali
sinagoga (f)	ရှဟူဒီဘုရား ရှိခိုးကျောင်း	ja. hu di bu. ja: shi. gou: gjaun:
catedral (f)	ဘုရားရှိခိုးကျောင်းတော်	hpaja: gjaun: do:
templo (m)	ဘုရားကျောင်း	hpaja: gjaun:
iglesia (f)	ဘုရားကျောင်း	hpaja: gjaun:
instituto (m)	တက္ကသိုလ်	te' kathou
universidad (f)	တက္ကသိုလ်	te' kathou
escuela (f)	စာသင်ကျောင်း	sa dhin gjaun:
prefectura (f)	စီရင်စုနယ်	si jin zu. ne
alcaldía (f)	မြို့တော်ခန်းမ	mjou. do gan: ma.
hotel (m)	ဟိုတယ်	hou te
banco (m)	ဘဏ်	ban
embajada (f)	သံရုံး	than joun:
agencia (f) de viajes	ခရီးသွားလုပ်ငန်း	khaji: thwa: lou' ngan:
oficina (f) de información	သတင်းအချက်အလက်ဌာန	dhadin: akje' ale' hta. na.
oficina (f) de cambio	ငွေလဲရန်နေရာ	ngwei le: jan nei ja
metro (m)	မြေအောက်ဥမင်လမ်း	mjei au' u. min lan:
hospital (m)	ဆေးရုံ	hsei: joun
gasolinera (f)	ဆီဆိုင်	hsi: zain
aparcamiento (m)	ကားပါကင်	ka: pa kin

80. Los avisos

letrero (m) (~ luminoso)	ဆိုင်းဘုတ်	hsain: bou'
cartel (m) (texto escrito)	သတိပေးစာ	dhadi. pei: za
pancarta (f)	ပိုစတာ	pou sata
señal (m) de dirección	လမ်းညွှန်	lan: hnjun
flecha (f) (signo)	လမ်းညွှန်မြား	lan: hnjun hmja:
advertencia (f)	သတိပေးခြင်း	dhadi. pei: gjin:
aviso (m)	သတိပေးချက်	dhadi. pei: gje'

advertir (vt)	သတိပေးသည်	dhadi. pei: de
día (m) de descanso	ရုံးပိတ်ရက်	joun: bei' je'
horario (m)	အချိန်ဇယား	achein zaja:
horario (m) de apertura	ဖွင့်ချိန်	hpwin. gjin
¡BIENVENIDOS!	ကြိုဆိုပါသည်	kjou hsou ba de
ENTRADA	ဝင်ပေါက်	win bau'
SALIDA	ထွက်ပေါက်	htwe' pau'
EMPUJAR	တွန်းသည်	tun: de
TIRAR	ဆွဲသည်	hswe: de
ABIERTO	ဖွင့်သည်	hpwin. de
CERRADO	ပိတ်သည်	pei' te
MUJERES	အမျိုးသမီးသုံး	amjou: dhami: dhoun:
HOMBRES	အမျိုးသားသုံး	amjou: dha: dhoun:
REBAJAS	လျှော့ဈေး	sho. zei:
SALDOS	လျှော့ဈေး	sho. zei:
NOVEDAD	အသစ်	athi'
GRATIS	အခမဲ့	akha me.
¡ATENCIÓN!	သတိ	thadi.
COMPLETO	အလွတ်မရှိ	alu' ma shi.
RESERVADO	ကြိုတင်မှာယူထားပြီး	kjou tin hma ju da: bji:
ADMINISTRACIÓN	စီမံအုပ်ချုပ်ခြင်း	si man ou' chou' chin:
SÓLO PERSONAL AUTORIZADO	အမှုထမ်းအတွက်အသာ	ahmu. htan: atwe' atha
CUIDADO CON EL PERRO	ခွေးကိုက်တတ်သည်	khwei: kai' ta' te
PROHIBIDO FUMAR	ဆေးလိပ်မသောက်ရ	hsei: lei' ma. dhau' ja.
NO TOCAR	မထိရ	ma. di. ja.
PELIGROSO	အန္တရာယ်ရှိသည်	an dare shi. de.
PELIGRO	အန္တရာယ်	an dare
ALTA TENSIÓN	ဗို့အားပြင်း	bou. a: bjin:
PROHIBIDO BAÑARSE	ရေမကူးရ	jei ma. gu: ja.
NO FUNCIONA	ပျက်နေသည်	pje' nei de
INFLAMABLE	မီးလောင်တတ်သည်	mi: laun da' te
PROHIBIDO	တားမြစ်သည်	ta: mji' te
PROHIBIDO EL PASO	မကျူးကျော်ရ	ma. gju: gjo ja
RECIÉN PINTADO	ဆေးမခြောက်သေး	hsei: ma. gjau' dhei:

81. El transporte urbano

autobús (m)	ဘတ်စ်ကား	ba's ka:
tranvía (m)	ဓာတ်ရထား	da' ja hta:
trolebús (m)	ဓာတ်ကား	da' ka:
itinerario (m)	လမ်းကြောင်း	lan: gjaun:
número (m)	ကားနံပါတ်	ka: nan ba'
ir en …	ယာဉ်စီးသည်	jin zi: de
tomar (~ el autobús)	ထိုင်သည်	htain de

bajar (~ del tren)	ကားပေါ်မှဆင်းသည်	ka: bo hma. zin: de
parada (f)	မှတ်တိုင်	hma' tain
próxima parada (f)	နောက်မှတ်တိုင်	nau' hma' tain
parada (f) final	အဆုံးမှတ်တိုင်	ahsoun: hma' tain
horario (m)	အချိန်ဇယား	achein zaja:
esperar (aguardar)	စောင့်သည်	saun. de

billete (m)	လက်မှတ်	le' hma'
precio (m) del billete	ယာဉ်စီးခ	jin zi: ga.

cajero (m)	ငွေကိုင်	ngwei gain
control (m) de billetes	လက်မှတ်စစ်ဆေးခြင်း	le' hma' ti' hsei: chin
revisor (m)	လက်မှတ်စစ်ဆေးသူ	le' hma' ti' hsei: dhu:

llegar tarde (vi)	နောက်ကျသည်	nau' kja. de
perder (~ el tren)	ကားနောက်ကျသည်	ka: nau' kja de
tener prisa	အမြန်လုပ်သည်	aman lou' de

taxi (m)	တက္ကစီ	te' kasi
taxista (m)	တက္ကစီမောင်းသူ	te' kasi maun: dhu
en taxi	တက္ကစီဖြင့်	te' kasi hpjin.
parada (f) de taxi	တက္ကစီစုရပ်	te' kasi zu. ja'
llamar un taxi	တက္ကစီခေါ်သည်	te' kasi go de
tomar un taxi	တက္ကစီငှါးသည်	te' kasi hnga: de

tráfico (m)	ယာဉ်အသွားအလာ	jin athwa: ala
atasco (m)	ယာဉ်ကြောပိတ်ဆို့မှု	jin gjo: bei' hsou. hmu.
horas (f pl) de punta	အလုပ်ဆင်းချိန်	alou' hsin: gjain
aparcar (vi)	ယာဉ်ရပ်နားရန်နေရာယူသည်	jin ja' na: jan nei ja ju de
aparcar (vt)	ကားအားပါကင်ထိုးသည်	ka: a: pa kin dou: de
aparcamiento (m)	ပါကင်	pa gin

metro (m)	မြေအောက်ဥမင်လမ်း	mjei au' u. min lan:
estación (f)	ဘူတာရုံ	bu da joun
ir en el metro	မြေအောက်ရထားဖြင့်သွားသည်	mjei au' ja. da: bjin. dhwa: de
tren (m)	ရထား	jatha:
estación (f)	ရထားဘူတာရုံ	jatha: buda joun

82. El turismo. La excursión

monumento (m)	ရုပ်တု	jou' tu.
fortaleza (f)	ခံတပ်ကြီး	khwan da' kji:
palacio (m)	နန်းတော်	nan do
castillo (m)	ရဲတိုက်	je: dai'
torre (f)	မျှော်စင်	hmjo zin
mausoleo (m)	ဂူဗိမာန်	gu bi. man

arquitectura (f)	ဗိသုကာပညာ	bi. thu. ka pjin nja
medieval (adj)	အလယ်ခေတ်နှင့်ဆိုင်သော	ale khei' hnin. zain de.
antiguo (adj)	ရှေးကျသော	shei: gja. de
nacional (adj)	အမျိုးသားနှင့်ဆိုင်သော	amjou: dha: hnin. zain de.
conocido (adj)	နာမည်ကြီးသော	na me gji: de.
turista (m)	ကမ္ဘာလှည့်ခရီးသည်	ga ba hli. kha. ji: de
guía (m) (persona)	လမ်းညွှန်	lan: hnjun

excursión (f)	လေ့လာရေးခရီး	lei. la jei: gaji:
mostrar (vt)	ပြသည်	pja. de
contar (una historia)	ပြောပြသည်	pjo: bja. de
encontrar (hallar)	ရှာတွေ့သည်	sha dwei. de
perderse (vr)	ပျောက်သည်	pjau' te
plano (m) (~ de metro)	မြေပုံ	mjei boun
mapa (m) (~ de la ciudad)	မြေပုံ	mjei boun
recuerdo (m)	အမှတ်တရလက်ဆောင်ပစ္စည်း	ahma' ta ra le' hsaun pji' si:
tienda (f) de regalos	လက်ဆောင်ပစ္စည်းဆိုင်	le' hsaun pji' si: zain
hacer fotos	ဓာတ်ပုံရိုက်သည်	da' poun jai' te
fotografiarse (vr)	ဓာတ်ပုံရိုက်သည်	da' poun jai' te

83. Las compras

comprar (vt)	ဝယ်သည်	we de
compra (f)	ဝယ်စရာ	we zaja
hacer compras	ဈေးဝယ်ထွက်ခြင်း	zei: we htwe' chin:
compras (f pl)	ရှော့ပင်း	sho. bin:
estar abierto (tienda)	ဆိုင်ဖွင့်သည်	hsain bwin. de
estar cerrado	ဆိုင်ပိတ်သည်	hseun bi' te
calzado (m)	ဖိနပ်	hpana'
ropa (f)	အဝတ်အစား	awu' aza:
cosméticos (m pl)	အလှကုန်ပစ္စည်း	ahla. koun pji' si:
productos alimenticios	စားသောက်ကုန်	sa: thau' koun
regalo (m)	လက်ဆောင်	le' hsaun
vendedor (m)	ရောင်းသူ	jaun: dhu
vendedora (f)	ရောင်းသူ	jaun: dhu
caja (f)	ငွေရှင်းရန်နေရာ	ngwei shin: jan nei ja
espejo (m)	မှန်	hman
mostrador (m)	ကောင်တာ	kaun da
probador (m)	အဝတ်လဲခန်း	awu' le: gan:
probar (un vestido)	တိုင်းကြည့်သည်	tain: dhi. de
quedar (una ropa, etc.)	သင့်တော်သည်	thin. do de
gustar (vi)	ကြိုက်သည်	kjai' de
precio (m)	ဈေးနှုန်း	zei: hnan:
etiqueta (f) de precio	ဈေးနှုန်းကတ်ပြား	zei: hnan: ka' pja:
costar (vt)	ကုန်ကျသည်	koun mja. de
¿Cuánto?	ဘယ်လောက်လဲ	be lau' le:
descuento (m)	လျှော့ဈေး	sho. zei:
no costoso (adj)	ဈေးမကြီးသော	zei: ma. kji: de.
barato (adj)	ဈေးပေါသော	zei: po: de.
caro (adj)	ဈေးကြီးသော	zei: kji: de.
Es caro	ဒါဈေးကြီးတယ်	da zei: gji: de
alquiler (m)	ငှါးရမ်းခြင်း	hna: jan: chin:
alquilar (vt)	ငှါးရမ်းသည်	hna: jan: de

crédito (m)	အကြွေးစနစ်	akjwei: sani'
a crédito (adv)	အကြွေးစနစ်ဖြင့်	akjwei: sa ni' hpjin.

84. El dinero

dinero (m)	ပိုက်ဆံ	pai' hsan
cambio (m)	လဲလှယ်ခြင်း	le: hle gjin:
curso (m)	ငွေလဲနှုန်း	ngwei le: hnan:
cajero (m) automático	အလိုအလျောက်ငွေထုတ်စက်	alou aljau' ngwei htou' se'
moneda (f)	အကြွေစေ့	akjwei zei.
dólar (m)	ဒေါ်လာ	do la
euro (m)	ယူရို	ju rou
lira (f)	အီတလီ လိုင်ရာငွေ	ita. li lain ja ngwei
marco (m) alemán	ဂျာမန်မတ်ငွေ	gja man ma' ngwei
franco (m)	ဖရန့်	hpa. jan.
libra esterlina (f)	စတာလင်ပေါင်	sata lin baun
yen (m)	ယန်း	jan:
deuda (f)	အကြွေး	akjwei:
deudor (m)	မြီစား	mji za:
prestar (vt)	ချေးသည်	chei: de
tomar prestado	အကြွေးယူသည်	akjwei: ju de
banco (m)	ဘဏ်	ban
cuenta (f)	ငွေစာရင်း	ngwei za jin:
ingresar (~ en la cuenta)	ထည့်သည်	hte de.
ingresar en la cuenta	ငွေသွင်းသည်	ngwei dhwin: de
sacar de la cuenta	ငွေထုတ်သည်	ngwei dou' te
tarjeta (f) de crédito	အကြွေးဝယ်ကဒ်ပြား	akjwei: we ka' pja
dinero (m) en efectivo	လက်ငင်း	le' ngin:
cheque (m)	ချက်	che'
sacar un cheque	ချက်ရေးသည်	che' jei: de
talonario (m)	ချက်စာအုပ်	che' sa ou'
cartera (f)	ပိုက်ဆံအိတ်	pai' hsan ei'
monedero (m)	ပိုက်ဆံအိတ်	pai' hsan ei'
caja (f) fuerte	မီးခံသေတ္တာ	mi: gan dhi' ta
heredero (m)	အမွေစားအမွေခံ	amwei za: amwei gan
herencia (f)	အမွေဆက်ခံခြင်း	amwei ze' khan gjin:
fortuna (f)	အခွင့်အလမ်း	akhwin. alan:
arriendo (m)	အိမ်ငှါး	ein hnga:
alquiler (m) (dinero)	အခန်းငှါးခ	akhan: hnga: ga
alquilar (~ una casa)	ငှားသည်	hnga: de
precio (m)	ဈေးနှုန်း	zei: hnan:
coste (m)	ကုန်ကျစရိတ်	koun gja. za. ji'
suma (f)	ပေါင်းလဒ်	paun: la'
gastar (vt)	သုံးစွဲသည်	thoun: zwe: de
gastos (m pl)	စရိတ်စက	zaei' zaga.

economizar (vi, vt)	ချွေတာသည်	chwei da de
económico (adj)	တွက်ခြေကိုက်သော	twe' chei kai' te.
pagar (vi, vt)	ပေးချေသည်	pei: gjei de
pago (m)	ပေးချေသည့်ငွေ	pei: gjei de. ngwei
cambio (m) (devolver el ~)	ပြန်အမ်းငွေ	pjan an: ngwe
impuesto (m)	အခွန်	akhun
multa (f)	ဒဏ်ငွေ	dan ngwei
multar (vt)	ဒဏ်ရိုက်သည်	dan jai' de

85. La oficina de correos

oficina (f) de correos	စာတိုက်	sa dai'
correo (m) (cartas, etc.)	မေးလ်	mei: l
cartero (m)	စာပို့သမား	sa bou. dhama:
horario (m) de apertura	ဖွင့်ချိန်	hpwin. gjin
carta (f)	စာ	sa
carta (f) certificada	မှတ်ပုံတင်ပြီးသောစာ	hma' poun din bji: dho: za:
tarjeta (f) postal	ပို့ စကာဒ်	pou. sa. ka'
telegrama (m)	ကြေးနန်း	kjei: nan:
paquete (m) postal	ပါဆယ်	pa ze
giro (m) postal	ငွေလွှဲခြင်း	ngwei hlwe: gjin:
recibir (vt)	လက်ခံရရှိသည်	le' khan ja. shi. de
enviar (vt)	ပို့သည်	pou. de
envío (m)	ပို့ခြင်း	pou. gjin:
dirección (f)	လိပ်စာ	lei' sa
código (m) postal	စာပို့သင်္ကေတ	sa bou dhin kei ta.
expedidor (m)	ပို့သူ	pou. dhu
destinatario (m)	လက်ခံသူ	le' khan dhu
nombre (m)	အမည်	amji
apellido (m)	မိသားစု မျိုးရိုးနာမည်	mi. dha: zu. mjou: jou: na mji
tarifa (f)	စာပို့ခ နှုန်းထား	sa bou. kha. hnan: da:
ordinario (adj)	စံနှုန်းသတ်မှတ်ထားသော	san hnoun: dha' hma' hta: de.
económico (adj)	ကုန်ကျငွေသက်သာသော	koun gja ngwe dhe' dha de.
peso (m)	အလေးချိန်	alei: gjein
pesar (~ una carta)	ချိန်သည်	chein de
sobre (m)	စာအိတ်	sa ei'
sello (m)	တံဆိပ်ခေါင်း	da zei' khaun:
poner un sello	တံဆိပ်ခေါင်းကပ်သည်	da zei' khaun: ka' te

La vivienda. La casa. El hogar

86. La casa. La vivienda

casa (f)	အိမ်	ein
en casa (adv)	အိမ်မှာ	ein hma
patio (m)	ခြံမြေကွက်လပ်	chan mjei gwe' la'
verja (f)	ခြံစည်းရိုး	chan zi: jou:
ladrillo (m)	အုတ်	ou'
de ladrillo (adj)	အုတ်ဖြင့်လုပ်ထားသော	ou' hpjin. lou' hta: de.
piedra (f)	ကျောက်	kjau'
de piedra (adj)	ကျောက်ဖြင့်လုပ်ထားသော	kjau' hpjin. lou' hta: de.
hormigón (m)	ကွန်ကရစ်	kun ka. ji'
de hormigón (adj)	ကွန်ကရစ်လောင်းထားသော	kun ka. ji' laun: da: de.
nuevo (adj)	သစ်သော	thi' te.
viejo (adj)	ဟောင်းသော	haun: de.
deteriorado (adj)	အိုဟောင်းပျက်စီးနေသော	ou haun: pje' si: nei dho:
moderno (adj)	ခေတ်မီသော	khi' mi de.
de muchos pisos	အထပ်များစွာပါသော	a hta' mja: swa ba de.
alto (adj)	မြင့်သော	mjin. de.
piso (m), planta (f)	အထပ်	a hta'
de una sola planta	အထပ်တစ်ထပ်တည်းဖြစ်သော	a hta' ta' hta' te: hpja' tho:
piso (m) bajo	မြေညီထပ်	mjei nji da'
piso (m) alto	အပေါ် ဆုံးထပ်	apo zoun: da'
techo (m)	အမိုး	amou:
chimenea (f)	မီးခိုးခေါင်းတိုင်	mi: gou: gaun: dain
tejas (f pl)	အုတ်ကြွပ်ပြား	ou' gju' pja:
de tejas (adj)	အုတ်ကြွတ်ဖြင့်မိုးထားသော	ou' gju' hpjin: mou: hta: de.
desván (m)	ထပ်ခိုး	hta' khou:
ventana (f)	ပြတင်းပေါက်	badin: pau'
vidrio (m)	ဖန်	hpan
alféizar (m)	ပြတင်းအောက်ခြေဘောင်	badin: au' chei dhaun
contraventanas (f pl)	ပြတင်းကာ	badin: ga
pared (f)	နံရံ	nan jou:
balcón (m)	ဝရန်တာ	wa jan da
gotera (f)	ရေဆင်းပိုက်	jei zin: bai'
arriba (estar ~)	အပေါ် မှာ	apo hma
subir (vi)	တက်သည်	te' te
descender (vi)	ဆင်းသည်	hsin: de
mudarse (vr)	အိမ်ပြောင်းသည်	ein bjaun: de

87. La casa. La entrada. El ascensor

entrada (f)	ဝင်ပေါက်	win bau'
escalera (f)	လှေကား	hlei ga:
escalones (m pl)	လှေကားထစ်	hlei ga: di'
baranda (f)	လှေကားလက်ရန်း	hlei ga: le' jan:
vestíbulo (m)	ဧည့်ခန်းမ	e. gan: ma.
buzón (m)	စာတိုက်ပုံး	sa dai' poun:
contenedor (m) de basura	အမှိုက်ပုံး	ahmai' poun:
bajante (f) de basura	အမှိုက်ဆင်းပိုက်	ahmai' hsin: bai'
ascensor (m)	ဓာတ်လှေကား	da' hlei ga:
ascensor (m) de carga	ဝန်တင်ဓာတ်လှေကား	wun din da' hlei ga:
cabina (f)	ကုန်တင်ဓာတ်လှေကား	koun din ga' hlei ga:
ir en el ascensor	ဓာတ်လှေကားစီးသည်	da' hlei ga: zi: de
apartamento (m)	တိုက်ခန်း	tai' khan:
inquilinos (pl)	နေထိုင်သူများ	nei dain dhu mja:
vecino (m)	အိမ်နီးနားချင်း	ein ni: na: gjin:
vecina (f)	မိန်းကလေးအိမ်နီးနားချင်း	mein: galei: ein: ni: na: gjin:
vecinos (pl)	အိမ်နီးနားချင်းများ	ein ni: na: gjin: mja:

88. La casa. La electricidad

electricidad (f)	လျှပ်စစ်ဓာတ်အား	hlja' si' da' a:
bombilla (f)	မီးသီး	mi: dhi:
interruptor (m)	ခလုတ်	khalou'
fusible (m)	ဖျူးစ်	hpju: s
cable, hilo (m)	ဝိုင်ယာကြိုး	wain ja gjou:
instalación (f) eléctrica	လျှပ်စစ်ကြိုးသွယ်တန်းမှု	hlja' si' kjou: dhwe dan: hmu
contador (m) de luz	လျှပ်စစ်မီတာ	hlja' si' si da
lectura (f) (~ del contador)	ပြသောပမာဏ	pja. dho: ba ma na.

89. La casa. La puerta. La cerradura

puerta (f)	တံခါး	daga:
portón (m)	ဂိတ်	gei'
tirador (m)	တံခါးလက်ကိုင်	daga: le' kain
abrir el cerrojo	သော့ဖွင့်သည်	tho. bwin. de
abrir (vt)	ဖွင့်သည်	hpwin. de
cerrar (vt)	ပိတ်သည်	pei' te
llave (f)	သော့	tho.
manojo (m) de llaves	အတွဲ	atwe:
crujir (vi)	တကျွီကျွီမြည်သည်	ta kjwi. kjwi. mji de
crujido (m)	တကျွီကျွီမြည်သံ	ta kjwi. kjwi. mji dhan
gozne (m)	ပတ္တာ	pa' ta
felpudo (m)	ခြေသုတ်ခုံ	chei dhou' goun
cerradura (f)	တံခါးဂျက်	daga: gje'

ojo (m) de cerradura	သော့ပေါက်	tho. bau'
cerrojo (m)	မင်းတုံး	min: doun:
pestillo (m)	တံခါးချက်	daga: che'
candado (m)	သော့ခလောက်	tho. ga. lau'
tocar el timbre	ခေါင်းလောင်းမြည်သည်	gaun: laun: mje de
campanillazo (m)	ခေါင်းလောင်းမြည်သံ	gaun: laun: mje dhan
timbre (m)	လူခေါ်ခေါင်းလောင်း	lu go gaun: laun:
botón (m)	လူခေါ်ခေါင်းလောင်းခလုတ်	lu go gaun: laun: khalou'
toque (m) a la puerta	တံခါးခေါက်သံ	daga: khau' than
tocar la puerta	တံခါးခေါက်သည်	daga: khau' te
código (m)	သင်္ကေတဝှက်	thin gei ta. hwe'
cerradura (f) de contraseña	ကုဒ်သော့	kou' tho.
telefonillo (m)	အိမ်တွင်းဆက်သွယ်မှုစနစ်	ein dwin: ze' dhwe hmu. zani'
número (m)	နံပါတ်	nan ba'
placa (f) de puerta	အိမ်တံခါးရှေ့ ဆိုင်းဘုတ်	ein da ga: shei. hsain: bou'
mirilla (f)	ချောင်းကြည့်ပေါက်	chaun: gje. bau'

90. La casa de campo

aldea (f)	ရွာ	jwa
huerta (f)	အသီးအရွက်စိုက်ခင်း	athi: ajwe' sai' khin:
empalizada (f)	ခြံစည်းရိုး	chan zi: jou:
valla (f)	ခြံစည်းရိုးတိုင်	chan zi: jou: dain
puertecilla (f)	မလွယ်ပေါက်	ma. lwe bau'
granero (m)	ကျီ	kji
sótano (m)	မြေအောက် အစာသိုလှောင်ခန်း	mjei au' asa dhou hlaun gan:
cobertizo (m)	ဂိုဒေါင်	gou daun
pozo (m)	ရေတွင်း	jei dwin:
estufa (f)	မီးဖို	mi: bou
calentar la estufa	မီးပြင်းအောင်ထိုးသည်	mi: bjin: aun dou: de
leña (f)	ထင်း	htin:
leño (m)	ထင်းတုံး	tin: doun:
veranda (f)	ဝရန်တာ	wa jan da
terraza (f)	စင်္ကြံ	sin gja.
porche (m)	အိမ်ရှေ့လှေကား	ein shei. hlei ga:
columpio (m)	ဒန်း	dan:

91. La villa. La mansión

casa (f) de campo	တောအိမ်	to: ein
villa (f)	ကမ်းခြေအပန်းဖြေအိမ်	kan: gjei apan: hpjei ein
ala (f)	တံစက်မြိတ်	toun ze' mei'
jardín (m)	ဥယျာဉ်	u. jin
parque (m)	ပန်းခြံ	pan: gjan
invernadero (m) tropical	ဖန်လုံအိမ်	hpan ain
cuidar (~ el jardín, etc.)	ပြုစုစောင့်ရှောက်သည်	pju. zu. zaun. shau' te

piscina (f)	ရေကူးကန်	jei ku: gan
gimnasio (m)	အိမ်တွင်း ကျန်းမာ ရေးလေ့ကျင့်ရုံ	ein dwin: gjan: ma jei: lei. gjin. joun
cancha (f) de tenis	တင်းနစ်ကွင်း	tin: ni' kwin:
sala (f) de cine	အိမ်တွင်း ရုပ်ရှင်ရုံ	ein dwin: jou' shin joun
garaje (m)	ဂိုဒေါင်	gou daun
propiedad (f) privada	တသီးပုဂ္ဂလိက ပိုင်ဆိုင်မြေပစ္စည်း	tadhi: pou' ga li ka. bain: zain mjei pji' si:
terreno (m) privado	တသီးပုဂ္ဂလိကပိုင်နယ်မြေ	tadhi: pou' ga li ka. bain: mjei
advertencia (f)	သတိပေးချက်	dhadi. pei: gje'
letrero (m) de aviso	သတိပေးဆိုင်းပုဒ်	dhadi. pei: zain: bou'
seguridad (f)	လုံခြုံရေး	loun gjoun jei:
guardia (m) de seguridad	လုံခြုံရေးအစောင့်	loun gjoun jei: asaun.
alarma (f) antirrobo	သူခိုးလှန့်ခေါင်းလောင်း	thu khou: hlan. khaun: laun:

92. El castillo. El palacio

castillo (m)	ရဲတိုက်	je: dai'
palacio (m)	နန်းတော်	nan do
fortaleza (f)	ခံတပ်ကြီး	khwan da' kji:
muralla (f)	ရဲတိုက်နံရံဝိုင်း	je: dai' nan jan wain:
torre (f)	မျှော်စင်	hmjo zin
torre (f) principal	ရဲတိုက်ဗဟို မျှော်စင်ခံတပ်ကြီး	je: dai' ba. hou hmjo zin gan ta' kji:
rastrillo (m)	ဆိုင်းကြိုးသုံးသံ ကွန်ရက်တံခါးကြီး	hsain: kjou: dhoun: dhan kwan ja' dan ga: kji:
pasaje (m) subterráneo	မြေအောက်လမ်း	mjei au' lan:
foso (m) del castillo	ကျုံး	kjun:
cadena (f)	ကြိုး	kjou:
aspillera (f)	မြှားတံလွှတ်ပေါက်	hmja: dan hlwa' pau'
magnífico (adj)	ခမ်းနားသော	khan: na: de.
majestuoso (adj)	ခံ့ညားထည်ဝါသော	khan nja: hte wa de.
inexpugnable (adj)	မထိုးဖောက်နိုင်သော	ma. dou: bau' nein de.
medieval (adj)	အလယ်ခေတ်နှင့်ဆိုင်သော	ale khei' hnin. zain de.

93. El apartamento

apartamento (m)	တိုက်ခန်း	tai' khan:
habitación (f)	အခန်း	akhan:
dormitorio (m)	အိပ်ခန်း	ei' khan:
comedor (m)	ထမင်းစားခန်း	htamin: za: gan:
salón (m)	ဧည့်ခန်း	e. gan:
despacho (m)	အိမ်တွင်းရုံးခန်းလေး	ein dwin: joun: gan: lei:
antecámara (f)	ဝင်ပေါက်	win bau'
cuarto (m) de baño	ရေချိုးခန်း	jei gjou gan:

servicio (m)	အိမ်သာ	ein dha
techo (m)	မျက်နှာကြက်	mje' hna gje'
suelo (m)	ကြမ်းပြင်	kan: pjin
rincón (m)	ထောင့်	htaun.

94. El apartamento. La limpieza

hacer la limpieza	သန့်ရှင်းရေးလုပ်သည်	than. shin: jei: lou' te
quitar (retirar)	သန့်ရှင်းရေးလုပ်သည်	than. shin: jei: lou' te
polvo (m)	ဖုန်	hpoun
polvoriento (adj)	ဖုန်ထူသော	hpoun du de.
limpiar el polvo	ဖုန်သုတ်သည်	hpoun dou' te
aspirador (m), aspiradora (f)	ဖုန်စုပ်စက်	hpoun zou' se'
limpiar con la aspiradora	ဖုန်စုပ်စက်ဖြင့် စုပ်သည်	hpoun zou' se' chin. zou' te
barrer (vi, vt)	တံမြက်စည်းလှည်းသည်	tan mje' si: hle: de
barreduras (f pl)	အမှိုက်များ	ahmai' mja:
orden (m)	စနစ်တကျ	sani' ta. gja.
desorden (m)	ရှုပ်ပွခြင်း	shou' pwei gjin:
fregona (f)	လက်ကိုင်ရှည်ကြမ်းသုတ်ဖတ်	le' kain she gjan: dhou' hpa'
trapo (m)	ဖုန်သုတ်အဝတ်	hpoun dou' awu'
escoba (f)	တံမြက်စည်း	tan mje' si:
cogedor (m)	အမှိုက်ဂေါ်	ahmai' go

95. Los muebles. El interior

muebles (m pl)	ပရိဘောဂ	pa ri. bo: ga.
mesa (f)	စားပွဲ	sa: bwe:
silla (f)	ကုလားထိုင်	kala: dain
cama (f)	ကုတင်	ku din
sofá (m)	ဆိုဖာ	hsou hpa
sillón (m)	လက်တင်ပါသောကုလားထိုင်	le' tin ba dho: ku. la: dain
librería (f)	စာအုပ်စင်	sa ou' sin
estante (m)	စင်	sin
armario (m)	ဗီရို	bi jou
percha (f)	နံရံကပ်အဝတ်ချိတ်စင်	nan jan ga' awu' gei' zin
perchero (m) de pie	အဝတ်ချိတ်စင်	awu' gjei' sin
cómoda (f)	အံဆွဲပါ မှန်တင်ခုံ	an. zwe: pa hman din khoun
mesa (f) de café	စားပွဲပု	sa: bwe: bu.
espejo (m)	မှန်	hman
tapiz (m)	ကော်ဇော	ko zo:
alfombra (f)	ကော်ဇော	ko zo:
chimenea (f)	မီးလင်းဖို	mi: lin: bou
vela (f)	ဖယောင်းတိုင်	hpa. jaun dain
candelero (m)	ဖယောင်းတိုင်စိုက်သောတိုင်	hpa. jaun dain zou' tho dain

cortinas (f pl)	ခန်းဆီးရှည်	khan: zi: shei
empapelado (m)	နံရံကပ်စက္ကူ	nan jan ga' se' ku
estor (m) de láminas	ယင်းလိပ်	jin: lei'
lámpara (f) de mesa	စားပွဲတင်မီးအိမ်	sa: bwe: din mi: ein
aplique (m)	နံရံကပ်မီး	nan jan ga' mi:
lámpara (f) de pie	မတ်တပ်မီးစလောင်း	ma' ta' mi: za. laun:
lámpara (f) de araña	မီးပန်းဆိုင်း	mi: ban: zain:
pata (f) (~ de la mesa)	ခြေထောက်	chei htau'
brazo (m)	လက်တန်း	le' tan:
espaldar (m)	နောက်မှီ	nau' mi
cajón (m)	အံဆွဲ	an. zwe:

96. Los accesorios de cama

ropa (f) de cama	အိပ်ရာခင်းများ	ei' ja khin: mja:
almohada (f)	ခေါင်းအုံး	gaun: oun:
funda (f)	ခေါင်းစွပ်	gaun: zu'
manta (f)	စောင်	saun
sábana (f)	အိပ်ရာခင်း	ei' ja khin:
sobrecama (f)	အိပ်ရာဖုံး	ei' ja hpoun:

97. La cocina

cocina (f)	မီးဖိုခန်း	mi: bou gan:
gas (m)	ဓာတ်ငွေ့	da' ngwei.
cocina (f) de gas	ဂတ်စ်မီးဖို	ga' s mi: bou
cocina (f) eléctrica	လျှပ်စစ်မီးဖို	hlja' si' si: bou
horno (m)	မုန့်ဖုတ်ရန်ဖို	moun. bou' jan bou
horno (m) microondas	မိုက်ခရိုဝေ့ဗ်	mou' kha. jou wei. b
frigorífico (m)	ရေခဲသေတ္တာ	je ge: dhi' ta
congelador (m)	ရေခဲခန်း	jei ge: gan:
lavavajillas (m)	ပန်းကန်ဆေးစက်	bagan: zei: ze'
picadora (f) de carne	အသားကြိတ်စက်	atha: kjei' za'
exprimidor (m)	အသီးဖျော်စက်	athi: hpjo ze'
tostador (m)	ပေါင်မုန့်ကင်စက်	paun moun. gin ze'
batidora (f)	မွှေစက်	hmwei ze'
cafetera (f) (aparato de cocina)	ကော်ဖီဖျော်စက်	ko hpi hpjo ze'
cafetera (f) (para servir)	ကော်ဖီအိုး	ko hpi ou:
molinillo (m) de café	ကော်ဖီကြိတ်စက်	ko hpi kjei ze'
hervidor (m) de agua	ရေနွေးကရားအိုး	jei nwei: gaja: ou:
tetera (f)	လက်ဘက်ရည်အိုး	le' be' ji ou:
tapa (f)	အိုးအဖုံး	ou: ahpoun:
colador (m) de té	လက်ဖက်ရည်စစ်	le' hpe' ji zi'
cuchara (f)	ဇွန်း	zun:
cucharilla (f)	လက်ဖက်ရည်ဇွန်း	le' hpe' ji zwan:

cuchara (f) de sopa	အရည်သောက်ဇွန်း	aja: dhau' zun:
tenedor (m)	ခက်ရင်း	khajin:
cuchillo (m)	ဓား	da:
vajilla (f)	အိုးခွက်ပန်းကန်	ou: kwe' pan: gan
plato (m)	ပန်းကန်ပြား	bagan: bja:
platillo (m)	အောက်ခံပန်းကန်ပြား	au' khan ban: kan pja:
vaso (m) de chupito	ဖန်ခွက်	hpan gwe'
vaso (m) (~ de agua)	ဖန်ခွက်	hpan gwe'
taza (f)	ခွက်	khwe'
azucarera (f)	သကြားခွက်	dhagja: khwe'
salero (m)	ဆားဘူး	hsa: bu:
pimentero (m)	ငြုတ်ကောင်းဘူး	njou' kaun: bu:
mantequera (f)	ထောပတ်ခွက်	hto: ba' khwe'
cacerola (f)	ပေါင်းအိုး	paun: ou:
sartén (f)	ဟင်းကြော်အိုး	hin: gjo ou:
cucharón (m)	ဟင်းခပ်ဇွန်း	hin: ga' zun
colador (m)	ဆန်ခါ	zaga
bandeja (f)	လင်ပန်း	lin ban:
botella (f)	ပုလင်း	palin:
tarro (m) de vidrio	ဖန်ဘူး	hpan bu:
lata (f)	သံဘူး	than bu:
abrebotellas (m)	ပုလင်းဖောက်တံ	pu. lin: bau' tan
abrelatas (m)	သံဘူးဖောက်တံ	than bu: bau' tan
sacacorchos (m)	ဝက်အူဖောက်တံ	we' u bau' dan
filtro (m)	ရေစစ်	jei zi'
filtrar (vt)	စစ်သည်	si' te
basura (f)	အမှိုက်	ahmai'
cubo (m) de basura	အမှိုက်ပုံး	ahmai' poun:

98. El baño

cuarto (m) de baño	ရေချိုးခန်း	jei gjou gan:
agua (f)	ရေ	jei
grifo (m)	ရေပိုက်ခေါင်း	jei bai' khaun:
agua (f) caliente	ရေပူ	jei bu
agua (f) fría	ရေအေး	jei ei:
pasta (f) de dientes	သွားတိုက်ဆေး	thwa: tai' hsei:
limpiarse los dientes	သွားတိုက်သည်	thwa: tai' te
cepillo (m) de dientes	သွားတိုက်တံ	thwa: tai' tan
afeitarse (vr)	ရိတ်သည်	jei' te
espuma (f) de afeitar	မုတ်ဆိတ်ရိတ်သုံး ဆပ်ပြာမြှုပ်	mou' hsei' jei' thoun: za' pja hmjou'
maquinilla (f) de afeitar	သင်တုန်းဓား	thin toun: da:
lavar (vt)	ဆေးသည်	hsei: de
darse un baño	ရေချိုးသည်	jei gjou: de

ducha (f)	ရေပန်း	jei ban:
darse una ducha	ရေချိုးသည်	jei gjou: de
bañera (f)	ရေချိုးကန်	jei gjou: gan
inodoro (m)	အိမ်သာ	ein dha
lavabo (m)	လက်ဆေးကန်	le' hsei: kan
jabón (m)	ဆပ်ပြာ	hsa' pja
jabonera (f)	ဆပ်ပြာခွက်	hsa' pja gwe'
esponja (f)	ရေမြှုပ်	jei hmjou'
champú (m)	ခေါင်းလျှော်ရည်	gaun: sho je
toalla (f)	တဘက်	tabe'
bata (f) de baño	ရေချိုးခန်းဝတ်စုံ	jei gjou: gan: wu' soun
colada (f), lavado (m)	အဝတ်လျှော်ခြင်း	awu' sho gjin
lavadora (f)	အဝတ်လျှော်စက်	awu' sho ze'
lavar la ropa	ဒိုဘီလျှော်သည်	dou bi jo de
detergente (m) en polvo	အဝတ်လျှော်ဆပ်ပြာမှုန့်	awu' sho hsa' pja hmun.

99. Los aparatos domésticos

televisor (m)	ရုပ်မြင်သံကြားစက်	jou' mjin dhan gja: ze'
magnetófono (m)	အသံသွင်းစက်	athan dhwin: za'
vídeo (m)	ဗီဒီယိုပြစက်	bi di jou bja. ze'
radio (m)	ရေဒီယို	rei di jou
reproductor (m) (~ MP3)	ပလေယာစက်	pa. lei ja ze'
proyector (m) de vídeo	ဗီဒီယိုပရိုဂျက်တာ	bi di jou pa. jou gje' da
sistema (m) home cinema	အိမ်တွင်းရုပ်ရှင်ခန်း	ein dwin: jou' shin gan:
reproductor (m) de DVD	ဒီဗီဒီပလေယာ	di bi di ba lei ja
amplificador (m)	အသံချဲ့စက်	athan che. zek
videoconsola (f)	ဂိမ်းခလုတ်	gein: kha lou'
cámara (f) de vídeo	ဗွီဒီယိုကင်မရာ	bwi di jou kin ma. ja
cámara (f) fotográfica	ကင်မရာ	kin ma. ja
cámara (f) digital	ဒီဂျစ်တယ်ကင်မရာ	digji' te gin ma. ja
aspirador (m), aspiradora (f)	ဖုန်စုပ်စက်	hpoun zou' se'
plancha (f)	မီးပူ	mi: bu
tabla (f) de planchar	မီးပူတိုက်ရန်စင်	mi: bu tai' jan zin
teléfono (m)	တယ်လီဖုန်း	te li hpoun:
teléfono (m) móvil	မိုဘိုင်းဖုန်း	mou bain: hpoun:
máquina (f) de escribir	လက်နှိပ်စက်	le' hnei' se'
máquina (f) de coser	အပ်ချုပ်စက်	a' chou' se'
micrófono (m)	စကားပြောခွက်	zaga: bjo: gwe'
auriculares (m pl)	နားကြပ်	na: kja'
mando (m) a distancia	အဝေးထိန်းကိရိယာ	awei: htin: ki. ja. ja
CD (m)	စီဒီပြား	si di bja:
casete (m)	တိပ်ခွေ	tei' khwei
disco (m) de vinilo	ရှေးခေတ်သုံးဓာတ်ပြား	shei: gi' thoun da' pja:

100. Los arreglos. La renovación

renovación (f)	အသစ်ပြုပြင်ဆောက်လုပ်ခြင်း	athi' pju. bin zau' lou' chin:
renovar (vt)	အသစ်ပြုပြင်ဆောက်လုပ်သည်	athi' pju. bin zau' lou' te
reparar (vt)	ပြန်လည်ပြင်ဆင်သည်	pjan le bjin zin de
poner en orden	အစီအစဉ်တကျထားသည်	asi asin da. gja. da: de
rehacer (vt)	ပြန်လည်ပြုပြင်သည်	pjan le bju. bjin de
pintura (f)	သုတ်ဆေး	thou' hsei:
pintar (las paredes)	ဆေးသုတ်သည်	hsei: dhou' te
pintor (m)	အိမ်ဆေးသုတ်သူ	ein zei: dhou' thu
brocha (f)	ဆေးသုတ်တံ	hsei: dhou' tan
cal (f)	ထုံး	htoun:
encalar (vt)	ထုံးသုတ်သည်	htoun: dhou' te
empapelado (m)	နံရံကပ်စက္ကူ	nan jan ga' se' ku
empapelar (vt)	နံရံစက္ကူကပ်သည်	nan ja' se' ku ga' te
barniz (m)	အရောင်တင်ဆီ	ajaun din zi
cubrir con barniz	အရောင်တင်သည်	ajaun din de

101. La plomería

agua (f)	ရေ	jei
agua (f) caliente	ရေပူ	jei bu
agua (f) fría	ရေအေး	jei ei:
grifo (m)	ရေပိုက်ခေါင်း	jei bai' khaun:
gota (f)	ရေစက်	jei ze'
gotear (el grifo)	ရေစက်ကျသည်	jei ze' kja. de
gotear (cañería)	ယိုစိမ့်သည်	jou zein. de
escape (m) de agua	ယိုပေါက်	jou bau'
charco (m)	ရေအိုင်	jei ain
tubo (m)	ရေပိုက်	jei bai'
válvula (f)	အဖွင့်အပိတ်ခလုတ်	ahpwin apei' khalou'
estar atascado	အပေါက်ဆို့သည်	apau' zou. de
instrumentos (m pl)	ကိရိယာများ	ki. ji. ja mja:
llave (f) inglesa	ခွရှင်	khwa shin
destornillar (vt)	ဖြုတ်သည်	hpjei: de
atornillar (vt)	ဝက်အူကျပ်သည်	we' u gja' te
desatascar (vt)	ဆို့နေသည့်ကို ပြန်ဖွင့်သည်	hsou. nei de gou bjan bwin. de
fontanero (m)	ပိုက်ပြင်သူ	pai' bjin dhu
sótano (m)	မြေအောက်ခန်း	mjei au' khan:
alcantarillado (m)	မိလ္လာစနစ်	mein la zani'

102. El fuego. El incendio

incendio (m)	မီး	mi:
llama (f)	မီးတောက်	mi: tau'

chispa (f)	မီးပွား	mi: bwa:
humo (m)	မီးခိုး	mi: gou:
antorcha (f)	မီးတုတ်	mi: dou'
hoguera (f)	မီးပုံ	mi: boun
gasolina (f)	လောင်စာ	laun za
queroseno (m)	ရေနံဆီ	jei nan zi
inflamable (adj)	မီးလောင်လွယ်သော	mi: laun lwe de.
explosivo (adj)	ပေါက်ကွဲစေသော	pau' kwe: zei de.
PROHIBIDO FUMAR	ဆေးလိပ်မသောက်ရ	hsei: lei' ma. dhau' ja.
seguridad (f)	ဘေးကင်းမှု	bei: gin: hmu
peligro (m)	အန္တရာယ်	an dare
peligroso (adj)	အန္တရာယ်ရှိသော	an dare shi. de.
prenderse fuego	မတော်တဆမီးစွဲသည်	ma. do da. za. mi: zwe: de
explosión (f)	ပေါက်ကွဲမှု	pau' kwe: hmu.
incendiar (vt)	မီးရှို့သည်	mi: shou. de
incendiario (m)	မီးရှို့မှုကျူးလွန်သူ	mi: shou. hmu. gju: lun dhu
incendio (m) provocado	မီးရှို့မှု	mi: shou. hmu.
estar en llamas	မီးတောက်ကြီး	mi: tau' kji:
arder (vi)	မီးလောင်သည်	mi: laun de
incendiarse (vr)	မီးကျွမ်းသည်	mi: kjwan: de
llamar a los bomberos	မီးသတ်ဌာနသို့ အကြောင်းကြားသည်	mi: dha' hta. na. dhou akjaun: gja: de
bombero (m)	မီးသတ်သမား	mi: tha' dhama:
coche (m) de bomberos	မီးသတ်ကား	mi: tha' ka:
cuerpo (m) de bomberos	မီးသတ်ဦးစီးဌာန	mi: dha' i: zi: hta. na.
escalera (f) telescópica	မီးသတ်လှေကား	mi: tha' hlei ga:
manguera (f)	မီးသတ်ပိုက်	mi: tha' bai'
extintor (m)	မီးသတ်ဘူး	mi: tha' bu:
casco (m)	ဟဲလ်မက်ဦးထုပ်	he: l me u: htou'
sirena (f)	အချက်ပေးဥသြသံ	ache' pei: ou' o: dhan
gritar (vi)	အကူအညီအော်ဟစ်တောင်းခံသည်	aku anji o hi' taun: gan de.
pedir socorro	အကူအညီတောင်းသည်	aku anji daun: de
socorrista (m)	ကယ်ဆယ်သူ	ke ze dhu
salvar (vt)	ကယ်ဆယ်သည်	ke ze de
llegar (vi)	ရောက်ရှိသည်	jau' shi. de
apagar (~ el incendio)	မီးသတ်သည်	mi: tha' de
agua (f)	ရေ	jei
arena (f)	သဲ	the:
ruinas (f pl)	အပျက်အစီး	apje' asi:
colapsarse (vr)	ယိုယွင်းသည်	jou jwin: de
hundirse (vr)	ပြိုကျသည်	pjou gja. de
derrumbarse (vr)	ပြိုကျသည်	pjou gja de
trozo (m) (~ del muro)	အကျိုးအပဲ့	akjou: ape.
ceniza (f)	ပြာ	pja
morir asfixiado	အသက်ရှူကျပ်သည်	athe' shu gja' te
perecer (vi)	အသတ်ခံရသည်	atha' khan ja. de

LAS ACTIVIDADES DE LA GENTE

El trabajo. Los negocios. Unidad 1

103. La oficina. El trabajo de oficina

oficina (f)	ရုံး	joun:
despacho (m)	ရုံးခန်း	joun: gan:
recepción (f)	ကြိုဆိုလက်ခံရာနေရာ	kjou hsou le' khan ja nei ja
secretario (m)	အတွင်းရေးမှူး	atwin: jei: hmu:
secretaria (f)	အတွင်းရေးမှူးမ	atwin: jei: hmu: ma
director (m)	ဒါရိုက်တာ	da je' ta
manager (m)	မန်နေဂျာ	man nei gji
contable (m)	စာရင်းကိုင်	sajin: gain
colaborador (m)	ဝန်ထမ်း	wun dan:
muebles (m pl)	ပရိဘောဂ	pa ri. bo: ga.
escritorio (m)	စားပွဲ	sa: bwe:
silla (f)	အလုပ်ထိုင်ခုံ	alou' htain goun
cajonera (f)	အံဆွဲပါသောပရိဘောဂအစုံ	an. zwe: dho: pa. ji. bo: ga. soun
perchero (m) de pie	ကုတ်အင်္ကျီချိတ်စင်	kou' akji gji' sin
ordenador (m)	ကွန်ပျူတာ	kun pju ta
impresora (f)	ပုံနှိပ်စက်	poun nei' se'
fax (m)	ဖက်စ်ကူးစက်	hpe's ku: ze'
fotocopiadora (f)	ဓာတ်ပုံကူးစက်	da' poun gu: ze'
papel (m)	စက္ကူ	se' ku
papelería (f)	ရုံးသုံးကိရိယာများ	joun: dhoun: gi. ji. ja mja:
alfombrilla (f) para ratón	မောက်စ်အောက်ခံပြား	mau's au' gan bja:
hoja (f) de papel	အရွက်	ajwa'
carpeta (f)	ဖိုင်	hpain
catálogo (m)	စာရင်း	sajin:
directorio (m) telefónico	ဖုန်းလမ်းညွှန်	hpoun: lan: hnjun
documentación (f)	မှတ်တမ်းတင်ခြင်း	hma' tan: din gjin:
folleto (m)	ကြော်ငြာစာစောင်	kjo nja za zaun
prospecto (m)	လက်ကမ်းစာစောင်	le' kan: za zaun:
muestra (f)	နမူနာ	na. mu na
reunión (f) de formación	လေ့ကျင့်ရေးအစည်းအဝေး	lei. kjin. jei: asi: awei:
reunión (f)	အစည်းအဝေး	asi: awei:
pausa (f) del almuerzo	နေ့လည်စာစားချိန်	nei. le za za: gjein
hacer una copia	မိတ္တူကူးသည်	mi' tu gu: de
hacer copias	မိတ္တူကူးသည်	mi' tu gu: de
recibir un fax	ဖက်စ်လက်ခံရရှိသည်	hpe's le' khan ja. shi. de

enviar un fax	ဖက်စ်ပို့သည်	hpe's pou. de
llamar por teléfono	ဖုန်းဆက်သည်	hpoun: ze' te
responder (vi, vt)	ဖြေသည်	hpjei de
poner en comunicación	ဆက်သွယ်သည်	hse' thwe de
fijar (~ una reunión)	စီစဉ်သည်	si zin de
demostrar (vt)	သရုပ်ပြသည်	thajou' pja. de
estar ausente	ပျက်ကွက်သည်	pje' kwe' te
ausencia (f)	ပျက်ကွက်ခြင်း	pje' kwe' chin

104. Los procesos de negocio. Unidad 1

negocio (m), comercio (m)	လုပ်ငန်း	lou' ngan:
ocupación (f)	လုပ်ဆောင်မှု	lou' hsaun hmu.
firma (f)	စီးပွားရေးလုပ်ငန်း	si: bwa: jei: lou' ngan:
compañía (f)	ကုမ္ပဏီ	koun pani
corporación (f)	ကော်ပိုရေးရှင်း	ko bou jei: shin:
empresa (f)	စီးပွားရေးလုပ်ငန်း	si: bwa: jei: lou' ngan:
agencia (f)	ကိုယ်စားလှယ်လုပ်ငန်း	kou za: hle lou' ngan:
acuerdo (m)	သဘောတူညီမှုစာချုပ်	dhabo: tu nji hmu. za gjou'
contrato (m)	ကန်ထရိုက်	kan ta jou'
trato (m), acuerdo (m)	အပေးအယူ	apei: aju
pedido (m)	ကြိုတင်မှာယူခြင်း	kjou din hma ju chin:
condición (f) del contrato	စည်းကမ်းချက်	si: kan: gje'
al por mayor (adv)	လက်ကား	le' ka:
al por mayor (adj)	လက်ကားဖြစ်သော	le' ka: bji' te.
venta (f) al por mayor	လက်ကားရောင်းချမှု	le' ka: jaun: gja. hmu.
al por menor (adj)	လက်လီစနစ်	le' li za. ni'
venta (f) al por menor	လက်လီရောင်းချမှု	le' li jaun: gja. hmu.
competidor (m)	ပြိုင်ဘက်	pjain be'
competencia (f)	ပြိုင်ဆိုင်မှု	pjain zain hmu
competir (vi)	ပြိုင်ဆိုင်သည်	pjain zain de
socio (m)	စီးပွားဖက်	si: bwa: be'
sociedad (f)	စီးပွားဖက်ဖြစ်ခြင်း	si: bwa: be' bji' chin:
crisis (f)	အခက်အခဲကာလ	akhe' akhe: ga la.
bancarrota (f)	ဒေဝါလီခံရခြင်း	dei wa li gan ja gjin
ir a la bancarrota	ဒေဝါလီခံသည်	dei wa li gan de
dificultad (f)	အခက်အခဲ	akhe' akhe:
problema (m)	ပြဿနာ	pjadhana
catástrofe (f)	ကပ်ဘေး	ka' bei:
economía (f)	စီးပွားရေး	si: bwa: jei:
económico (adj)	စီးပွားရေးနှင့်ဆိုင်သော	si: bwa: jei: hnin zain de.
recesión (f) económica	စီးပွားရေးကျဆင်းမှု	si: bwa: jei: gja zin: hmu.
meta (f)	ပန်းတိုင်	pan: dain
objetivo (m)	လုပ်ငန်းတာဝန်	lou' ngan: da wan
comerciar (vi)	ကုန်သွယ်သည်	koun dhwe de

red (f) (~ comercial)	ကွန်ရက်	kun je'
existencias (f pl)	ပစ္စည်းစာရင်း	pji' si: za jin:
surtido (m)	အပိုင်းအခြား	apain: acha:
líder (m)	ခေါင်းဆောင်	gaun: zaun
grande (empresa ~)	ကြီးမားသော	kji: ma: de.
monopolio (m)	တစ်ဦးတည်းချုပ်ကိုင်ထား	ti' u: te: gjou' kain da:
teoría (f)	သီအိုရီ	thi ou ji
práctica (f)	လက်တွေ့	le' twei.
experiencia (f)	အတွေ့အကြုံ	atwei. akjoun
tendencia (f)	ဦးတည်ရာ	u: ti ja
desarrollo (m)	ဖွံ့ဖြိုးတိုးတက်မှု	hpjun. bjou: dou: de' hmu.

105. Los procesos de negocio. Unidad 2

rentabilidad (f)	အကျိုးအမြတ်	akjou: amja'
rentable (adj)	အကျိုးအမြတ်ရှိသော	akjou: amja' shi. de.
delegación (f)	ကိုယ်စားလှယ်အဖွဲ့	kou za: hle ahpwe.
salario (m)	လစာ	la. za
corregir (un error)	အမှားပြင်သည်	ahma: pjin de
viaje (m) de negocios	စီးပွါးရေးခရီးစဉ်	si: bwa: jei: khaji: zin
comisión (f)	ကော်မရှင်	ko ma. shin
controlar (vt)	ထိန်းချုပ်သည်	htein: gjou' te
conferencia (f)	ဆွေးနွေးပွဲ	hswe: nwe: bwe:
licencia (f)	လိုင်စင်	lain zin
fiable (socio ~)	ယုံကြည်စိတ်ချရသော	joun kji zei' cha. ja. de.
iniciativa (f)	စတင်ခြင်း	sa. tin gjin:
norma (f)	စံနှုန်း	san hnoun:
circunstancia (f)	အခြေအနေ	achei anei
deber (m)	တာဝန်	ta wun
empresa (f)	အဖွဲ့အစည်း	ahpwe. asi:
organización (f) (proceso)	စီစဉ်ခြင်း	si zin gjin:
organizado (adj)	စီစဉ်ထားသော	si zin dha de.
anulación (f)	ပယ်ဖျက်ခြင်း	pe hpje' chin:
anular (vt)	ပယ်ဖျက်သည်	pe hpje' te
informe (m)	အစီရင်ခံစာ	asi jin gan za
patente (m)	မူပိုင်ခွင့်	mu bain gwin.
patentar (vt)	မူပိုင်ခွင့်မှတ်ပုံတင်သည်	mu bain gwin. hma' poun din de
planear (vt)	စီစဉ်သည်	si zin de
premio (m)	အပိုဆုကြေး	apou zu. gjei:
profesional (adj)	ပညာရှင်အဆင့်တတ်ကျွမ်းသော	pjin nja ahsin da' kjwan: de.
procedimiento (m)	လုပ်ထုံးလုပ်နည်း	lou' htoun: lou' ne:
examinar (vt)	စဉ်းစားသည်	sin: za: de
cálculo (m)	တွက်ချက်ခြင်း	twe' che' chin:
reputación (f)	ဂုဏ်သတင်း	goun dha din:

riesgo (m)	စွန့်စားခြင်း	sun. za: gjin:
dirigir (administrar)	ညွှန်ကြားသည်	hnjun gja: de
información (f)	သတင်းအချက်အလက်	dhadin: akje' ale'
propiedad (f)	ပိုင်ဆိုင်မှု	pain zain hmu
unión (f)	အသင်း	athin:
seguro (m) de vida	အသက်အာမခံ	athe' ama. khan
asegurar (vt)	အာမခံသည်	a ma. gan de
seguro (m)	အာမခံ	a ma. khan
subasta (f)	လေလံပွဲ	lei lan bwe:
notificar (informar)	အကြောင်းကြားသည်	akjaun: kja: de
gestión (f)	အုပ်ချုပ်မှု	ou' chou' hmu.
servicio (m)	ဝန်ဆောင်မှု	wun: zaun hmu.
foro (m)	ဖိုရမ်	hpou jan
funcionar (vi)	လည်ပတ်သည်	le ba' te
etapa (f)	အဆင့်	ahsin.
jurídico (servicios ~s)	ဥပဒေဆိုင်ရာ	u. ba. dei zain ja
jurista (m)	ရှေ့နေ	shei. nei

106. La producción. Los trabajos

planta (f)	စက်ရုံ	se' joun
fábrica (f)	အလုပ်ရုံ	alou' joun
taller (m)	ဝပ်ရှော့	wu' sho.
planta (f) de producción	ထုတ်လုပ်ရာလုပ်ငန်းခွင်	htou' lou' ja lou' ngan: gwin
industria (f)	စက်မှုလုပ်ငန်း	se' hmu. lou' ngan:
industrial (adj)	စက်မှုလုပ်ငန်း နှင့်ဆိုင်သော	se' hmu. lou' ngan: hnin. zain de.
industria (f) pesada	အကြီးစားစက်မှုလုပ်ငန်း	akji: za: ze' hmu. lou' ngan:
industria (f) ligera	အသေးစားစက်မှုလုပ်ငန်း	athei: za: za' hmu. lou' ngan:
producción (f)	ထုတ်ကုန်	htou' koun
producir (vt)	ထုတ်လုပ်သည်	tou' lou' te
materias (f pl) primas	ကုန်ကြမ်း	koun gjan:
jefe (m) de brigada	အလုပ်သမားခေါင်း	alou' dha ma: gaun:
brigada (f)	အလုပ်သမားအဖွဲ့	alou' dha ma: ahpwe.
obrero (m)	အလုပ်သမား	alou' dha ma:
día (m) de trabajo	ရုံးဖွင့်ရက်	joun: hpwin je'
descanso (m)	ရပ်နားခြင်း	ja' na: gjin:
reunión (f)	အစည်းအဝေး	asi: awei:
discutir (vt)	ဆွေးနွေးသည်	hswe: nwe: de
plan (m)	အစီအစဉ်	asi asin
cumplir el plan	အကောင်အထည်ဖော်သည်	akaun ahte bo de
tasa (f) de producción	ကုန်ထုတ်နှုန်း	koun dou' hnan:
calidad (f)	အရည်အသွေး	aji athwei:
control (m)	စစ်ဆေးခြင်း	si' hsei: gjin:
control (m) de calidad	အရည်အသွေးစစ်ဆေး သုံးသပ်မှု	aji athwei: za' hsei: thon dha' hma

seguridad (f) de trabajo	လုပ်ငန်းခွင်လုံခြုံမှု	lou' ngan: gwin loun gjun hmu.
disciplina (f)	စည်းကမ်း	si: kan:
infracción (f)	ချိုးဖောက်ခြင်း	chou: hpau' chin:
violar (las reglas)	ချိုးဖောက်သည်	chou: hpau' te
huelga (f)	သပိတ်မှောက်ခြင်း	thabei' hmau' chin:
huelguista (m)	သပိတ်မှောက်သူ	thabei' hmau' thu
estar en huelga	သပိတ်မှောက်သည်	thabei' hmau' te
sindicato (m)	အလုပ်သမားသမဂ္ဂ	alou' dha ma: dha. me' ga
inventar (máquina, etc.)	တီထွင်သည်	ti htwin de
invención (f)	တီထွင်မှု	ti htwin hmu.
investigación (f)	သုတေသန	thu. tei thana
mejorar (vt)	တိုးတက်ကောင်းမွန်စေသည်	tou: te' kaun: mun zei de
tecnología (f)	နည်းပညာ	ne: bi nja
dibujo (m) técnico	နည်းပညာဆိုင်ရာပုံကြမ်း	ne bi nja zain ja boun gjan:
cargamento (m)	ဝန်	wun
cargador (m)	ကုန်ထမ်းသမား	koun din dhama:
cargar (camión, etc.)	ကုန်တင်သည်	koun din de
carga (f) (proceso)	ကုန်တင်ခြင်း	koun din gjin
descargar (vt)	ကုန်ချသည်	koun gja de
descarga (f)	ကုန်ချခြင်း	koun gja gjin:
transporte (m)	သယ်ယူပို့ဆောင်ရေး	the ju bou. zaun jei:
compañía (f) de transporte	သယ်ယူပို့ဆောင်ရေးကုမ္ပဏီ	the ju bou. zaun jei: koun pa. ni
transportar (vt)	ပို့ဆောင်သည်	pou. zaun de
vagón (m)	တွဲ	twe:
cisterna (f)	တိုင်ကီ	tain ki
camión (m)	ကုန်တင်ကား	koun din ka:
máquina (f) herramienta	ဖြတ်စက်	hpja' se'
mecanismo (m)	စက်ကိရိယာ	se' kari. ja
desperdicios (m pl)	စက်ရုံစွန့်ပစ်ပစ္စည်း	se' joun zun bi' pji' si:
empaquetado (m)	ထုတ်ပိုးမှု	htou' pou: hmu.
empaquetar (vt)	ထုတ်ပိုးသည်	htou' pou: de

107. El contrato. El acuerdo

contrato (m)	ကန်ထရိုက်	kan ta jou'
acuerdo (m)	သဘောတူညီမှု	dhabo: tu nji hmu.
anexo (m)	ပူးတွဲ	pu: twe:
firmar un contrato	သဘောတူစာချုပ်ချုပ်သည်	dhabo: tu za gjou' gjou' te
firma (f) (nombre)	လက်မှတ်	le' hma'
firmar (vt)	လက်မှတ်ထိုးသည်	le' hma' htou: de
sello (m)	တံဆိပ်	da zei'
objeto (m) del acuerdo	သဘောတူညီမှု-အကြောင်းအရာ	dhabo: tu nji hmu. akjaun: aja
cláusula (f)	အပိုဒ်ငယ်	apai' nge

partes (f pl)	စာချုပ်ပါအဖွဲ့များ	sa gjou' pa ahpwe. mja:
domicilio (m) legal	တရားဝင်နေရပ်လိပ်စာ	taja: win nei ja' lei' sa
violar el contrato	သဘောတူညီမှု ချိုးဖောက်သည်	dhabo: tu nji hmu. gjou: bau' te
obligación (f)	အထူးသဖြင့်	a htu: dha. hjin.
responsabilidad (f)	တာဝန်ဝတ္တရား	ta wun wu' taja:
fuerza mayor (f)	မလွန်ဆန်နိုင်သောအဖြစ်	ma. lun zan nain de. ahpji'
disputa (f)	အငြင်းအခုံ	anjin: akhoun
penalidades (f pl)	ပြစ်ဒဏ်များ	pji' dan mja:

108. Importación y exportación

importación (f)	သွင်းကုန်	thwin: goun
importador (m)	သွင်းကုန်လုပ်ငန်းရှင်	thwin: goun lou' ngan: shin
importar (vt)	တင်သွင်းသည်	tin dhwin: de
de importación (adj)	သွင်းကုန်နှင့်ဆိုင်သော	thwin: goun hnin. zain de.
exportación (f)	ပို့ကုန်	pou. goun
exportador (m)	ပို့ကုန်လုပ်ငန်းရှင်	pou. goun lou' ngan: shin
exportar (vt)	ကုန်တင်ပို့သည်	koun tin pou. de
de exportación (adj)	တင်ပို့သော	tin bou. de.
mercancía (f)	ကုန်ပစ္စည်း	koun pji' si:
lote (m) de mercancías	ပို့ကုန်	pou. goun
peso (m)	အလေးချိန်	alei: gjein
volumen (m)	ပမာဏ	pa. ma na.
metro (m) cúbico	ကုဗမီတာ	ku. ba mi ta
productor (m)	ထုတ်လုပ်သူ	tou' lou' thu
compañía (f) de transporte	သယ်ယူပို့ဆောင်ရေး ကုမ္ပဏီ	the ju bou. zaun jei: koun pa. ni
contenedor (m)	ကွန်တိန်နာ	kun tein na
frontera (f)	နယ်နိမိတ်	ne ni. mei'
aduana (f)	အကောက်ခွန်	akau' khun
derechos (m pl) arancelarios	အကောက်ခွန်နှုန်း	akau' khun hnoun:
aduanero (m)	အကောက်ခွန်အရာရှိ	akau' khun aja shi.
contrabandismo (m)	မှောင်ခို	hmaun gou
contrabando (m)	မှောင်ခိုပစ္စည်း	hmaun gou pji' si:

109. Las finanzas

acción (f)	စတော့ရှယ်ယာ	sato. shera
bono (m), obligación (f)	ငွေချေးစာချုပ်	ngwei gjei: za gju'
letra (f) de cambio	ငွေပေးချေရန် ကတိစာချုပ်	ngwei bei: gjei jan ga. di. za gju'
bolsa (f)	စတော့ရှယ်ယာဒိုင်	sato. shera dain
cotización (f) de valores	စတော့ဈေးနှုန်း	sato. zei: hnoun:
abaratarse (vr)	ဈေးနှုန်းကျဆင်းသည်	zei: hnan: gja. zin: de

encarecerse (vr)	ဈေးနှုန်းတက်သည်	zei: hnan: de' de
parte (f)	ရှယ်ယာ	she ja
interés (m) mayoritario	ရှယ်ယာအများစုကို ပိုင်ဆိုင်ခြင်း	she ja amja: zu. gou bain zain gjin:
inversiones (f pl)	ရင်းနှီးမြှုပ်နှံမှု	jin: hni: hmjou' hnan hmu.
invertir (vi, vt)	ရင်းနှီးမြှုပ်နှံသည်	jin: hni: hmjou' hnan de
porcentaje (m)	ရာခိုင်နှုန်း	ja gain hnan:
interés (m)	အတိုး	atou:
beneficio (m)	အမြတ်	amja'
beneficioso (adj)	အမြတ်ရသော	amja' ja de.
impuesto (m)	အခွန်	akhun
divisa (f)	ငွေကြေး	ngwei kjei:
nacional (adj)	အမျိုးသားနှင့်ဆိုင်သော	amjou: dha: hnin. zain de.
cambio (m)	လဲလှယ်ခြင်း	le: hle gjin:
contable (m)	စာရင်းကိုင်	sajin: gain
contaduría (f)	စာရင်းကိုင်လုပ်ငန်း	sajin: gain lou' ngan:
bancarrota (f)	ဒေဝါလီခံရခြင်း	dei wa li gan ja gjin
quiebra (f)	ရုတ်တရုတ်စီးပွါးရေး ထိုးကျခြင်း	jou' ta ja' si: bwa: jei: dou: gja. gjin:
ruina (f)	ကြီးစွာသောအပျက်အစီး	kji: zwa dho apje' asi:
arruinarse (vr)	ပျက်စီးဆုံးရှုံးသည်	pje' si: zoun: shoun: de
inflación (f)	ငွေကြေးဖောင်းပွခြင်း	ngwei kjei: baun: bwa. gjin:
devaluación (f)	ငွေကြေးတန်ဖိုးချခြင်း	ngwei kjei: dan bou: gja gjin:
capital (m)	အရင်းအနှီးငွေ	ajin: ani: ngwei
ingresos (m pl)	ဝင်ငွေ	win ngwei
volumen (m) de negocio	အနုတ်အသိမ်း	anou' athin:
recursos (m pl)	အရင်းအမြစ်များ	ajin: amja' mja:
recursos (m pl) monetarios	ငွေကြေးအရင်းအမြစ်များ	ngwei kjei: ajin: amji' mja:
gastos (m pl) accesorios	အထွေထွေအသုံးစရိတ်	a htwei htwei athoun: za. jei'
reducir (vt)	လျှော့ချသည်	sho. cha. de

110. La mercadotecnia

mercadotecnia (f)	ဈေးကွက်ရှာဖွေရေး	zei: gwe' sha bwei jei:
mercado (m)	ဈေးကွက်	zei: gwe'
segmento (m) del mercado	ဈေးကွက်အစိတ်အပိုင်း	zei: gwe' asei' apain:
producto (m)	ထုတ်ကုန်	htou' koun
mercancía (f)	ကုန်ပစ္စည်း	koun pji' si:
marca (f)	အမှတ်တံဆိပ်	ahma' tan zin
marca (f) comercial	ကုန်အမှတ်တံဆိပ်	koun ahma' tan hsi'
logotipo (m)	မူပိုင်အမှတ်တံဆိပ်	mu bain ahma' dan zei'
logo (m)	တံဆိပ်	da zei'
demanda (f)	တောင်းဆိုချက်	taun: hsou che'
oferta (f)	ထောက်ပံ့ခြင်း	htau' pan. gjin:
necesidad (f)	လိုအပ်မှု	lou a' hmu.

consumidor (m)	သုံးစွဲသူ	thoun: zwe: dhu
análisis (m)	ခွဲခြမ်းစိတ်ဖြာခြင်း	khwe: gjan: zei' hpa gjin:
analizar (vt)	ခွဲခြမ်းစိတ်ဖြာသည်	khwe: gjan: zei' hpa de
posicionamiento (m)	နေရာရှာခြင်း	nei ja hja gjin:
posicionar (vt)	နေရာရှာသည်	nei ja sha de
precio (m)	ဈေးနှုန်း	zei: hnan:
política (f) de precios	ဈေးနှုန်းမူဝါဒ	zei: hnan: m wada.
formación (f) de precios	ဈေးနှုန်းဖြစ်တည်ခြင်း	zei: hnan: bji' te gjin:

111. La publicidad

publicidad (f)	ကြော်ငြာ	kjo nja
publicitar (vt)	ကြော်ငြာသည်	kjo nja de
presupuesto (m)	ဘတ်ဂျက်	ba' gje'
anuncio (m) publicitario	ခန့်မှန်းခြေရ သုံးငွေစာရင်း	khan hman: gjei ja. dhu: ngwei za jin:
publicidad (f) televisiva	တီဗီကြော်ငြာ	ti bi gjo nja
publicidad (f) radiofónica	ရေဒီယိုကြော်ငြာ	rei di jou gjo nja
publicidad (f) exterior	ပြင်ပကြော်ငြာ	pjin ba. gjo nja
medios (m pl) de comunicación de masas	လူထုဆက်သွယ်ရေး	lu du. ze' thwe jei:
periódico (m)	ပုံမှန်ထုတ်မဂ္ဂဇင်း	poun hmein dou' ma' ga. zin:
imagen (f)	ပုံရိပ်	poun jei'
consigna (f)	ကြွေးကြော်သံ	kjwei: kjo dhan
divisa (f)	ဆောင်ပုဒ်	hsaun bou'
campaña (f)	အစီအစဉ်	asi asin
campaña (f) publicitaria	ကြော်ငြာအစီအစဉ်	kjo nja a si asin
auditorio (m) objetivo	ပစ်မှတ်အုပ်စု	pi' hma' ou'zu.
tarjeta (f) de visita	လုပ်ငန်းသုံးလိပ်စာကတ်ပြား	lou' ngan: loun: lei' sa ka' pja:
prospecto (m)	လက်ကမ်းစာစောင်	le' kan: za zaun:
folleto (m)	ကြော်ငြာစာအုပ်ငယ်	kjo nja za ou' nge
panfleto (m)	လက်ကမ်းစာစောင်	le' kan: za zaun:
boletín (m)	သတင်းလွှာ	dhadin: hlwa
letrero (m) (~ luminoso)	ဆိုင်းဘုတ်	hsain: bou'
pancarta (f)	ပိုစတာ	pou sata
valla (f) publicitaria	ကြော်ငြာဆိုင်းဘုတ်	kjo nja zain: bou'

112. La banca

banco (m)	ဘဏ်	ban
sucursal (f)	ဘဏ်ခွဲ	ban gwe:
consultor (m)	အတိုင်ပင်ခံပုဂ္ဂိုလ်	atain bin gan bou' gou
gerente (m)	မန်နေဂျာ	man nei gji
cuenta (f)	ဘဏ်ငွေစာရင်း	ban ngwei za jin

numero (m) de la cuenta	ဘဏ်စာရင်းနံပါတ်	ban zajin: nan. ba'
cuenta (f) corriente	ဘဏ်စာရင်းရှင်	ban zajin: shin
cuenta (f) de ahorros	ဘဏ်ငွေစုစာရင်း	ban ngwei zu. za jin
abrir una cuenta	ဘဏ်စာရင်းဖွင့်သည်	ban zajin: hpwin. de
cerrar la cuenta	ဘဏ်စာရင်းပိတ်သည်	ban zajin: bi' te
ingresar en la cuenta	ငွေသွင်းသည်	ngwei dhwin: de
sacar de la cuenta	ငွေထုတ်သည်	ngwei dou' te
depósito (m)	အပ်ငွေ	a' ngwei
hacer un depósito	ငွေအပ်သည်	ngwei a' te
giro (m) bancario	ကြေးနန်းဖြင့်ငွေလွှဲခြင်း	kjei: nan: bjin. ngwe hlwe: gjin
hacer un giro	ကြေးနန်းဖြင့်ငွေလွှဲသည်	kjei: nan: bjin. ngwe hlwe: de
suma (f)	ပေါင်းလဒ်	paun: la'
¿Cuánto?	ဘယ်လောက်လဲ	be lau' le:
firma (f) (nombre)	လက်မှတ်	le' hma'
firmar (vt)	လက်မှတ်ထိုးသည်	le' hma' htou: de
tarjeta (f) de crédito	အကြွေးဝယ်ကဒ်-ခရက်ဒစ်ကဒ်	achwei: we ka' - ka' je' da' ka'
código (m)	ကုဒ်နံပါတ်	kou' nan ba'
número (m) de tarjeta de crédito	ခရက်ဒစ်ကဒ်နံပါတ်	kha. je' di' ka' nan ba'
cajero (m) automático	အလိုအလျောက်ငွေထုတ်စက်	alou aljau' ngwei htou' se'
cheque (m)	ချက်လက်မှတ်	che' le' hma'
sacar un cheque	ချက်ရေးသည်	che' jei: de
talonario (m)	ချက်စာအုပ်	che' sa ou'
crédito (m)	ချေးငွေ	chei: ngwei
pedir el crédito	ချေးငွေလျှောက်လွှာတင်သည်	chei: ngwei shau' hlwa din de
obtener un crédito	ချေးငွေရယူသည်	chei: ngwei ja. ju de
conceder un crédito	ချေးငွေထုတ်ပေးသည်	chei: ngwei htou' pei: de
garantía (f)	အာမခံပစ္စည်း	a ma. gan bji' si:

113. El teléfono. Las conversaciones telefónicas

teléfono (m)	တယ်လီဖုန်း	te li hpoun:
teléfono (m) móvil	မိုဘိုင်းဖုန်း	mou bain: hpoun:
contestador (m)	ဖုန်းထူးစက်	hpoun: du: ze'
llamar, telefonear	ဖုန်းဆက်သည်	hpoun: ze' te
llamada (f)	အဝင်ဖုန်း	awin hpun:
marcar un número	နံပါတ် နှိပ်သည်	nan ba' hnei' te
¿Sí?, ¿Dígame?	ဟာလို	ha. lou
preguntar (vt)	မေးသည်	mei: de
responder (vi, vt)	ဖြေသည်	hpjei de
oír (vt)	ကြားသည်	ka: de
bien (adv)	ကောင်းကောင်း	kaun: gaun:
mal (adv)	အရမ်းမကောင်း	ajan: ma. gaun:

ruidos (m pl)	ဖြတ်ဝင်သည့်ဆူညံသံ	hpja' win dhi. zu njan dhan
auricular (m)	တယ်လီဖုန်းနားကြပ်ပိုင်း	te li hpoun: na: gja' pain:
descolgar (el teléfono)	ဖုန်းကောက်ကိုင်သည်	hpoun: gau' gain de
colgar el auricular	ဖုန်းချသည်	hpoun: gja de
ocupado (adj)	လိုင်းမအားသော	lain: ma. a: de.
sonar (teléfono)	မြည်သည်	mji de
guía (f) de teléfonos	တယ်လီဖုန်းလမ်းညွှန်စာအုပ်	te li hpoun: lan: hnjun za ou'
local (adj)	ပြည်တွင်း၊ဒေသတွင်းဖြစ်သော	pji dwin: dei. dha dwin: bji' te.
llamada (f) local	ပြည်တွင်းခေါ် ဆိုမှု	pji dwin: go zou hmu.
de larga distancia	အဝေးခေါ် ဆိုနိုင်သော	awei: go zou nain de.
llamada (f) de larga distancia	အဝေးခေါ် ဆိုမှု	awei: go zou hmu.
internacional (adj)	အပြည်ပြည်ဆိုင်ရာဖြစ်သော	apji pji zain ja bja' de.
llamada (f) internacional	အပြည်ပြည်ဆိုင်ရာခေါ် ဆိုမှု	apji pji zain ja go: zou hmu

114. El teléfono celular

teléfono (m) móvil	မိုဘိုင်းဖုန်း	mou bain: hpoun:
pantalla (f)	ပြသခြင်း	pja. dha. gjin:
botón (m)	ခလုတ်	khalou'
tarjeta SIM (f)	ဆင်းကဒ်	hsin: ka'
pila (f)	ဘတ်ထရီ	ba' hta ji
descargarse (vr)	ဖုန်းအားကုန်သည်	hpoun: a: goun: de
cargador (m)	အားသွင်းကြိုး	a: dhwin: gjou:
menú (m)	အစားအသောက်စာရင်း	asa: athau' sa jin:
preferencias (f pl)	ချိန်ညှိခြင်း	chein hnji. chin:
melodía (f)	တီးလုံး	ti: loun:
seleccionar (vt)	ရွေးချယ်သည်	jwei: che de
calculadora (f)	ဂဏန်းပေါင်းစက်	ganan: baun: za'
contestador (m)	အသံမေးလ်	athan mei:l
despertador (m)	နှိုးစက်	hnou: ze'
contactos (m pl)	ဖုန်းအဆက်အသွယ်များ	hpoun: ase' athwe mja:
mensaje (m) de texto	မက်ဆေ့ဂျ်	me' zei. gja
abonado (m)	အသုံးပြုသူ	athoun: bju. dhu

115. Los artículos de escritorio. La papelería

bolígrafo (m)	ဘောပင်	bo pin
pluma (f) estilográfica	ဖောင်တိန်	hpaun din
lápiz (m)	ခဲတံ	khe: dan
marcador (m)	အရောင်တောက်မင်တံ	ajaun dau' min dan
rotulador (m)	ရေဆေးစုတ်တံ	jei zei: zou' tan
bloc (m) de notas	မှတ်စုစာအုပ်	hma' su. za ou'
agenda (f)	နေ့စဉ်မှတ်တမ်းစာအုပ်	nei. zin hma' tan: za ou'
regla (f)	ပေတံ	pei dan

calculadora (f)	ဂဏန်းပေါင်းစက်	ganan: baun: za'
goma (f) de borrar	ခဲဖျက်	khe: bje'
chincheta (f)	ထိပ်ပြားကြီးသံမှို	htei' pja: gji: dhan hmou
clip (m)	တွယ်ချိတ်	twe gjei'

cola (f), pegamento (m)	ကော်	ko
grapadora (f)	စတက်ပလာ	sate' pa. la
perforador (m)	အပေါက်ဖောက်စက်	apau' hpau' se'
sacapuntas (m)	ခဲချွန်စက်	khe: chun ze'

116. Diversos tipos de documentación

informe (m)	အစီရင်ခံစာ	asi jin gan za
acuerdo (m)	သဘောတူညီမှု	dhabo: tu nji hmu.
formulario (m) de solicitud	လျှောက်လွှာပုံစံ	shau' hlwa ban zan
auténtico (adj)	စစ်မှန်သော	si' hman de.
tarjeta (f) de identificación	တံဆိပ်	da zei'
tarjeta (f) de visita	လုပ်ငန်းသုံးလိပ်စာကဒ်ပြား	lou' ngan: loun: lei' sa ka' pja:

certificado (m)	အသိအမှတ်ပြုလက်မှတ်	athi ahma' pju la' hma'
cheque (m) bancario	ချက်စာရွက်	che' sa jwe'
cuenta (f) (restaurante)	ကျသင့်ငွေ	kja. thin. ngwei
constitución (f)	ဖွဲ့စည်းပုံအခြေ ခံဥပဒေ	hpwe. zi: boun akhei gan u. ba. dei

contrato (m)	စာချုပ်	sa gjou'
copia (f)	မိတ္တူ	mi' tu
ejemplar (m)	မိတ္တူ	mi' tu

declaración (f) de aduana	အကောက်ခွန်ကြေငြာချက်	akau' khun gjei nja gje'
documento (m)	စာရွက်စာတမ်း	sajwe' zatan:
permiso (m) de conducir	ကားမောင်းလိုင်စင်	ka: maun: lain zin
anexo (m)	ပူးတွဲ	pu: twe:
cuestionario (m)	ပုံစံ	poun zan

carnet (m) de identidad	သက်သေခံကဒ်ပြား	the' thei gan ga' pja:
solicitud (f) de información	စုံစမ်းမေးမြန်းခြင်း	soun zan: mei: mjan: gjin:
tarjeta (f) de invitación	ဖိတ်စာကဒ်	hpi' sa ka'
factura (f)	ငွေတောင်းခံလွှာ	ngwei daun: gan hlwa

ley (f)	ဥပဒေ	u. ba. dei
carta (f)	စာ	sa
hoja (f) membretada	ကုမ္ပဏီစာတမ်းပါ စာရွက်	koun pani za dan: ba za jwe'
lista (f) (de nombres, etc.)	စာရင်း	sajin:
manuscrito (m)	လက်ရေးစာမူ	le' jei: za mu
boletín (m)	သတင်းလွှာ	dhadin: hlwa
nota (f) (mensaje)	မှတ်စု	hma' su.

pase (m) (permiso)	ဝင်ခွင့်ကဒ်ပြား	win gwin. ga' pja
pasaporte (m)	နိုင်ငံကူးလက်မှတ်	nain ngan gu: le' hma'
permiso (m)	ပါမစ်	pa mi'
curriculum vitae (m)	ကိုယ်ရေးမှတ်တမ်းအကျဉ်း	kou jei: hma' tan: akjun:
pagaré (m)	ကြွေးမြီဝန်ခံချက်	kjwei: mji wun gan gje'
recibo (m)	လက်ခံရရှိကြောင်းပြေစာ	le' khan ja shi kjaun: bjei za

ticket (m) de compra	ငွေရပြေစာ	ngwei ja. bei za
informe (m)	အစီရင်ခံစာ	asi jin gan za
presentar (identificación)	ပြသည်	pja. de
firmar (vt)	လက်မှတ်ထိုးသည်	le' hma' htou: de
firma (f) (nombre)	လက်မှတ်	le' hma'
sello (m)	တံဆိပ်	da zei'
texto (m)	စာသား	sa dha:
billete (m)	လက်မှတ်	le' hma'
tachar (vt)	ခြစ်ပစ်သည်	chi' pi' te
rellenar (vt)	ဖြည့်သည်	hpjei. de
guía (f) de embarque	ကုန်ပို့လွှာ	koun pou. hlwa
testamento (m)	သေတမ်းစာ	thei dan: za

117. Tipos de negocios

agencia (f) de empleo	အလုပ်အကိုင်ရှာဖွေ ရေးလုပ်ငန်း	alou' akain sha hpwei jei: lou' ngan:
agencia (f) de información	သတင်းဌာန	dhadin: hta. na.
agencia (f) de publicidad	ကြော်ငြာလုပ်ငန်း	kjo nja lou' ngan:
agencia (f) de seguridad	လုံခြုံရေးအကျိုး ဆောင်ကုမ္ပဏီ	loun gjoun jei: akjou: zaun koun pa. ni
almacén (m)	ကုန်လှောင်ရုံ	koun hlaun joun
antigüedad (f)	ရှေးဟောင်းပစ္စည်း	shei: haun: bji' si:
asesoría (f) jurídica	ဥပဒေအကြံပေး	u. ba. dei akjan bei:
servicios (m pl) de auditoría	စာရင်းစစ်ဆေးခြင်း	sajin: zi' hsei: gjin:
bar (m)	ဘား	ba:
bebidas (f pl) alcohólicas	အရက်သေစာ	aje' dhei za
bolsa (f) de comercio	စတော့ရောင်းဝယ်ရေးဌာန	sato. jaun: we jei: hta. na.
casino (m)	လောင်းကစားရုံ	laun: gaza: joun
centro (m) de negocios	စီးပွါးရေးလုပ်ငန်းစင်တာ	si: bwa: jei: lou' ngan: zin da
fábrica (f) de cerveza	ဘီယာချက်စက်ရုံ	bi ja gje' se' joun
cine (m) (iremos al ~)	ရုပ်ရှင်ရုံ	jou' shin joun
climatizadores (m pl)	လေအေးစက်	lei ei: ze'
club (m) nocturno	နိုက်ကလပ်	nai' ka. la'
comercio (m)	ကုန်သွယ်ရေး	koun dhwe jei:
productos alimenticios	စားသုံးကုန်များ	sa: dhoun: goun mja:
compañía (f) aérea	လေကြောင်း	lei gjaun:
construcción (f)	ဆောက်လုပ်ရေးလုပ်ငန်း	hsau' lou' jei: lou' ngan:
contabilidad (f)	စာရင်းကိုင်ဝန်ဆောင်မှု	sajin: gain wun zaun hmu.
deporte (m)	အားကစား	a: gaza:
diseño (m)	ဒီဇိုင်း	di zain:
editorial (f)	ပုံနှိပ်ထုတ်ဝေ သည့်ကုမ္ပဏီ	poun nei' htou' wei dhi. koun pani
escuela (f) de negocios	စီးပွါးရေးကျောင်း	si: bwa: jei: gjaun:
estomatología (f)	သွားဆေးခန်း	thwa: hsei: gan:

farmacia (f)	ဆေးဆိုင်	hsei: zain
industria (f) farmacéutica	လူသုံးဆေးဝါး လုပ်ငန်း	lu dhoun: zei: wa: lou' ngan:
funeraria (f)	အသုဘဝန်ဆောင် မှုလုပ်ငန်း	athu. ba. wun zaun hmu. lou' ngan:
galería (f) de arte	အနုပညာပြခန်း	anu. pjin ja pja. gan:
helado (m)	ရေခဲမုန့်	jei ge: moun.
hotel (m)	ဟိုတယ်	hou te
industria (f)	စက်မှုလုပ်ငန်း	se' hmu. lou' ngan:
industria (f) ligera	အသေးစားစက်မှုလုပ်ငန်း	athei: za: za' hmu. lou' ngan:
inmueble (m)	အိမ်ခြံမြေလုပ်ငန်း	ein gjan mjei lu' ngan:
internet (m), red (f)	အင်တာနက်	in ta na'
inversiones (f pl)	ရင်းနှီးမြှုပ်နှံမှု	jin: hni: hmjou' hnan hmu.
joyería (f)	လက်ဝတ်ရတနာ	le' wa' ja. da. na
joyero (m)	လက်ဝတ်ရတနာကုန်သည်	le' wa' ja. da. na goun de
lavandería (f)	ဒိုဘီလုပ်ငန်း	dou bi lou' ngan:
librería (f)	စာအုပ်ဆိုင်	sa ou' hsain
medicina (f)	ဆေးပညာ	hsei: pjin nja
muebles (m pl)	ပရိဘောဂ	pa ri. bo: ga.
museo (m)	ပြတိုက်	pja. dai'
negocio (m) bancario	ဘဏ်လုပ်ငန်း	ban lou' ngan:
periódico (m)	သတင်းစာ	dhadin: za
petróleo (m)	ရေနံ	jei nan
piscina (f)	ရေကူးကန်	jei ku: gan
poligrafía (f)	ပုံနှိပ်ခြင်း	poun nei' chin:
publicidad (f)	ကြော်ငြာ	kjo nja
radio (f)	ရေဒီယို	rei di jou
recojo (m) de basura	စွန့်ပစ်ပစ္စည်းစုဆောင်းခြင်း	sun. bi' pji' si: zu zaun: ghin:
restaurante (m)	စားသောက်ဆိုင်	sa: thau' hsain
revista (f)	မဂ္ဂဇင်းစာစောင်	ma' ga. zin: za zaun
ropa (f)	အဝတ်အစား	awu' aza:
salón (m) de belleza	အလှပြင်ဆိုင်	ahla. bjin zain:
seguro (m)	အာမခံလုပ်ငန်း	a ma. khan lou' ngan:
servicio (m) de entrega	ပစ္စည်းပို့ဆောင်ရေးလုပ်ငန်း	pji' si: bou. zain jei: lou' ngan:
servicios (m pl) financieros	ငွေကြေးဝန်ဆောင် မှုလုပ်ငန်း	ngwei kjei: wun zaun hmu lou' ngan:
supermercado (m)	ကုန်တိုက်ကြီး	koun dou' kji:
taller (m)	အပ်ချုပ်လုပ်ငန်း	a' chou' lu' ngan:
teatro (m)	ကဇာတ်ရုံ	ka. za' joun
televisión (f)	ရုပ်မြင်သံကြား	jou' mjin dhan gja:
tienda (f)	ဆိုင်	hsain
tintorería (f)	အဝတ်အခြောက်လျှော်လုပ်ငန်း	awu' achou' hlo: lou' ngan:
servicios de transporte	သယ်ယူပို့ဆောင်ရေး လုပ်ငန်း	the ju bou. zaun jei: lou' ngan:
turismo (m)	ခရီးသွားလုပ်ငန်း	khaji: thwa: lou' ngan:
venta (f) por catálogo	အော်ဒါကိုစာတိုက်မှ ပို့ဆောင်ခြင်း	o da ko sa dai' hma. bou. hsaun gjin:
veterinario (m)	တိရစ္ဆာန်ကုဆရာဝန်	tharei' hsan gu. zaja wun
consultoría (f)	လူနာစမ်းသပ်ခန်း	lu na zan: dha' khan:

El trabajo. Los negocios. Unidad 2

118. La exhibición. La feria comercial

exposición, feria (f)	ပြပွဲ	pja. bwe:
feria (f) comercial	ကုန်စည်ပြပွဲ	koun zi pja pwe
participación (f)	ပါဝင်ဆင်နွှဲမှု	pa win zhin hnwe: hmu.
participar (vi)	ပါဝင်ဆင်နွှဲသည်	pa win zin hnwe: de
participante (m)	ပါဝင်ဆင်နွှဲသူ	pa win zhin hnwe: dhu
director (m)	ဒါရိုက်တာ	da je' ta
dirección (f)	ဦးစီးဦးဆောင်သူအဖွဲ့	u: zi: u: zaun dhu ahpwe:
organizador (m)	စီစဉ်သူ	si zin dhu
organizar (vt)	စီစဉ်သည်	si zin de
solicitud (f) de participación	ပါဝင်ရန်ဖြည့်စွက်ရသောပုံစံ	pa win jan bje zwe' ja. dho: boun zan
rellenar (vt)	ဖြည့်သည်	hpjei. de
detalles (m pl)	အသေးစိတ်အချက်အလက်များ	athei zi' ache' ala' mja:
información (f)	သတင်းအချက်အလက်	dhadin: akje' ale'
precio (m)	ဈေးနှုန်း	zei: hnan:
incluso	အပါအဝင်	apa awin
incluir (vt)	ပါဝင်သည်	pa win de
pagar (vi, vt)	ပေးချေသည်	pei: gjei de
cuota (f) de registro	မှတ်ပုံတင်ခ	hma' poun din ga.
entrada (f)	ဝင်ပေါက်	win bau'
pabellón (m)	ပြခန်းယာယီအဆောက်အအုံ	pja. gan: ja ji ahsau' aoun
registrar (vt)	စာရင်းသွင်းသည်	sajin: dhwin: de
tarjeta (f) de identificación	တံဆိပ်	da zei'
stand (m) de feria	ပြပွဲစင်	pja. bwe: zin
reservar (vt)	ကြိုတင်မှာသည်	kjou tin hma de
vitrina (f)	ပစ္စည်းပြရန်မှန်ဘောင်	pji' si: bja. jan hman baun
lámpara (f)	မီးမောင်း	mi: maun:
diseño (m)	ဒီဇိုင်း	di zain:
poner (colocar)	နေရာချသည်	nei ja gja de
situarse (vr)	တည်ရှိသည်	ti shi. de
distribuidor (m)	ဖြန့်ဝေသူ	hpjan. wei dhu
proveedor (m)	ပေးသွင်းသူ	pei: dhwin: dhu
suministrar (vt)	ပေးသွင်းသည်	pei: dhwin: de
país (m)	နိုင်ငံ	nain ngan
extranjero (adj)	နိုင်ငံခြားနှင့်ဆိုင်သော	nain ngan gja: hnin. zain de.
producto (m)	ထုတ်ကုန်	htou' koun
asociación (f)	အဖွဲ့အစည်း	ahpwe. asi:

sala (f) de conferencias	ဆွေးနွေးပွဲခန်းမ	hswe: nwe: bwe: gan: ma.
congreso (m)	ညီလာခံ	nji la gan
concurso (m)	ပြိုင်ပွဲ	pjain bwe:
visitante (m)	ဧည့်သည်	e. dhe
visitar (vt)	လာရောက်လေ့လာသည်	la jau' lei. la de
cliente (m)	ဖောက်သည်	hpau' te

119. Medios de comunicación de masas

periódico (m)	သတင်းစာ	dhadin: za
revista (f)	မဂ္ဂဇင်းစာစောင်	ma' ga. zin: za zaun
prensa (f)	စာနယ်ဇင်း	sa ne zin:
radio (f)	ရေဒီယို	rei di jou
estación (f) de radio	ရေဒီယိုဌာန	rei di jou hta. na.
televisión (f)	ရုပ်မြင်သံကြား	jou' mjin dhan gja:
presentador (m)	အစီအစဉ်တင်ဆက်သူ	asi asin din ze' thu
presentador (m) de noticias	သတင်းကြေငြာသူ	dhadin: gjei nja dhu
comentarista (m)	အစီရင်ခံသူ	asi jin gan dhu
periodista (m)	သတင်းစာဆရာ	dhadin: za zaja
corresponsal (m)	သတင်းထောက်	dhadin: dau'
corresponsal (m) fotográfico	သတင်းဓာတ်ပုံရိုက်ကူးသူ	dhadin: da' poun jai' ku: dhu
reportero (m)	သတင်းထောက်	dhadin: dau'
redactor (m)	အယ်ဒီတာ	e di ta
redactor jefe (m)	အယ်ဒီတာချုပ်	e di ta chu'
suscribirse (vr)	ပေးသွင်းသည်	pei: dhwin: de
suscripción (f)	လစဉ်ကြေး	la. zin gjei:
suscriptor (m)	လစဉ်ကြေးပေးသွင်းသူ	la. zin gjei: bei: dhwin: dhu
leer (vi, vt)	ဖတ်သည်	hpa' te
lector (m)	စာဖတ်သူ	sa hpa' thu
tirada (f)	စောင်ရေ	saun jei
mensual (adj)	လစဉ်	la. zin
semanal (adj)	အပတ်စဉ်	apa' sin
número (m)	အကြိမ်	akjein
nuevo (~ número)	အသစ်ဖြစ်သော	athi' hpji' te.
titular (m)	ခေါင်းစဉ်	gaun: zin
noticia (f)	ဆောင်းပါးငယ်	hsaun: ba: nge
columna (f)	ပင်တိုင်ဆောင်းပါး ရှင်ကဏ္ဍ	pin dain zaun: ba: shin gan da.
artículo (m)	ဆောင်းပါး	hsaun: ba:
página (f)	စာမျက်နှာ	sa mje' hna
reportaje (m)	သတင်းပေးပို့ချက်	dhadin: bei: bou. gje'
evento (m)	အဖြစ်အပျက်	a hpji' apje'
sensación (f)	သတင်းထူး	dhadin: du:
escándalo (m)	မကောင်းသတင်း	ma. gaun: dhadin:
escandaloso (adj)	ကျော်မကောင်းကြား မကောင်းသော	kjo ma. kaun: pja: ma. kaun de

gran (~ escándalo)	ကြီးကျယ်ခမ်းနားသော	kji: kje khin: na: de.
emisión (f)	အစီအစဉ်	asi asin
entrevista (f)	အင်တာဗျူး	in ta bju:
transmisión (f) en vivo	တိုက်ရိုက်ထုတ်လွှင့်မှု	tai' jai' htou' hlwin. hmu.
canal (m)	လိုင်း	lain:

120. La agricultura

agricultura (f)	စိုက်ပျိုးရေး	sai' pjou: jei:
campesino (m)	တောင်သူလယ်သမား	taun dhu le dhama:
campesina (f)	တောင်သူအမျိုးသမီး	taun dhu amjou: dhami:
granjero (m)	လယ်သမား	le dhama:
tractor (m)	ထွန်စက်	htun ze'
cosechadora (f)	ရိတ်သိမ်း၊သီးနှံခြွေစက်	jei' thein:/ thi: hnan gjwei ze'
arado (m)	ထယ်	hte
arar (vi, vt)	ထယ်ထိုးသည်	hte dou: de
labrado (m)	ထယ်ထိုးစက်	hte dou: ze'
surco (m)	ထယ်ကြောင်း	hte gjaun:
sembrar (vi, vt)	မျိုးကြဲသည်	mjou: gje: de
sembradora (f)	မျိုးကြဲစက်	mjou: gje: ze'
siembra (f)	မျိုးကြဲခြင်း	mjou: gje: gjin:
guadaña (f)	မြက်ယမ်းဓား	mje' jan: da:
segar (vi, vt)	မြက်ရိတ်သည်	mje' jei' te
pala (f)	ကော်ပြား	ko pja:
layar (vt)	ထွန်ယက်သည်	htun je' te
azada (f)	ပေါက်ပြား	pja' bja:
sachar, escardar	ပေါင်းသင်သည်	paun: dhin de
mala hierba (f)	ပေါင်းပင်	paun: bin
regadera (f)	အပင်ရေလောင်းပုံး	apin jei laun: boun:
regar (plantas)	ရေလောင်းသည်	jei laun: de
riego (m)	ရေလောင်းခြင်း	jei laun: gjin:
horquilla (f)	ကောက်ဆွ	kau' hswa
rastrillo (m)	ထွန်ခြစ်	htun gji'
fertilizante (m)	မြေသြဇာ	mjei o: za
abonar (vt)	မြေသြဇာကျွေးသည်	mjei o: za gjwei: de
estiércol (m)	မြေသြဇာ	mjei o: za
campo (m)	လယ်ကွင်း	le gwin:
prado (m)	မြင်ခင်းပြင်	mjin gin: bjin
huerta (f)	အသီးအရွက်စိုက်ခင်း	athi: ajwe' sai' khin:
jardín (m)	သစ်သီးခြံ	thi' thi: gjan
pacer (vt)	စားကျက်တွင်လွှတ်ထားသည်	sa: gja' twin hlu' hta' de
pastor (m)	သိုးနွားထိန်းကျောင်းသူ	thou: nwa: ou' kjaun: dhu
pastadero (m)	စားကျက်	sa: gja'

ganadería (f)	တိရိစ္ဆာန်မွေး မြူရေးလုပ်ငန်း	tharei' hsan mwei: mju jei: lou' ngan:
cría (f) de ovejas	သိုးမွေးမြူရေးလုပ်ငန်း	thou: mwei: mju je: lou' ngan:
plantación (f)	ခြံ	chan
hilera (f) (~ de cebollas)	ဘောင်	baun
invernadero (m)	မှန်လုံအိမ်	hman loun ein
sequía (f)	မိုးခေါင်ခြင်း	mou: gaun gjin
seco, árido (adj)	ခြောက်သွေ့သော	chau' thwei. de.
grano (m)	နှံစားပင်တို့၏အစေ့	hnan za: bin dou. i. asei.
cereales (m pl)	မုယောစပါး	mu. jo za. ba:
recolectar (vt)	ရိတ်သိမ်းသည်	jei' thein: de
molinero (m)	ဂျုံစက်ပိုင်ရှင်	gjoun ze' pain shin
molino (m)	သီးနှံကြိတ်ခွဲစက်	thi: hnan gji' khwei: ze'
moler (vt)	ကြိတ်သည်	kjei' te
harina (f)	ဂျုံမှုန့်	gjoun hmoun.
paja (f)	ကောက်ရိုး	kau' jou:

121. La construcción. El proceso de construcción

obra (f)	ဆောက်လုပ်ရေးလုပ်ငန်းခွင်	hsau' lou' jei: lou' ngan: gwin
construir (vt)	ဆောက်လုပ်သည်	hsau' lou' te
albañil (m)	ဆောက်လုပ်ရေးအလုပ်သမား	hsau' lou' jei: alou' dha. ma:
proyecto (m)	ပရောဂျက် စီမံကိန်း	pa jo: gje' si man gein:
arquitecto (m)	ဗိသုကာပညာရှင်	bi. thu. ka pjin nja shin
obrero (m)	အလုပ်သမား	alou' dha ma:
cimientos (m pl)	အုတ်မြစ်	ou' mja'
techo (m)	အမိုး	amou:
pila (f) de cimentación	မြေစိုက်တိုင်	mjei zai' tain
muro (m)	နံရံ	nan jou:
armadura (f)	ငြမ်းစင်	njan: zin
andamio (m)	ငြမ်း	njan:
hormigón (m)	ကွန်ကရစ်	kun ka. ji'
granito (m)	နှမ်းဖတ်ကျောက်	hnan: ba' kjau'
piedra (f)	ကျောက်	kjau'
ladrillo (m)	အုတ်	ou'
arena (f)	သဲ	the:
cemento (m)	ဘိလပ်မြေ	bi la' mjei
estuco (m)	သရွတ်	thaju'
estucar (vt)	သရွတ်ကိုင်သည်	thaju' kain de
pintura (f)	သုတ်ဆေး	thou' hsei:
pintar (las paredes)	ဆေးသုတ်သည်	hsei: dhou' te
barril (m)	စည်ပိုင်း	si bain:
grúa (f)	ကရိန်းစက်	karein: ze'
levantar (vt)	မသည်	ma. de

bajar (vt)	ချသည်	cha. de
bulldózer (m)	လမ်းကြိတ်စက်	lan: gji' se'
excavadora (f)	မြေတူးစက်	mjei du: ze'
cuchara (f)	ကော်ခွက်	ko khwe'
cavar (vt)	တူးသည်	tu: de
casco (m)	ဒဏ်ခံဦးထုပ်	dan gan u: dou'

122. La ciencia. La investigación. Los científicos

ciencia (f)	သိပ္ပံပညာ	thei' pan pin nja
científico (adj)	သိပ္ပံပညာဆိုင်ရာ	thei' pan pin nja zein ja
científico (m)	သိပ္ပံပညာရှင်	thei' pan pin nja shin
teoría (f)	သီအိုရီ	thi ou ji
axioma (m)	နဂိုမှန်အဆို	na. gou hman ahsou
análisis (m)	ခွဲခြမ်းစိတ်ဖြာခြင်း	khwe: gjan: zei' hpa gjin:
analizar (vt)	ခွဲခြမ်းစိတ်ဖြာသည်	khwe: gjan: zei' hpa de
argumento (m)	အကြောင်းပြချက်	akjaun: pja. gje'
sustancia (f) (materia)	အထည်	a hte
hipótesis (f)	အခြေခံသဘောတရားအယူအဆ	achei khan dha. bo da. ja: aju ahsa.
dilema (m)	အကျပ်ရိုက်ခြင်း	akja' shi' chin:
tesis (f) de grado	သုတေသနစာတမ်း	thu. tei thana za dan:
dogma (m)	တရားသေလက်ခံထားသောဝါဒ	taja: dhei le' khan da: dho: wa da
doctrina (f)	သြဝါဒ	thja. wa da.
investigación (f)	သုတေသန	thu. tei thana
investigar (vt)	သုတေသနပြုသည်	thu. tei thana bjou de
prueba (f)	စမ်းသပ်ခြင်း	san: dha' chin:
laboratorio (m)	လက်တွေ့ခန်း	le' twei. gan:
método (m)	နည်းလမ်း	ne: lan:
molécula (f)	မော်လီကျူး	mo li gju:
seguimiento (m)	စောင့်ကြည့်စစ်ဆေးခြင်း	saun. gji. zi' hsei: gjin:
descubrimiento (m)	ရှာဖွေတွေ့ရှိမှု	sha hpwei dwei. shi. hmu.
postulado (m)	လက်ခံထားသည့်အဆို	le' khan da: dhe. ahsou
principio (m)	အခြေခံသဘောတရား	achei khan dha. bo da. ja:
pronóstico (m)	ကြိုတင်ခန့်မှန်းချက်	kjou din khan hman: gje'
pronosticar (vt)	ကြိုတင်ခန့်မှန်းသည်	kjou din khan hman: de
síntesis (f)	သမ္ဘာရ	than ba ra.
tendencia (f)	ဦးတည်ရာ	u: ti ja
teorema (m)	သီအိုရမ်	thi ou jan
enseñanzas (f pl)	သင်ကြားချက်	thin kja: gje'
hecho (m)	အချက်အလက်	ache' ale'
expedición (f)	စူးစမ်းလေ့လာရေးခရီး	su: zan: lei. la nei: khaji:
experimento (m)	စမ်းသပ်လုပ်ဆောင်ချက်	san: dha' lou' hsaun gje'
académico (m)	အကယ်ဒမီသိပ္ပံပညာရှင်	ake da ni dhan pa' pjin shin
bachiller (m)	တက္ကသိုလ် ပထမဘွဲ့	te' kathou pahtama. bwe.

doctorado (m)	ပါရဂူဘွဲ့	pa ja gu bwe.
docente (m)	လက်ထောက်ပါမောက္ခ	le' htau' pa mau' kha.
Master (m) (~ en Letras)	မဟာဘွဲ့	maha bwe.
profesor (m)	ပါမောက္ခ	pamau' kha

Las profesiones y los oficios

123. La búsqueda de trabajo. El despido

trabajo (m)	အလုပ်	alou'
empleados (pl)	ဝန်ထမ်းအင်အား	wun dan: in a:
personal (m)	အမှုထမ်း	ahmu. htan:
carrera (f)	သက်မွေးမှုလုပ်ငန်း	the' hmei: hmu. lou' ngan:
perspectiva (f)	တက်လမ်း	te' lan:
maestría (f)	ကျွမ်းကျင်မှု	kjwan: gjin hmu.
selección (f)	လက်ရွေးစင်	le' jwei: zin
agencia (f) de empleo	အလုပ်အကိုင်ရှာဖွေရေး-အကျိုးဆောင်လုပ်ငန်း	alou' akain sha hpei jei: akjou: zaun lou' ngan:
curriculum vitae (m)	ပညာရည်မှတ်တမ်းအကျဉ်း	pjin nja je hma' tan: akjin:
entrevista (f)	အလုပ်အင်တာဗျူး	alou' in da bju:
vacancia (f)	အလုပ်လစ်လပ်နေရာ	alou' li' la' nei ja
salario (m)	လစာ	la. za
salario (m) fijo	ပုံသေလစာ	poun dhei la. za
remuneración (f)	ပေးချေသည့်ငွေ	pei: gjei de. ngwei
puesto (m) (trabajo)	ရာထူး	ja du:
deber (m)	တာဝန်	ta wun
gama (f) de deberes	တာဝန်များ	ta wun mja:
ocupado (adj)	အလုပ်များသော	alou' mja: de.
despedir (vt)	အလုပ်ထုတ်သည်	alou' htou' de
despido (m)	ထုတ်ပယ်ခြင်း	htou' pe gjin:
desempleo (m)	အလုပ်လက်မဲ့ဦးရေ	alou' le' me. u: jei
desempleado (m)	အလုပ်လက်မဲ့	alou' le' me.
jubilación (f)	အငြိမ်းစားလစာ	anjein: za: la. za
jubilarse	အငြိမ်းစားယူသည်	anjein: za: ju dhe

124. Los negociantes

director (m)	ညွှန်ကြားရေးမှူး	hnjun gja: jei: hmu:
gerente (m)	မန်နေဂျာ	man nei gji
jefe (m)	အကြီးအကဲ	akji: ake:
superior (m)	အထက်လူကြီး	a hte' lu gji:
superiores (m pl)	အထက်လူကြီးများ	a hte' lu gji: mja:
presidente (m)	ဥက္ကဋ္ဌ	ou' kahta.
presidente (m) (de compañía)	ဥက္ကဋ္ဌ	ou' kahta.
adjunto (m)	ဒုတိယ	du. di. ja.
asistente (m)	လက်ထောက်	le' htau'

secretario, -a (m, f)	အတွင်းရေးမှူး	atwin: jei: hmu:
secretario (m) particular	ကိုယ်ရေးအရာရှိ	kou jei: aja shi.
hombre (m) de negocios	စီးပွားရေးလုပ်ငန်းရှင်	si: bwa: jei: lou' ngan: shin
emprendedor (m)	စီးပွားရေးလုပ်ငန်းရှင်	si: bwa: jei: lou' ngan: shin
fundador (m)	တည်ထောင်သူ	ti daun dhu
fundar (vt)	တည်ထောင်သည်	ti daun de
institutor (m)	ဖွဲ့စည်းသူ	hpwe. zi: dhu
socio (m)	အကျိုးတူလုပ်ဖော်ကိုင်ဘက်	akjou: du lou' hpo kain be'
accionista (m)	အစုရှင်	asu. shin
millonario (m)	သန်းကြွယ်သူဌေး	than: gjwe dhu dei:
multimillonario (m)	ဘီလျံနာသူဌေး	bi ljan na dhu dei:
propietario (m)	ပိုင်ရှင်	pain shin
terrateniente (m)	မြေပိုင်ရှင်	mjei bain shin
cliente (m)	ဖောက်သည်	hpau' te
cliente (m) habitual	အမြဲတမ်းဖောက်သည်	amje: dan: zau' te
comprador (m)	ဝယ်သူ	we dhu
visitante (m)	ဧည့်သည်	e. dhe
profesional (m)	ကျွမ်းကျင်သူ	kjwan: gjin dhu
experto (m)	ကျွမ်းကျင်ပညာရှင်	kjwan: gjin bi nja shin
especialista (m)	အထူးကျွမ်းကျင်သူ	a htu: kjwan: gjin dhu
banquero (m)	ဘဏ်လုပ်ငန်းရှင်	ban lou' ngan: shin
broker (m)	စီးပွါးရေးအကျိုးဆောင်	si: bwa: jei: akjou: zaun
cajero (m)	ငွေကိုင်	ngwei gain
contable (m)	စာရင်းကိုင်	sajin: gain
guardia (m) de seguridad	အစောင့်	asaun.
inversionista (m)	ရင်းနှီးမြှုပ်နှံသူ	jin: hni: hmjou' hnan dhu
deudor (m)	မြီစား	mji za:
acreedor (m)	ကြွေးရှင်	kjwei: shin
prestatario (m)	ချေးသူ	chei: dhu
importador (m)	သွင်းကုန်လုပ်ငန်းရှင်	thwin: goun lou' ngan: shin
exportador (m)	ပို့ကုန်လုပ်ငန်းရှင်	pou. goun lou' ngan: shin
productor (m)	ထုတ်လုပ်သူ	tou' lou' thu
distribuidor (m)	ဖြန့်ဝေသူ	hpjan. wei dhu
intermediario (m)	တစ်ဆင့်ခံရောင်းသူ	ti' hsin. gan jaun: dhu
asesor (m) (~ fiscal)	အတိုင်ပင်ခံပုဂ္ဂိုလ်	atain bin gan bou' gou
representante (m)	ကိုယ်စားလှယ်	kou za: hle
agente (m)	ကိုယ်စားလှယ်	kou za: hle
agente (m) de seguros	အာမခံကိုယ်စားလှယ်	a ma. khan gou za: hle

125. Los trabajos de servicio

cocinero (m)	စားဖိုမှူး	sa: hpou hmu:
jefe (m) de cocina	စားဖိုမှူးကြီး	sa: hpou hmu: gji:

panadero (m)	ပေါင်မုန့်ဖုတ်သူ	paun moun. bou' dhu
barman (m)	အရက်ဘားဝန်ထမ်း	aje' ba: wun dan:
camarero (m)	စားပွဲထိုး	sa: bwe: dou:
camarera (f)	စားပွဲထိုးမိန်းကလေး	sa: bwe: dou: mein: ga. lei:
abogado (m)	ရှေ့နေ	shei. nei
jurista (m)	ရှေ့နေ	shei. nei
notario (m)	ရှေ့နေ	shei. nei
electricista (m)	လျှပ်စစ်ပညာရှင်	hlja' si' pa. nja shin
fontanero (m)	ပိုက်ပြင်သူ	pai' bjin dhu
carpintero (m)	လက်သမား	le' tha ma:
masajista (m)	အနှိပ်သမား	anei' thama:
masajista (f)	အနှိပ်သမ	anei' thama.
médico (m)	ဆရာဝန်	hsa ja wun
taxista (m)	တက္ကစီမောင်းသူ	te' kasi maun: dhu
chofer (m)	ယာဉ်မောင်း	jin maun:
repartidor (m)	ပစ္စည်းပို့သူ	pji' si: bou. dhu
camarera (f)	ဟိုတယ်သန့်ရှင်းရေးဝန်ထမ်း	hou te than. shin wun dam:
guardia (m) de seguridad	အစောင့်	asaun.
azafata (f)	လေယာဉ်မယ်	lei jan me
profesor (m) (~ de baile, etc.)	ဆရာ	hsa ja
bibliotecario (m)	စာကြည့်တိုက်ဝန်ထမ်း	sa gji. dai' wun dan:
traductor (m)	ဘာသာပြန်	ba dha bjan
intérprete (m)	စကားပြန်	zaga: bjan
guía (m)	လမ်းညွှန်	lan: hnjun
peluquero (m)	ဆံသဆရာ	hsan dha. zaja
cartero (m)	စာပို့သမား	sa bou. dhama:
vendedor (m)	ဆိုင်အရောင်းဝန်ထမ်း	hsain ajaun: wun dan:
jardinero (m)	ဥယျာဉ်မှူး	u. jin hmu:
servidor (m)	အိမ်စေအမှုထမ်း	ein zei ahmu. dan:
criada (f)	အိမ်စေအမျိုးသမီး	ein zei amjou: dhami:
mujer (f) de la limpieza	သန့်ရှင်းရေးသမ	than. shin: jei: dhama.

126. La profesión militar y los rangos

soldado (m) raso	တပ်သား	ta' tha:
sargento (m)	တပ်ကြပ်ကြီး	ta' kja' kji:
teniente (m)	ဗိုလ်	bou
capitán (m)	ဗိုလ်ကြီး	bou gji
mayor (m)	ဗိုလ်မှူး	bou hmu:
coronel (m)	ဗိုလ်မှူးကြီး	bou hmu: gji:
general (m)	ဗိုလ်ချုပ်	bou gjou'
mariscal (m)	ထိပ်တန်းအရာရှိ	htei' tan: aja shi.
almirante (m)	ရေတပ်ဗိုလ်ချုပ်ကြီး	jei da' bou chou' kji:
militar (m)	တပ်မတော်နှင့်ဆိုင်သော	ta' mado hnin. zain de.
soldado (m)	စစ်သား	si' tha:

oficial (m)	အရာရှိ	aja shi.
comandante (m)	ခေါင်းဆောင်	gaun: zaun
guardafronteras (m)	နယ်ခြားစောင့်	ne gja: zaun.
radio-operador (m)	ဆက်သွယ်ရေးတပ်သား	hse' thwe jei: da' tha:
explorador (m)	ကင်းထောက်	kin: dau'
zapador (m)	မိုင်းရှင်းသူ	main: shin: dhu
tirador (m)	လက်ဖြောင့်တပ်သား	le' hpaun. da' tha:
navegador (m)	လေကြောင်းပြ	lei gjaun: bja.

127. Los oficiales. Los sacerdotes

rey (m)	ဘုရင်	ba. jin
reina (f)	ဘုရင်မ	ba jin ma.
príncipe (m)	အိမ်ရှေ့မင်းသား	ein shei. min: dha:
princesa (f)	မင်းသမီး	min: dhami:
zar (m)	ဇာဘုရင်	za bou jin
zarina (f)	ဇာဘုရင်မ	za bou jin ma
presidente (m)	သမ္မတ	thamada.
ministro (m)	ဝန်ကြီး	wun: gji:
primer ministro (m)	ဝန်ကြီးချုပ်	wun: gji: gjou'
senador (m)	ဆီနိတ်လွှတ်တော်အမတ်	hsi nei' hlwa' do: ama'
diplomático (m)	သံတမန်	than taman.
cónsul (m)	ကောင်စစ်ဝန်	kaun si' wun
embajador (m)	သံအမတ်	than ama'
consejero (m)	ကောင်စီဝင်	kaun si wun
funcionario (m)	အမှုဆောင်အရာရှိ	ahmu. zaun aja shi.
prefecto (m)	သီးသန့်နယ်မြေ အုပ်ချုပ်ရေးမှူး	thi: dhan. ne mjei ou' chou' ei: hmu:
alcalde (m)	မြို့တော်ဝန်	mjou. do wun
juez (m)	တရားသူကြီး	taja: dhu gji:
fiscal (m)	အစိုးရရှေ့နေ	asou: ja shei. nei
misionero (m)	သာသနာပြုသူ	tha dha. na bju. dhu
monje (m)	ဘုန်းကြီး	hpoun: gji:
abad (m)	ကျောင်းထိုင်ဆရာတော်	kjaun: dain zaja do
rabino (m)	ဂျူးဘာသာရေးခေါင်းဆောင်	gju: ba dha jei: gaun: zaun:
visir (m)	မွတ်ဆလင်အမတ်	mu' hsa. lin ama'
sha (m)	ရှားဘုရင်	sha: bu. shin
jeque (m)	အာရပ်စော်ဘွား	a ra' so bwa:

128. Las profesiones agrícolas

apicultor (m)	ပျားမွေးသူ	pja: mwei: dhu
pastor (m)	သိုး၊နွားအုပ်ကျောင်းသူ	thou:/ nwa: ou' kjaun: dhu

agrónomo (m)	သီးနှံစိုက်ပျိုး ရေးပညာရှင်	thi: hnan zai' pjou: jei: pin nja shin
ganadero (m)	တိရစ္ဆာန်မျိုးဖောက်သူ	tharei' hsan mjou: hpau' thu
veterinario (m)	တိရစ္ဆာန်ဆရာဝန်	tharei' hsan zaja wun
granjero (m)	လယ်သမား	le dhama:
vinicultor (m)	ဝိုင်ဖောက်သူ	wain bau' thu
zoólogo (m)	သတ္တဗေဒပညာရှင်	tha' ta. bei da. pin nja shin
vaquero (m)	နွားကျောင်းသား	nwa: gjaun: dha:

129. Las profesiones artísticas

actor (m)	သရုပ်ဆောင်မင်းသား	thajou' hsaun min: dha:
actriz (f)	သရုပ်ဆောင်မင်းသမီး	thajou' hsaun min: dha:
cantante (m)	အဆိုတော်	ahsou do
cantante (f)	အဆိုတော်	ahsou do
bailarín (m)	အကဆရာ	aka. hsa. ja
bailarina (f)	အကဆရာမ	aka. hsa. ja ma
artista (m)	သရုပ်ဆောင်သူ	thajou' hsaun dhu
artista (f)	သရုပ်ဆောင်သူ	thajou' hsaun dhu
músico (m)	ဂီတပညာရှင်	gi ta. bjin nja shin
pianista (m)	စန္ဒရားဆရာ	san daja: zaja
guitarrista (m)	ဂစ်တာပညာရှင်	gi' ta bjin nja shin
director (m) de orquesta	ဂီတမှူး	gi ta. hmu
compositor (m)	တေးရေးဆရာ	tei: jei: hsaja
empresario (m)	ဇာတ်ဆရာ	za' hsaja
director (m) de cine	ရုပ်ရှင်ဒါရိုက်တာ	jou' shin da jai' ta
productor (m)	ထုတ်လုပ်သူ	htou' lou' thu
guionista (m)	ဇာတ်ညွှန်းဆရာ	za' hnjun: za ja
crítico (m)	ဝေဖန်သူ	wei ban dhu
escritor (m)	စာရေးဆရာ	sajei: zaja
poeta (m)	ကဗျာဆရာ	ka. bja zaja
escultor (m)	ပန်းပုဆရာ	babu hsaja
pintor (m)	ပန်းချီဆရာ	bagji zaja
malabarista (m)	လက်လှည့်ဆရာ	le' hli. za. ja.
payaso (m)	လူရွှင်တော်	lu shwin do
acróbata (m)	ကျွမ်းဘားပြသူ	kjwan: ba: bja dhu
ilusionista (m)	မျက်လှည့်ဆရာ	mje' hle. zaja

130. Profesiones diversas

médico (m)	ဆရာဝန်	hsa ja wun
enfermera (f)	သူနာပြု	thu na bju.
psiquiatra (m)	စိတ်ရောဂါအထူးကုဆရာဝန်	sei' jo: ga ahtu: gu. zaja wun

dentista (m)	သွားဆရာဝန်	thwa: hsaja wun
cirujano (m)	ခွဲစိတ်ကုဆရာဝန်	khwe: hsei' ku hsaja wun
astronauta (m)	အာကာသယာဉ်မှူး	akatha. jin hmu:
astrónomo (m)	နက္ခတ္တဗေဒပညာရှင်	ne' kha' ta. bei da. pji nja shin
piloto (m)	လေယာဉ်မှူး	lei jan hmu:
conductor (m) (chófer)	ယာဉ်မောင်း	jin maun:
maquinista (m)	ရထားမောင်းသူ	jatha: maun: dhu
mecánico (m)	စက်ပြင်ဆရာ	se' pjin zaja
minero (m)	သတ္တုတွင်း အလုပ်သမား	tha' tu. dwin: alou' thama:
obrero (m)	အလုပ်သမား	alou' dha ma:
cerrajero (m)	သော့ပြင်ဆရာ	tho. bjin zaja
carpintero (m)	ကျည်းပေါင်းခွေလက်သမား	kji: baun: gwei le' dha ma:
tornero (m)	တွင်ခုံအလုပ်သမား	twin goun alou' dhama:
albañil (m)	ဆောက်လုပ်ရေးအလုပ်သမား	hsau' lou' jei: alou' dha. ma:
soldador (m)	ဂဟေဆော်သူ	gahei hso dhu
profesor (m) (título)	ပါမောက္ခ	pamau' kha
arquitecto (m)	ဗိသုကာပညာရှင်	bi. thu. ka pjin nja shin
historiador (m)	သမိုင်းပညာရှင်	thamain: pin nja shin
científico (m)	သိပ္ပံပညာရှင်	thei' pan pin nja shin
físico (m)	ရူပဗေဒပညာရှင်	ju bei da. bin nja shin
químico (m)	ဓာတုဗေဒပညာရှင်	da tu. bei da. bjin nja shin
arqueólogo (m)	ရှေးဟောင်းသုတေသနပညာရှင်	shei: haun thu. dei dha. na. bji nja shin
geólogo (m)	ဘူမိဗေဒပညာရှင်	buu mi. bei da. bjin nja shin
investigador (m)	သုတေသနပညာရှင်	thu. tei thana pin nja shin
niñera (f)	ကလေးထိန်း	kalei: din:
pedagogo (m)	ဆရာ	hsa ja
redactor (m)	အယ်ဒီတာ	e di ta
redactor jefe (m)	အယ်ဒီတာချုပ်	e di ta chu'
corresponsal (m)	သတင်းထောက်	dhadin: dau'
mecanógrafa (f)	လက်နှိပ်စက်ရိုက်သူ	le' ni' se' jou' thu
diseñador (m)	ဒီဇိုင်နာ	di zain na
especialista (m) en ordenadores	ကွန်ပျူတာပညာရှင်	kun pju ta ba. nja shin
programador (m)	ပရိုဂရမ်မာ	pa. jou ga. jan ma
ingeniero (m)	အင်ဂျင်နီယာ	in gjin ni ja
marino (m)	သင်္ဘောသား	thin: bo: dha:
marinero (m)	သင်္ဘောသား	thin: bo: dha:
socorrista (m)	ကယ်ဆယ်သူ	ke ze dhu
bombero (m)	မီးသတ်သမား	mi: tha' dhama:
policía (m)	ရဲ	je:
vigilante (m) nocturno	အစောင့်	asaun.
detective (m)	စုံထောက်	soun dau'
aduanero (m)	အကောက်ခွန်အရာရှိ	akau' khun aja shi.
guardaespaldas (m)	သက်တော်စောင့်	the' to zaun.

guardia (m) de prisiones	ထောင်စောင့်	htaun zaun.
inspector (m)	ရဲအုပ်	je: ou'
deportista (m)	အားကစားသမား	a: gaza: dhama:
entrenador (m)	နည်းပြ	ne: bja.
carnicero (m)	သားသတ်သမား	tha: dha' thama:
zapatero (m)	ဖိနပ်ချုပ်သမား	hpana' chou' tha ma:
comerciante (m)	ကုန်သည်	koun de
cargador (m)	ကုန်ထမ်းသမား	koun din dhama:
diseñador (m) de modas	ဖက်ရှင်ဒီဇိုင်နာ	hpe' shin di zain na
modelo (f)	မော်ဒယ်	mo de

131. Los trabajos. El estatus social

escolar (m)	ကျောင်းသား	kjaun: dha:
estudiante (m)	ကျောင်းသား	kjaun: dha:
filósofo (m)	ဒဿနပညာရှင်	da' thana. pjin nja shin
economista (m)	ဘောဂဗေဒပညာရှင်	bo ga bei da ba nja shin
inventor (m)	တီထွင်သူ	ti htwin dhu
desempleado (m)	အလုပ်လက်မဲ့	alou' le' me.
jubilado (m)	အငြိမ်းစား	anjein: za:
espía (m)	သူလျှို	thu shou
prisionero (m)	ထောင်သား	htaun dha:
huelguista (m)	သပိတ်မှောက်သူ	thabei' hmau' thu
burócrata (m)	ဗျူရိုကရက်အရာရှိ	bju jou ka. je' aja shi.
viajero (m)	ခရီးသွား	khaji: thwa:
homosexual (m)	လိင်တူချင်းဆက်ဆံသူ	lein du cjin: ze' hsan dhu
hacker (m)	ဟက်ကာ	he' ka
hippie (m)	လူမှုဓလေ့များကို သွေဖယ်သူ	lu hmu. da. lei. mja: gou
bandido (m)	ဓားပြ	damja.
sicario (m)	လူသတ်သမား	lu dha' thama:
drogadicto (m)	ဆေးစွဲသူ	hsei: zwe: dhu
narcotraficante (m)	မူးယစ်ဆေးရောင်းဝယ်သူ	mu: ji' hsei: jaun we dhu
prostituta (f)	ပြည့်တန်ဆာ	pjei. dan za
chulo (m), proxeneta (m)	ဖာခေါင်း	hpa gaun:
brujo (m)	မှော်ဆရာ	hmo za. ja
bruja (f)	မှော်ဆရာမ	hmo za. ja ma.
pirata (m)	ပင်လယ်ဓားပြ	pin le da: bja.
esclavo (m)	ကျွန်	kjun
samurai (m)	ဆာမူရိုင်း	hsa mu jain:
salvaje (m)	လူရိုင်း	lu jain:

Los deportes

132. Tipos de deportes. Deportistas

deportista (m)	အားကစားသမား	a: gaza: dhama:
tipo (m) de deporte	အားကစားအမျိုးအစား	a: gaza: amjou: asa:
baloncesto (m)	ဘတ်စကတ်ဘော	ba' sa. ka' bo:
baloncestista (m)	ဘတ်စကတ်ဘောကစားသမား	ba' sa. ka' bo ka. za: dha ma:
béisbol (m)	ဘေ့စ်ဘောအားကစား	bei'. bo a: gaza
beisbolista (m)	ဘေ့စ်ဘောကစားသမား	bei'. bo a: gaza dha ma:
fútbol (m)	ဘောလုံးအားကစား	bo loun: a: gaza:
futbolista (m)	ဘောလုံးကစားသမား	bo loun: gaza: dhama:
portero (m)	ဂိုးသမား	gou: dha ma:
hockey (m)	ဟော်ကီ	hou ki
jugador (m) de hockey	ဟော်ကီကစားသမား	hou ki gaza: dha ma:
voleibol (m)	ဘော်လီဘောအားကစား	bo li bo: a: gaza:
voleibolista (m)	ဘောလီဘောကစားသမား	bo li bo: a: gaza: dhama:
boxeo (m)	လက်ဝှေ့	le' hwei.
boxeador (m)	လက်ဝှေ့သမား	le' hwei. dhama:
lucha (f)	နပမ်းကစားခြင်း	naban: gaza: gjin:
luchador (m)	နပမ်းသမား	naban: dhama:
kárate (m)	ကရာတေးအားကစား	ka. ra tei: a: gaza:
karateka (m)	ကရာတေးကစားသမား	ka. ra tei: a: gaza: ma:
judo (m)	ဂျူဒိုအားကစား	gju dou a: gaza:
judoka (m)	ဂျူဒိုကစားသမား	gju dou a: gaza: dhama:
tenis (m)	တင်းနစ်	tin: ni'
tenista (m)	တင်းနစ်ကစားသူ	tin: ni' gaza: dhu
natación (f)	ရေကူးအားကစား	jei ku: a: gaza:
nadador (m)	ရေကူးသူ	jei ku: dhu
esgrima (f)	ဓားရေးယှဉ်ပြိုင်ကစားခြင်း	da: jei: shin bjain ga. za: gjin
esgrimidor (m)	ဓားရေးယှဉ်ပြိုင်ကစားသူ	da: jei: shin bjain ga. za: dhu
ajedrez (m)	စစ်တုရင်	si' tu. jin
ajedrecista (m)	စစ်တုရင်ကစားသမား	si' tu. jin gaza: dhama:
alpinismo (m)	တောင်တက်ခြင်း	taun de' chin:
alpinista (m)	တောင်တက်သမား	taun de' thama:
carrera (f)	အပြေး	apjei:

corredor (m)	အပြေးသမား	apjei: dha. ma:
atletismo (m)	ပြေးခုန်ပစ်	pjei: goun bi'
atleta (m)	ပြေးခုန်ပစ်ကစားသူ	pjei: goun bi' gaza: dhu
deporte (m) hípico	မြင်းစီးခြင်း	mjin: zi: gjin:
jinete (m)	မြင်းစီးသူ	mjin: zi: dhu
patinaje (m) artístico	စကိတ်စီးကပြခြင်း	sakei' si: ga. bja. gjin:
patinador (m)	စကိတ်စီးကပြသူ	sakei' si: ga. bja. dhu
patinadora (f)	စကိတ်စီးကပြမယ်	sakei' si: ga. bja. me
levantamiento (m) de pesas	အလေးမ	a lei: ma
levantador (m) de pesas	အလေးမသူ	a lei: ma dhu
carreras (f pl) de coches	ကားမောင်းပြိုင်ခြင်း	ka: maun: bjein gjin:
piloto (m) de carreras	ပြိုင်ကားမောင်းသူ	pjain ga: maun: dhu
ciclismo (m)	စက်ဘီးစီးခြင်း	se' bi: zi: gjin
ciclista (m)	စက်ဘီးစီးသူ	se' bi: zi: dhu
salto (m) de longitud	အလျားခုန်	alja: khun
salto (m) con pértiga	တုတ်ထောက်ခုန်	tou' htau' khoun
saltador (m)	ခုန်သူ	khoun dhu

133. Tipos de deportes. Miscelánea

fútbol (m) americano	အမေရိကန်ဘောလုံး	amei ji kan dho: loun:
bádminton (m)	ကြက်တောင်	kje' daun
biatlón (m)	သေနတ်ပစ်	thei na' pi'
billar (m)	ဘိလိယက်	bi li je'
bobsleigh (m)	ပြိုင်စွတ်ဖား	pjain zwa' hpa:
culturismo (m)	ကာယဗလ	ka ja ba. la.
waterpolo (m)	ဝါတာပိုလို	wa ta pou lou
balonmano (m)	လက်ပစ်ဘောလုံးကစားနည်း	le' pi' bo: loun: gaza: ne:
golf (m)	ဂေါက်ရိုက်ခြင်း	gou' jai' chin:
remo (m)	လှေလှော်ခြင်း	hlei hlo gjin:
buceo (m)	ရေငုပ်ခြင်း	jei ngou' chin:
esquí (m) de fondo	နှင်းလျှောစကိတ်စီး ပြိုင်ပွဲ	hnin: sho: zakei' si: bjain bwe:
tenis (m) de mesa	စားပွဲတင်တင်းနစ်	sa: bwe: din din: ni'
vela (f)	ရွက်လွှင့်ခြင်း	jwe' hlwn. jgin:
rally (m)	ကားပြိုင်ခြင်း	ka: bjain gjin:
rugby (m)	ရတ်ဘီဘောလုံးအားကစား	re' bi bo: loun: a: gaza:
snowboarding (m)	နှင်းလျှောစကိတ်စီးခြင်း	hnin: sho: zakei' si: gjin:
tiro (m) con arco	မြားပစ်	hmja: bi'

134. El gimnasio

barra (f) de pesas	အလေးတန်း	a lei: din:
pesas (f pl)	ဒမ်ဘယ်အလေးတုန်း	dan be alei: doun:

aparato (m) de ejercicios	လေ့ကျင့်ခန်းပြုလုပ်ရန်စက်	lei. kjin. gan: pju. lou' jan ze'
bicicleta (f) estática	လေ့ကျင့်ခန်းစက်ဘီး	lei. kjin. gan: ze' bi:
cinta (f) de correr	ပြေးစက်	pjei: ze'
barra (f) fija	ဘားတန်း	ba: din:
barras (f pl) paralelas	ပြိုင်တန်း	pjain dan:
potro (m)	မြင်းခုံ	mjin: goun
colchoneta (f)	အားကစားဖျာ	a: gaza: bja
comba (f)	ကြိုး	kjou:
aeróbica (f)	အေရိုးဗစ်	e jou: bi'
yoga (m)	ယောဂ	jo: ga.

135. El hóckey

hockey (m)	ဟော်ကီ	hou ki
jugador (m) de hockey	ဟော်ကီကစားသမား	hou ki gaza: dha ma:
jugar al hockey	ဟော်ကီကစားသည်	hou ki gaza: de
hielo (m)	ရေခဲ	jei ge:
disco (m)	ရော်ဘာဒိုးပြား	jo ba dou: bja:
palo (m) de hockey	ဟော်ကီရိုက်တံ	hou ki jai' tan
patines (m pl)	ရေခဲပြင်စကိတ်	jei ge: bjin za. gei'
muro (m)	အကာပြား	aka pja:
tiro (m)	ရိုက်ချက်	jai' che'
portero (m)	ဂိုးသမား	gou: dha ma:
gol (m)	ဂိုး	gou:
marcar un gol	ဂိုးသွင်းသည်	gou: dhwin: de
periodo (m)	အပိုင်း	apain:
segundo periodo (m)	ဒုတိယပိုင်း	du. di. ja. bain:
banquillo (m) de reserva	အရွံ့ကစားသမား ထိုင်ခုံ	ajan ka. za: dha. ma: dain goun

136. El fútbol

fútbol (m)	ဘောလုံးအားကစား	bo loun: a: gaza:
futbolista (m)	ဘောလုံးကစားသမား	bo loun: gaza: dhama:
jugar al fútbol	ဘောလုံးကန်သည်	bo loun: gan de
liga (f) superior	မေဂျာလိဂ်	mei gja lei'
club (m) de fútbol	ဘောလုံးကလပ်	bo loun: kala'
entrenador (m)	နည်းပြ	ne: bja.
propietario (m)	ပိုင်ရှင်	pain shin
equipo (m)	အသင်း	athin:
capitán (m) del equipo	အသင်းခေါင်းဆောင်	ahin: gaun: zaun
jugador (m)	ကစားသမား	gaza: dhama:
reserva (m)	အရံကစားသမား	ajan ka. za: dha. ma:
delantero (m)	ရှေ့တန်း	shei. dan:

delantero (m) centro	ရှေ့တန်းအလယ်	shei. dan: ale
goleador (m)	အမှတ်မှတ်သူ	ahma' hma' thu
defensa (m)	နောက်တန်းကစားသမား	nau' tan: ka. za: dha. ma:
medio (m)	ကွင်းလယ်လူ	kwin: le dhu
match (m)	ပြိုင်ပွဲ	pjain bwe:
encontrarse (vr)	တွေ့ဆုံသည်	twei. hsoun de
final (f)	ဗိုလ်လုပွဲ	bou lu. bwe:
semifinal (f)	အကြိုဗိုလ်လုပွဲ	akjou bou lu. pwe:
campeonato (m)	တံခွန်စိုက်ပြိုင်ပွဲ	dagun zai' pjein bwe:
tiempo (m)	အချိန်	achein
primer tiempo (m)	ပထမပိုင်း	pahtama. bain:
descanso (m)	နားချိန်	na: gjein
puerta (f)	ဂိုးပေါက်	gou: bau'
portero (m)	ဂိုးသမား	gou: dha ma:
poste (m)	ဂိုးတိုင်	gou: dain
larguero (m)	ဂိုးဘားတန်း	gou: ba: dan
red (f)	ပိုက်	pai'
recibir un gol	ဂိုးလွတ်သွားသည်	gou: lu' thwa: de
balón (m)	ဘောလုံး	bo loun:
pase (m)	ပေးခြင်း	pei: gjin:
tiro (m)	ကစ်	ki'
lanzar un tiro	ကန်သည်	kan de
tiro (m) de castigo	ပြစ်ဒဏ်ဘော	pji' dan de.
saque (m) de esquina	ဒေါင့်ကန်ဘော	daun. gan bo:
ataque (m)	တိုက်စစ်	tai' si'
contraataque (m)	တန်ပြန်တိုက်စစ်	tan bjan dai' si'
combinación (f)	ပေါင်းစပ်ခြင်း	paun: za' chin:
árbitro (m)	ဒိုင်လူကြီး	dain dhu gji:
silbar (vi)	လေချွန်သည်	lei gjun de
silbato (m)	ခရာ	khaja
infracción (f)	ဖောင်းဘော	hpaun: bo:
cometer una infracción	ဖောင်းဘောဖြစ်သည်	hpaun: bo: hpji' te
expulsar del campo	ထုတ်သည်	htou' te
tarjeta (f) amarilla	အဝါကဒ်	awa ka'
tarjeta (f) roja	အနီကဒ်	ani ga'
descalificación (f)	ပိတ်ပင်ခြင်း	pei' pin gjin:
descalificar (vt)	ပိတ်ပင်သည်	pei' pin de
penalti (m)	ပန်နယ်တီ	pan ne ti
barrera (f)	ဝေါကာခြင်း	wo: ga gjin:
meter un gol	သွင်းသည်	thin: de
gol (m)	ဂိုး	gou:
marcar un gol	ဂိုးသွင်းသည်	gou: dhwin: de
reemplazo (m)	လူစားလဲခြင်း	lu za: le: gjin:
reemplazar (vt)	လူစားလဲသည်	lu za: le: de
reglas (f pl)	စည်းမျဉ်းစည်းကမ်း	si: mjin: si: kan:
táctica (f)	ဗျူဟာ	bju ha
estadio (m)	အားကစားရုံ	a: gaza: joun

gradería (f)	ပွဲကြည့်စင်	pwe: gje. zi'
hincha (m)	ပရိတ်သတ်	pa. rei' tha'
gritar (vi)	အော်သည်	o de
tablero (m)	ရလဒ်ပြဆိုင်းဘုတ်	jala' pja. zain: bou'
tanteo (m)	ရလဒ်	jala'
derrota (f)	အရှုံး	ashoun:
perder (vi)	ရှုံးသည်	shoun: de
empate (m)	သရေ	thajei
empatar (vi)	သရေကျသည်	tha. jei gja. de
victoria (f)	အောင်ပွဲ	aun bwe:
ganar (vi)	အောင်ပွဲခံသည်	aun bwe: khan de
campeón (m)	ချန်ပီယံ	chan pi jan
mejor (adj)	အကောင်းဆုံး	akaun zoun
felicitar (vt)	ဂုဏ်ပြုသည်	goun bju de
comentarista (m)	အစီရင်ခံသူ	asi jin gan dhu
comentar (vt)	အစီရင်ခံသည်	asi jin gan de
transmisión (f)	ထုတ်လွှင့်မှု	htou' hlwin. hmu.

137. El esquí

esquís (m pl)	နှင်းလျှောစီးစကိတ်	hnin: sho: zi: zakei'
esquiar (vi)	နှင်းလျှောစီးသည်	hnin: sho: zi: de
estación (f) de esquí	နှင်းလျှောစီးစခန်း	hnin: sho: zi: za. gan:
telesquí (m)	ရွေ့လျားစက်ခါးပတ်	jwei. lja: ze' kha: ba'
bastones (m pl)	နှင်းလျှောစီးတောက်တံ	hnin: sho: zi: dau' dan
cuesta (f)	တောင်စောင်း	taun zaun:
eslalon (m)	နှင်းလျှောစီးပြိုင်ပွဲ	hnin: sho: zi: bjein bwe:

138. El tenis. El golf

golf (m)	ဂေါက်ရိုက်ခြင်း	gou' jai' chin:
club (m) de golf	ဂေါက်အသင်း	go' athin:
jugador (m) de golf	ဂေါက်ရိုက်သမား	gou' jai' thama:
hoyo (m)	ဂေါက်ကျင်း	gou' kjin:
palo (m)	ဟော်ကီရိုက်တံ	hou ki jai' tan
carro (m) de golf	ဂေါက်ကွင်းကား	gou' kwin: ga:
tenis (m)	တင်းနစ်	tin: ni'
cancha (f) de tenis	တင်းနစ်ကစားကွင်း	tin: ni' gaza: kwin:
saque (m)	ပေးဘော	pei: bo:
sacar (servir)	ပေးသည်	pei: de
raqueta (f)	ရိုက်တံ	jai' tan
red (f)	ပိုက်	pai'
pelota (f)	ဘောလုံး	bo loun:

139. El ajedrez

ajedrez (m)	စစ်တုရင်	si' tu. jin
piezas (f pl)	စစ်တုရင်ရုပ်များ	si' tu. jin jou' mja:
ajedrecista (m)	စစ်တုရင်ကစားသမား	si' tu. jin gaza: dhama:
tablero (m) de ajedrez	စစ်တုရင်ခုံ	si' tu. jin goun
pieza (f)	စစ်တုရင်ရုပ်	si' tu. jin jou'
blancas (f pl)	အဖြူ	ahpju
negras (f pl)	အနက်	ane'
peón (m)	နယ်ရုပ်	ne jou'
alfil (m)	ဘုန်းကြီးရုပ်	hpoun: gji:
caballo (m)	မြင်းရုပ်	mjin: jou'
torre (f)	ရထားရုပ်	jatha: jou'
reina (f)	ဘုရင်မ	ba. jin ma.
rey (m)	ဘုရင်	ba. jin
jugada (f)	အကွက်	akwe'
jugar (mover una pieza)	အကွက်ရွှေ့သည်	akwe' shwei. de
sacrificar (vt)	စွန့်သည်	sun. de
enroque (m)	ရထားကွက်	jtha: kwe'
jaque (m)	ချက်ကွက်	che' kwe'
mate (m)	အပ်ကွက်	a' kwe'
torneo (m) de ajedrez	တံခွန်စိုက်စစ်တုရင်ပြိုင်ပွဲ	dagun zai' si' tu. jin bjein bwe:
gran maestro (m)	စစ်တုရင်ပဂေး	si' tu. jin bagei:
combinación (f)	ပေါင်းစပ်ခြင်း	paun: za' chin:
partida (f)	ဂိမ်း	gein:
damas (f pl)	ကျားထိုးခြင်း	kja: dou: gjin:

140. El boxeo

boxeo (m)	လက်ဝှေ့	le' hwei.
combate (m) (~ de boxeo)	တိုက်ခိုက်ခြင်း	tai' khai' chin:
pelea (f) de boxeo	လက်ဝှေ့ပွဲ	le' hwei. bwe:
asalto (m)	အကြိမ်	akjein
cuadrilátero (m)	ကြိုးဝိုင်း	kjou: wain:
campana (f)	မောင်း	maun:
golpe (m)	ထိုးချက်	htou: gje'
knockdown (m)	အလဲထိုးချက်	ale: htou: gje'
nocaut (m)	အမှောက်ထိုးချက်	ahmau' htou: gje'
noquear (vt)	အလဲထိုးသည်	ale: htou: de
guante (m) de boxeo	လက်အိတ်	lei' ei'
árbitro (m)	ဒိုင်	dain
peso (m) ligero	အငယ်တန်း	ange dan:
peso (m) medio	အလယ်တန်း	ale dan:
peso (m) pesado	အကြီးတန်း	akji: din:

141. Los deportes. Miscelánea

Juegos (m pl) Olímpicos	အိုလံပစ်အားကစားပွဲ	ou lan bi' a: gaza: bwe
vencedor (m)	အနိုင်ရသူ	anain ja. dhu
vencer (vi)	အနိုင်ရသည်	anain ja de
ganar (vi)	နိုင်သည်	nain de
líder (m)	ခေါင်းဆောင်	gaun: zaun
liderar (vt)	ဦးဆောင်သည်	u: zaun de
primer puesto (m)	ပထမဆု	pahtama. zu.
segundo puesto (m)	ဒုတိယဆို	du. di. ja. zou
tercer puesto (m)	တတိယဆု	tati. ja. zu.
medalla (f)	ဆုတံဆိပ်	hsu. dazei'
trofeo (m)	ဒိုင်းဆု	dain: zu.
copa (f) (trofeo)	ဆုဖလား	hsu. bala:
premio (m)	ဆု	hsu.
premio (m) principal	အဓိကဆု	adi. ka. zu.
record (m)	မှတ်တမ်း	hma' tan:
establecer un record	မှတ်တမ်းတင်သည်	hma' tan: din de
final (m)	ဗိုလ်လုပွဲ	bou lu. bwe:
de final (adj)	နောက်ဆုံးဖြစ်သော	nau' hsoun: bji' te.
campeón (m)	ချန်ပီယံ	chan pi jan
campeonato (m)	တံခွန်စိုက်ပြိုင်ပွဲ	dagun zai' pjein bwe:
estadio (m)	အားကစားရုံ	a: gaza: joun
gradería (f)	ပွဲကြည့်စင်	pwe: gje. zi'
hincha (m)	ပရိတ်သတ်	pa. rei' tha'
adversario (m)	ပြိုင်ဘက်	pjain be'
arrancadero (m)	စမှတ်	sahma'
línea (f) de meta	ဆုံးမှတ်	hsoun: hma'
derrota (f)	လက်လျှော့ခြင်း	le' sho. gjin:
perder (vi)	ရှုံးသည်	shoun: de
árbitro (m)	ဒိုင်လူကြီး	dain dhu gji:
jurado (m)	အကဲဖြတ်ဒိုင်လူကြီးအဖွဲ့	ake: hpja dain lu gji: ahpwe.
cuenta (f)	ရလဒ်	jala'
empate (m)	သရေ	thajei
empatar (vi)	သရေကျသည်	tha. jei gja. de
punto (m)	ရမှတ်	ja. hma'
resultado (m)	ရလဒ်	jala'
tiempo (m)	အပိုင်း	apain:
descanso (m)	ပွဲလယ်နားချိန်	pwe: le na: gjein
droga (f), doping (m)	ဆေးသုံးခြင်း	hsei: dhoun: gjin:
penalizar (vt)	ပြစ်ဒဏ်ပေးသည်	pji' dan bei: de
descalificar (vt)	ပိတ်ပင်သည်	pei' pin de
aparato (m)	တန်ဆာပလာ	tan za ba. la

jabalina (f)	လှံ	hlan
peso (m) (lanzamiento de ~)	သံလုံး	than loun:
bola (f) (billar, etc.)	ဘောလုံး	bo loun:
objetivo (m)	ချိန်သီး	chein dhi:
blanco (m)	ပစ်မှတ်	pi' hma'
tirar (vi)	ပစ်သည်	pi' te
preciso (~ disparo)	တိတိကျကျဖြစ်သော	ti. ti. kja. kja. hpji te.
entrenador (m)	နည်းပြ	ne: bja.
entrenar (vt)	လေ့ကျင့်ပေးသည်	lei. kjin. bei: de
entrenarse (vr)	လေ့ကျင့်သည်	lei. kjin. de
entrenamiento (m)	လေ့ကျင့်ခြင်း	lei. kjin. gjin
gimnasio (m)	အားကစားခန်းမ	a: gaza: gan: ma.
ejercicio (m)	လေ့ကျင့်ခန်း	lei. kjin. gan:
calentamiento (m)	သွေးပူလေ့ကျင့်ခန်း	thwei: bu lei. gjin. gan:

La educación

142. La escuela

escuela (f)	စာသင်ကျောင်း	sa dhin gjaun:
director (m) de escuela	ကျောင်းအုပ်ကြီး	ko: ou' kji:
alumno (m)	ကျောင်းသား	kjaun: dha:
alumna (f)	ကျောင်းသူ	kjaun: dhu
escolar (m)	ကျောင်းသား	kjaun: dha:
escolar (f)	ကျောင်းသူ	kjaun: dhu
enseñar (vt)	သင်ကြားသည်	thin kja: de
aprender (ingles, etc.)	သင်ယူသည်	thin ju de
aprender de memoria	အလွတ်ကျက်သည်	alu' kje' de
aprender (a leer, etc.)	သင်ယူသည်	thin ju de
estar en la escuela	ကျောင်းတက်သည်	kjaun: de' de
ir a la escuela	ကျောင်းသွားသည်	kjaun: dhwa: de
alfabeto (m)	အက္ခရာ	e' kha ja
materia (f)	ဘာသာရပ်	ba da ja'
aula (f)	စာသင်ခန်း	sa dhin gan:
lección (f)	သင်ခန်းစာ	thin gan: za
recreo (m)	အနားချိန်	ana: gjain
campana (f)	ခေါင်းလောင်းသံ	gaun: laun: dhan
pupitre (m)	စာရေးခုံ	sajei: khoun
pizarra (f)	ကျောက်သင်ပုန်း	kjau' thin boun:
nota (f)	အမှတ်	ahma'
buena nota (f)	အမှတ်အဆင့်မြင့်	ahma' ahsin. mjin.
mala nota (f)	အမှတ်အဆင့်နိမ့်	ahma' ahsin. nin.
poner una nota	အမှတ်ပေးသည်	ahma' pei: de
falta (f)	အမှား	ahma:
hacer faltas	အမှားလုပ်သည်	ahma: lou' te
corregir (un error)	အမှားပြင်သည်	ahma: pjin de
chuleta (f)	ခိုးကူးရန်စာ ရွက်အပိုင်းအစ	khou: gu: jan za jwe' apain: asa.
deberes (m pl) de casa	အိမ်စာ	ein za
ejercicio (m)	လေ့ကျင့်ခန်း	lei. kjin. gan:
estar presente	ရှိသည်	shi. de
estar ausente	ပျက်ကွက်သည်	pje' kwe' te
faltar a las clases	အတန်းပျက်ကွက်သည်	atan: bje' kwe' te
castigar (vt)	အပြစ်ပေးသည်	apja' pei: de
castigo (m)	အပြစ်ပေးခြင်း	apja' pei: gjin:

conducta (f)	အပြုအမူ	apju amu
libreta (f) de notas	စာမေးပွဲမှတ်တမ်း	sa mei: hma' tan:
lápiz (m)	ခဲတံ	khe: dan
goma (f) de borrar	ခဲဖျက်	khe: bje'
tiza (f)	မြေဖြူ	mjei bju
cartuchera (f)	ခဲတံဗူး	khe: dan bu:
mochila (f)	ကျောင်းသုံးလွယ်အိတ်	kjaun: dhoun: lwe ji'
bolígrafo (m)	ဘောပင်	bo pin
cuaderno (m)	လေ့ကျင့်ခန်းစာအုပ်	lei. kjin. gan: za ou'
manual (m)	ဖတ်စာအုပ်	hpa' sa au'
compás (m)	ထောက်ဆူး	htau' hsu:
trazar (vi, vt)	ပုံကြမ်းဆွဲသည်	poun: gjam: zwe: de
dibujo (m) técnico	နည်းပညာဆိုင်ရာပုံကြမ်း	ne bi nja zain ja boun gjan:
poema (m), poesía (f)	ကဗျာ	ka. bja
de memoria (adv)	အလွတ်	alu'
aprender de memoria	အလွတ်ကျက်သည်	alu' kje' de
vacaciones (f pl)	ကျောင်းပိတ်ရက်	kjaun: bi' je'
estar de vacaciones	အားလပ်ရက်ရသည်	a: la' je' ja. de
pasar las vacaciones	အားလပ်ရက်ဖြတ်သန်းသည်	a: la' je' hpja' than: de
prueba (f) escrita	အခန်းဆုံးစစ်ဆေးမှု	akhan: zain zi' hsei: hmu
composición (f)	စာစီစာကုံး	sa zi za koun:
dictado (m)	သတ်ပုံခေါ် ပေးခြင်း	tha' poun go bei: gjin:
examen (m)	စာမေးပွဲ	sa mei: bwe:
hacer un examen	စာမေးပွဲဖြေသည်	sa mei: bwe: bjei de
experimento (m)	လက်တွေ့လုပ်ဆောင်မှု	le' twei. lou' zaun hma.

143. Los institutos. La Universidad

academia (f)	အထူးပညာသင်ကျောင်း	a htu: bjin nja dhin kjaun:
universidad (f)	တက္ကသိုလ်	te' kathou
facultad (f)	ဌာန	hta. na.
estudiante (m)	ကျောင်းသား	kjaun: dha:
estudiante (f)	ကျောင်းသူ	kjaun: dhu
profesor (m)	သင်ကြားပို့ချသူ	thin kja: bou. gja. dhu
aula (f)	စာသင်ခန်း	sa dhin gan:
graduado (m)	ဘွဲ့ရသူ	bwe. ja. dhu
diploma (m)	ဒီပလိုမာ	di' lou ma
tesis (f) de grado	သုတေသနစာတမ်း	thu. tei thana za dan:
estudio (m)	သုတေသနစာတမ်း	thu. tei thana za dan
laboratorio (m)	လက်တွေ့ခန်း	le' twei. gan:
clase (f)	သင်ကြားပို့ချမှု	thin kja: bou. gja. hmu.
compañero (m) de curso	အတန်းဖော်	atan: hpo
beca (f)	ပညာသင်ဆု	pjin nja dhin zu.
grado (m) académico	တက္ကသိုလ်ဘွဲ့	te' kathou bwe.

144. Las ciencias. Las disciplinas

matemáticas (f pl)	သင်္ချာ	thin cha
álgebra (f)	အက္ခရာသင်္ချာ	e' kha ja din gja
geometría (f)	ဂျီသြမေတြီ	gji o: mei tri
astronomía (f)	နက္ခတ္တဗေဒ	ne' kha' ta. bei da.
biología (f)	ဇီဝဗေဒ	zi: wa bei da.
geografía (f)	ပထဝီဝင်	pahtawi win
geología (f)	ဘူမိဗေဒ	buu mi. bei da.
historia (f)	သမိုင်း	thamain:
medicina (f)	ဆေးပညာ	hsei: pjin nja
pedagogía (f)	သင်ကြားနည်းပညာ	thin kja: nei: pin nja
derecho (m)	ဥပဒေဘာသာရပ်	u. ba. bei ba dha ja'
física (f)	ရူပဗေဒ	ju bei da.
química (f)	ဓာတုဗေဒ	da tu. bei da.
filosofía (f)	ဒဿနိကဗေဒ	da' tha ni. ga. bei da.
psicología (f)	စိတ်ပညာ	sei' pjin nja

145. Los sistemas de escritura. La ortografía

gramática (f)	သဒ္ဒါ	dhada
vocabulario (m)	ဝေါဟာရ	wo: ha ra.
fonética (f)	သဒ္ဒဗေဒ	dhada. bei da.
sustantivo (m)	နာမ်	nan
adjetivo (m)	နာမဝိသေသန	nan wi. dhei dha. na.
verbo (m)	ကြိယာ	kji ja
adverbio (m)	ကြိယာဝိသေသန	kja ja wi. dhei dha. na.
pronombre (m)	နာမ်စား	nan za:
interjección (f)	အာမေဍိတ်	a mei dei'
preposición (f)	ဝိဘတ်	wi ba'
raíz (f), radical (m)	ဝေါဟာရရင်းမြစ်	wo: ha ra. jin: mji'
desinencia (f)	အဆုံးသတ်	ahsoun: tha'
prefijo (m)	ရှေ့ဆက်ပုဒ်	shei. hse' pou'
sílaba (f)	ဝဏ္ဏ	wun na.
sufijo (m)	နောက်ဆက်ပုဒ်	nau' ze' pou'
acento (m)	ဖိသံသင်္ကေတ	hpi. dhan dha. gei da.
apóstrofo (m)	ပိုင်ဆိုင်ခြင်းပြသင်္ကေတ	pain zain bjin: bja tin kei ta.
punto (m)	ဖူးလ်စတော့ပ်	hpu: l za. po. p
coma (m)	ပုဒ်ထီး သင်္ကေတ	pou' hti: tin kei ta.
punto y coma	အဖြတ်အရပ်သင်္ကေတ	a hpja' aja' tha ngei da
dos puntos (m pl)	ကိုလန်	kou lan
puntos (m pl) suspensivos	စာချန်ပြအမှတ်အသား	sa gjan bja ahma' atha:
signo (m) de interrogación	မေးခွန်းပြအမှတ်အသား	mei: gun: bja. ahma' adha:
signo (m) de admiración	အာမေဍိတ်အမှတ်အသား	a mei dei' ahma' atha:

comillas (f pl)	မျက်တောင်အဖွင့်အပိတ်	mje' taun ahpwin. apei'
entre comillas	မျက်တောင်အဖွင့်အပိတ်-အတွင်း	mje' taun ahpwin. apei' atwin:
paréntesis (m)	ကွင်း	kwin:
entre paréntesis	ကွင်းအတွင်း	kwin: atwin:
guión (m)	တုံးတို	toun: dou
raya (f)	တုံးရှည်	toun: she
blanco (m)	ကွက်လပ်	kwe' la'
letra (f)	စာလုံး	sa loun:
letra (f) mayúscula	စာလုံးကြီး	sa loun: gji:
vocal (f)	သရ	thara.
consonante (m)	ဗျည်း	bjin:
oración (f)	ဝါကျ	we' kja.
sujeto (m)	ကံ	kan
predicado (m)	ဝါစက	wa saka.
línea (f)	မျဉ်းကြောင်း	mjin: gjaun:
en una nueva línea	မျဉ်းကြောင်းအသစ်ပေါ်မှာ	mjin: gjaun: athi' bo hma.
párrafo (m)	စာပိုဒ်	sa pai'
palabra (f)	စကားလုံး	zaga: loun:
combinación (f) de palabras	စကားစု	zaga: zu.
expresión (f)	ဖော်ပြချက်	hpjo bja. gje'
sinónimo (m)	အနက်တူ	ane' tu
antónimo (m)	ဆန့်ကျင်ဘက်အနက်	hsan. gjin ba' ana'
regla (f)	စည်းမျဉ်းစည်းကမ်း	si: mjin: si: kan:
excepción (f)	ခြွင်းချက်	chwin: gje'
correcto (adj)	မှန်ကန်သော	hman gan de.
conjugación (f)	ကြိယာပုံစံပြောင်းခြင်း	kji ja boun zan pjaun: chin:
declinación (f)	သဒ္ဒါပြောင်းလဲပုံ	dhada bjaun: le: boun
caso (m)	နာမ်ပြောင်းပုံစံ	nan bjaun: boun zan
pregunta (f)	မေးခွန်း	mei: gun:
subrayar (vt)	အလေးထားဖော်ပြသည်	a lei: da: hpo pja. de
línea (f) de puntos	အစက်မျဉ်း	ase' mjin:

146. Los idiomas extranjeros

lengua (f)	ဘာသာစကား	ba dha zaga:
extranjero (adj)	နိုင်ငံခြားနှင့်ဆိုင်သော	nain ngan gja: hnin. zain de.
lengua (f) extranjera	နိုင်ငံခြားဘာသာစကား	nain ngan gja: ba dha za ga:
estudiar (vt)	သင်ယူလေ့လာသည်	thin ju lei. la de
aprender (ingles, etc.)	သင်ယူသည်	thin ju de
leer (vi, vt)	ဖတ်သည်	hpa' te
hablar (vi, vt)	ပြောသည်	pjo: de
comprender (vt)	နားလည်သည်	na: le de
escribir (vt)	ရေးသည်	jei: de
rápidamente (adv)	မြန်မြန်	mjan mjan
lentamente (adv)	ဖြည်းဖြည်း	hpjei: bjei:

con fluidez (adv)	ကျွမ်းကျွမ်းကျင်ကျင်	kjwan: gjwan: gjin gjin
reglas (f pl)	စည်းမျဉ်းစည်းကမ်း	si: mjin: si: kan:
gramática (f)	သဒ္ဒါ	dhada
vocabulario (m)	ဝေါဟာရ	wo: ha ra.
fonética (f)	သဒ္ဒဗေဒ	dhada. bei da.
manual (m)	ဖတ်စာအုပ်	hpa' sa au'
diccionario (m)	အဘိဓာန်	abi. dan
manual (m) autodidáctico	မိမိဘာသာလေ့ လာနိုင်သောစာအုပ်	mi. mi. ba dha lei. la nain dho: za ou'
guía (f) de conversación	နှစ်ဘာသာစကားပြောစာအုပ်	hni' ba dha zaga: bjo: za ou'
casete (m)	တိပ်ခွေ	tei' khwei
videocasete (f)	ရုပ်ရှင်တိပ်ခွေ	jou' shin dei' hpwei
disco compacto, CD (m)	စီဒီခွေ	si di gwei
DVD (m)	ဒီဗီဒီခွေ	di bi di gwei
alfabeto (m)	အက္ခရာ	e' kha ja
deletrear (vt)	စာလုံးပေါင်းသည်	sa loun: baun: de
pronunciación (f)	အသံထွက်	athan dwe'
acento (m)	ဝဲသံ	we: dhan
con acento	ဝဲသံနှင့်	we: dhan hnin.
sin acento	ဝဲသံမပါဘဲ	we: dhan ma. ba be:
palabra (f)	စကားလုံး	zaga: loun:
significado (m)	အဓိပ္ပါယ်	adei' be
cursos (m pl)	သင်တန်း	thin dan:
inscribirse (vr)	စာရင်းသွင်းသည်	sajin: dhwin: de
profesor (m) (~ de inglés)	ဆရာ	hsa ja
traducción (f) (proceso)	ဘာသာပြန်ခြင်း	ba dha bjan gjin:
traducción (f) (texto)	ဘာသာပြန်ထားချက်	ba dha bjan da: gje'
traductor (m)	ဘာသာပြန်	ba dha bjan
intérprete (m)	စကားပြန်	zaga: bjan
políglota (m)	ဘာသာစကားအများ ပြောနိုင်သူ	ba dha zaga: amja: bjo: nain dhu
memoria (f)	မှတ်ဉာဏ်	hma' njan

147. Los personajes de los cuentos de hadas

Papá Noel (m)	ခရစ္စမတ်ဘိုးဘိုး	khari' sa. ma' bou: bou:
Cenicienta (f)	စင်ဒရဲလား	sin da. je: la:
sirena (f)	ရေသူမ	jei dhu ma.
Neptuno (m)	နက်ပကျွန်း	ne' pa. gjun:
mago (m)	မှော်ဆရာ	hmo za. ja
maga (f)	မှော်ဆရာမ	hmo za. ja ma.
mágico (adj)	မှော်ပညာ	hmo ba. nja
varita (f) mágica	မှော်တုတ်တံ	hmjo dou' dan
cuento (m) de hadas	ကလေးပုံပြင်	ka. lei: boun bjin
milagro (m)	အံ့ဖွယ်	an. hpwe

enano (m)	လူပုကလေး	u bu. ga. lei:
transformarse en ...	ပြောင်းလဲပေးသည်	pjaun: le: bei: de
espíritu (m) (fantasma)	သရဲ	thaje:
fantasma (m)	တစ္ဆေ	tahsei
monstruo (m)	ကြောက်မက်ဖွယ်ဧ ရာမသတ္တဝါ	kjau' ma' hpwe ei ja ma. dha' ta wa
dragón (m)	နဂါး	na. ga:
gigante (m)	ဘီလူး	bi lu:

148. Los signos de zodiaco

Aries (m)	မိဿရာသီ	mi. dha ja dhi
Tauro (m)	ပြိဿရာသီ	pjei tha. jadhi
Géminis (m pl)	မေထုန်ရာသီ	mei doun ja dhi
Cáncer (m)	ကရကဋ်ရာသီ	ka. ja. ka' ja dhi
Leo (m)	သိဟ်ရာသီ	thei' ja dhi
Virgo (m)	ကန်ရာသီ	kan ja dhi
Libra (f)	တူရာသီ	tu ja dhi
Escorpio (m)	ဗြိစ္ဆာရာသီ	bjei' hsa. jadhi
Sagitario (m)	ဓနုရာသီ	dan ja dhi
Capricornio (m)	မကာရ်ရာသီဖွား	ma. ga. j ja dhi bwa:
Acuario (m)	ကုံရာသီဖွား	koun ja dhi hpwa:
Piscis (m pl)	မိန်ရာသီဖွား	mein ja dhi bwa:
carácter (m)	စရိုက် လက္ခဏာ	zajai' le' khana
rasgos (m pl) de carácter	ဉာဉ်	njin
conducta (f)	အပြုအမူ	apju amu
decir la buenaventura	အနာဂါတ်ဟာကိန်းထုတ်သည်	ana ga' ha gin: htou' te
adivinadora (f)	အနာဂါတ်ဟောကိန်းထုတ်သူ	ana ga' ha gin: htou' thu
horóscopo (m)	ဇာတာ	za da

El arte

149. El teatro

teatro (m)	ကဇာတ်ရုံ	ka. za' joun
ópera (f)	အော်ပရာဇာတ်ရုံ	o pa ra za' joun
opereta (f)	ပျော်ရွှင်ဖွယ် ကဇတ်တို	pjo shin bwe: gaza' tou
ballet (m)	ဘဲလေးကဇာတ်	be: lei: ga za'

cartelera (f)	ပြဇာတ်ရုံပိုစတာ	pja. za' joun bou zada
compañía (f) de teatro	ဝိုင်းတော်သား	wain: do dha:
gira (f) artística	လှည့်လည်ကပြဖျော်ဖြေခြင်း	hle. le ga. bja bjo bjei gjin:
hacer una gira artística	လှည့်လည်ကပြဖျော်ဖြေသည်	hle. le ga. bja bjo bjei de
ensayar (vi, vt)	ဇာတ်တိုက်သည်	za' tou' te
ensayo (m)	အစမ်းလေ့ကျင့်မှု	asan: lei. kjin. hmu.
repertorio (m)	တင်ဆက်မှု	tin ze' hmu.

representación (f)	ဖျော်ဖြေတင်ဆက်မှု	hpjo bjei din ze' hmu.
espectáculo (m)	ဖျော်ဖြေမှု	hpjo bjei hmu.
pieza (f) de teatro	ဇာတ်လမ်း	za' lan

billet (m)	လက်မှတ်	le' hma'
taquilla (f)	လက်မှတ်အရောင်းဌာန	le' hma' ajaun: hta. na.
vestíbulo (m)	ဧည့်သည်ဆောင်	e. dhe zaun
guardarropa (f)	ကုတ်နှင့်အိတ်အပ်နှံခန်း	kou' hnin. i' a' hnan khan:
ficha (f) de guardarropa	နံပါတ်ပြား	nan ba' pja:
gemelos (m pl)	နှစ်လုံးပြူးမှန်ပြောင်း	hni' loun: bju: hman bjaun:
acomodador (m)	ဧည့်ကြို	e. gjou

patio (m) de butacas	ဇာတ်စင်ထိုင်ခုံ	za' sin dain guan
balconcillo (m)	လသာဆောင်	la. dha zaun
entresuelo (m)	ပထမထပ်ပွဲကြည့်ဆောင်	pahtama. da' bwe: gje. zaun
palco (m)	လက်မှတ်ရောင်းသည့်နေရာ	le' hma' jaun: dhi. nei ja
fila (f)	အတန်း	atan:
asiento (m)	နေရာ	nei ja

público (m)	ပရိတ်သတ်အစုအဝေး	pa. rei' tha' asu. awei:
espectador (m)	ပရိတ်သတ်	pa. rei' tha'
aplaudir (vi, vt)	လက်ခုပ်တီးသည်	le' khou' ti: de
aplausos (m pl)	လက်ခုပ်သြဘာသံ	le' khou' thja ba dhan
ovación (f)	သြဘာပေးခြင်း	thja dha bei: gjin:

escenario (m)	စင်	sin
telón (m)	လိုက်ကာ	lai' ka
decoración (f)	နောက်ခံကားချပ်	nau' khan gan ga: gja'
bastidores (m pl)	ဇာတ်စင်နောက်	za' sin nau'

escena (f)	တကယ့်ဖြစ်ရပ်	dage. bji ja'
acto (m)	သရုပ်ဆောင်	thajou' hsaun
entreacto (m)	ကြားကာလ	ka: ga la.

150. El cine

actor (m)	မင်းသား	min: dha:
actriz (f)	မင်းသမီး	min: dhami:
cine (m) (industria)	ရုပ်ရှင်လုပ်ငန်း	jou' shin lou' ngan:
película (f)	ရုပ်ရှင်ကား	jou' shin ga:
episodio (m)	ဇာတ်ခန်းတစ်ခန်း	za' khan: ti' khan:
película (f) policíaca	စုံထောက်ဇာတ်လမ်း	soun dau' za' lan:
película (f) de acción	အက်ရှင်ဇာတ်လမ်း	e' shin za' lan:
película (f) de aventura	စွန့်စားခန်းဇာတ်လမ်း	sun. za: gan: za' lan:
película (f) de ciencia ficción	သိပ္ပံစိတ်ကူးယဉ်ဇာတ်လမ်း	thei' pan zei' ku: jin za' lan:
película (f) de horror	ထိတ်လန့်ဖွယ်ရုပ်ရှင်	htei' lan. bwe jou' jou'
película (f) cómica	ဟာသရုပ်ရှင်	ha dha. jou' jou'
melodrama (m)	အပြင်းစားဒရာမာ	apjin: za: da. ja ma
drama (m)	အလွမ်းဇာတ်လမ်း	alwan: za' lan:
película (f) de ficción	စိတ်ကူးယဉ်ဇာတ်လမ်း	sei' ku: jin za' lan:
documental (m)	မှတ်တမ်းရုပ်ရှင်	hma' tan: jou' shin
dibujos (m pl) animados	ကာတွန်းဇာတ်လမ်း	ka tun: za' lan:
cine (m) mudo	အသံတိတ်ရုပ်ရှင်	athan dei' jou' shin
papel (m)	အခန်းကဏ္ဍ	akhan: gan da.
papel (m) principal	အဓိကအခန်းကဏ္ဍ	adi. ka. akhan: kan da
interpretar (vt)	သရုပ်ဆောင်သည်	thajou' hsaun de
estrella (f) de cine	ရုပ်ရှင်စတား	jou' shin za. da:
conocido (adj)	နာမည်ကြီးသော	na me gji: de.
famoso (adj)	ကျော်ကြားသော	kjo kja: de.
popular (adj)	လူကြိုက်များသော	lu gjou' mja: de.
guión (m) de cine	ဇာတ်ညွှန်း	za' hnjun:
guionista (m)	ဇာတ်ညွှန်းဆရာ	za' hnjun: za ja
director (m) de cine	ရုပ်ရှင်ဒါရိုက်တာ	jou' shin da jai' ta
productor (m)	ထုတ်လုပ်သူ	htou' lou' thu
asistente (m)	လက်ထောက်	le' htau'
operador (m) de cámara	ကင်မရာမန်း	kin ma. ja man:
doble (m) de riesgo	စတန့်သမား	satan. dhama:
doble (m)	ပုံစံတူ	poun zan du
filmar una película	ရုပ်ရှင်ရိုက်သည်	jou' shin jai' te
audición (f)	စမ်းသပ်ကြည့်ရှုခြင်း	san: dha' chi. shu. gjin:
rodaje (m)	ရိုက်ကွင်း	jai' kwin:
equipo (m) de rodaje	ရုပ်ရှင်အဖွဲ့	jou' shin ahpwe.
plató (m) de rodaje	ဇာတ်အိမ်	za' ein
cámara (f)	ကင်မရာ	kin ma. ja
cine (m) (iremos al ~)	ရုပ်ရှင်ရုံ	jou' shin joun
pantalla (f)	ပိတ်ကား	pei' ka:
mostrar la película	ရုပ်ရှင်ပြသည်	jou' shin bja. de
pista (f) sonora	အသံသွင်းတိပ်ခွေ	athan dhwin: di' khwei
efectos (m pl) especiales	အထူးပြုလုပ်ချက်များ	a htu: bju. lou' che' mja:

subtítulos (m pl)	စာတန်းထိုး	sa dan: dou:
créditos (m pl)	ပါဝင်သူများအမည်စာရင်း	pa win dhu mja: ame zajin:
traducción (f)	ဘာသာပြန်	ba dha bjan

151. La pintura

arte (m)	အနုပညာ	anu. pjin nja
bellas artes (f pl)	သုခုမအနုပညာ	thu. khu. ma. anu. pin nja
galería (f) de arte	အနုပညာပြခန်း	anu. pjin pja. gan:
exposición (f) de arte	ပြပွဲ	pja. bwe:
pintura (f) (tipo de arte)	ပန်းချီကား	bagji ga:
gráfica (f)	ပုံဆွဲခြင်းအနုပညာ	poun zwe: gjin: anu pjin nja
abstraccionismo (m)	စိတ္တဇပန်းချီဆွဲခြင်း	sei' daza. ban: gji zwe: gjin:
impresionismo (m)	အရောင်အလင်းဖြင့်ပန်းချီဆွဲခြင်း	ajaun alin: bjin. ban: gji zwe: gjin:
pintura (f) (cuadro)	ပန်းချီကား	bagji ga:
dibujo (m)	ရုပ်ပုံကားချပ်	jou' poun ga: gja'
pancarta (f)	ပိုစတာ	pou sata
ilustración (f)	ရုပ်ပုံထည့်သွင်းဖော်ပြခြင်း	jou' poun di. dwin: bo bja. gjin:
miniatura (f)	ပုံစံအသေးစား	poun zan athei: za:
copia (f)	မိတ္တူ	mi' tu
reproducción (f)	ပုံတူပန်းချီ	poun du ban: gji
mosaico (m)	မှန်စီရွှေချပန်းချီ	hman zi shwei gja ban: gji
vitral (m)	မှန်ရောင်စုံပြတင်းပေါက်	hman jaun zoun bja. din: bau'
fresco (m)	နံရံဆေးရေးပန်းချီ	nan jan zei: jei: ban: gji
grabado (m)	ပုံထွင်းပညာ	poun dwin: pjin nja
busto (m)	ကိုယ်တစ်ပိုင်းပုံရုပ်လုံး	kou ti' pain: boun jou' loun:
escultura (f)	ကျောက်ဆစ်ရုပ်	kjau' hsi' jou'
estatua (f)	ရုပ်တု	jou' tu.
yeso (m)	အင်္ဂတေ	angga. dei
en yeso (adj)	အင်္ဂတေဖြင့်	angga. dei hpjin.
retrato (m)	ပုံတူ	poun du
autorretrato (m)	ကိုယ်တိုင်ရေးပုံတူ	kou tain jou: boun dhu
paisaje (m)	ရှုခင်းပုံ	shu. gin: boun
naturaleza (f) muerta	သက်မဲ့ဝတ္ထုပုံ	the' me. wu' htu boun
caricatura (f)	ရုပ်ပြောင်	jou' pjaun
boceto (m)	ပုံကြမ်း	poun gjan:
pintura (f) (material)	သုတ်ဆေး	thou' hsei:
acuarela (f)	ရေဆေးပန်းချီ	jei zei: ban: gji
óleo (m)	ဆီ	hsi
lápiz (m)	ခဲတံ	khe: dan
tinta (f) china	အိန္ဒိယမင်	indi. ja hmin
carboncillo (m)	မီးသွေး	mi: dhwei:
dibujar (vi, vt)	ပုံဆွဲသည်	poun zwe: de
pintar (vi, vt)	အရောင်ချယ်သည်	ajaun gje de

posar (vi)	ကိုယ်ဟန်ပြသည်	kou han pja de
modelo (m)	ပန်းချီမော်ဒယ်	bagji mo de
modelo (f)	ပန်းချီမော်ဒယ်မိန်းကလေး	bagji mo de mein: ga. lei:
pintor (m)	ပန်းချီဆရာ	bagji zaja
obra (f) de arte	အနုပညာလက်ရာ	anu. pjin nja le' ja
obra (f) maestra	အပြောင်မြောက်ဆုံးလက်ရာ	apjaun mjau' hsoun: le' ja
estudio (m) (de un artista)	အလုပ်ခန်း	alou' khan:
lienzo (m)	ပန်းချီဆွဲရန်ပတ္တူစ	bagji zwe: jan: ba' tu za.
caballete (m)	ဒေါက်တိုင်	dau' tain
paleta (f)	ပန်းချီဆေးစပ်သည့်ပြား	bagji hsei: za' thi. bja:
marco (m)	ဘောင်	baun
restauración (f)	နဂိုအတိုင်းပြန်လည်မွမ်းမံခြင်း	na. gou atain: bjan le mun: man gjin:
restaurar (vt)	ပြန်လည်မွမ်းမံသည်	pjan le mwan: man de

152. La literatura y la poesía

literatura (f)	စာပေ	sa pei
autor (m) (escritor)	စာရေးသူ	sajei: dhu
seudónimo (m)	ကလောင်အမည်	kalaun amji
libro (m)	စာအုပ်	sa ou'
tomo (m)	ထုထည်	du. de
tabla (f) de contenidos	မာတိကာ	ma di. ga
página (f)	စာမျက်နှာ	sa mje' hna
héroe (m) principal	အဓိကဇာတ်ဆောင်	adi. ka. za' hsaun
autógrafo (m)	အမှတ်တရလက်မှတ်	ahma' ta ra le' hma'
relato (m) corto	ပုံပြင်	pjoun bjin
cuento (m)	ဝတ္ထုဇာတ်လမ်း	wu' htu. za' lan:
novela (f)	ဝတ္ထု	wu' htu.
obra (f) literaria	လက်ရာ	le' ja
fábula (f)	ဒဏ္ဍာရီ	dan da ji
novela (f) policíaca	စုံထောက်ဇာတ်လမ်း	soun dau' za' lan:
verso (m)	ကဗျာ	ka. bja
poesía (f)	လင်္ကာ	lin ga
poema (m)	ကဗျာ	ka. bja
poeta (m)	ကဗျာဆရာ	ka. bja zaja
bellas letras (f pl)	စိတ်ကူးယဉ်ဇာတ်လမ်း	sei' ku: jin za' lan:
ciencia ficción (f)	သိပ္ပံဇာတ်လမ်း	thei' pan za' lan:
aventuras (f pl)	စွန့်စားခန်းဇာတ်လမ်း	sun. za: gan: za' lan:
literatura (f) didáctica	ပညာပေးဇာတ်လမ်း	pjin nja bei: za' lan:
literatura (f) infantil	ကလေးဆိုင်ရာစာပေ	kalei: hsin ja za bei

153. El circo

circo (m)	ဆပ်ကပ်	hsa' ka'
circo (m) ambulante	နယ်လှည့်ဆပ်ကပ်အဖွဲ့	ne hle. za' ka' ahpwe:

programa (m)	အစီအစဉ်	asi asin
representación (f)	ဖျော်ဖြေတင်ဆက်မှု	hpjo bjei din ze' hmu.
número (m)	ဖျော်ဖြေတင်ဆက်မှု	hpjo bjei din ze' hmu.
arena (f)	အစီအစဉ်တင်ဆက်ရာနေရာ	asi asin din ze' ja nei ja
pantomima (f)	ဇာတ်လမ်းသရုပ်ဖော်	za' lan: dha jou' hpo
payaso (m)	လူရွှင်တော်	lu shwin do
acróbata (m)	ကျွမ်းဘားပြသူ	kjwan: ba: bja dhu
acrobacia (f)	ကျွမ်းဘားပြခြင်း	kjwan: ba: bja gjin:
gimnasta (m)	ကျွမ်းဘားသမား	kjwan: ba: dhama:
gimnasia (f) acrobática	ကျွမ်းဘားအားကစား	kjwan: ba: a: gaza:
salto (m)	ကျွမ်းပစ်ခြင်း	kjwan: bi' chin:
forzudo (m)	လူသန်ကြီး	lu dhan gji:
domador (m)	ယဉ်လာအောင်လေ့ကျင့်ပေးသူ	jin la aun lei. gjin. bei: dhu
caballista (m)	မြင်းစီးသူ	mjin: zi: dhu
asistente (m)	လက်ထောက်	le' htau'
truco (m)	စတန့်	satan.
truco (m) de magia	မှော်ဆန်သောလှည့်ကွက်	hmo zan dho hle. gwe'
ilusionista (m)	မျက်လှည့်ဆရာ	mje' hle. zaja
malabarista (m)	လက်လှည့်ဆရာ	le' hli. za. ja.
malabarear (vt)	လက်လှည့်ပြသည်	le' hli. bja. de
amaestrador (m)	တိရစ္ဆာန်သင်ကြားပေးသူ	tharei' hsan dhin gja: bei: dhu
amaestramiento (m)	တိရစ္ဆာများကို လေ့ကျင့်ပေးခြင်း	tharei' hsan mja: gou: lei. gjin. bei: gjin:
amaestrar (vt)	လေ့ကျင့်ပေးသည်	lei. kjin. bei: de

154. La música. La música popular

música (f)	ဂီတ	gi ta.
músico (m)	ဂီတပညာရှင်	gi ta. bjin nja shin
instrumento (m) musical	တူရိယာ	tu ji. ja
tocar ...	တီးသည်	ti: de
guitarra (f)	ဂီတာ	gi ta
violín (m)	တယော	ta jo:
violonchelo (m)	စီလိုတယောကြီး	si lou tajo: gji:
contrabajo (m)	ဘေ့စ်တယောကြီး	bei'. ta. jo gji:
arpa (f)	စောင်း	saun:
piano (m)	စန္ဒရား	san daja:
piano (m) de cola	စန္ဒရားကြီး	san daja: gji:
órgano (m)	အော်ဂင်	o gin
instrumentos (m pl) de viento	လေမှုတ်တူရိယာ	lei hmou' tu ji. ja
oboe (m)	အိုဗိုနှ်	ou bou hne:
saxofón (m)	ဆက်ဆိုဖုန်း	hse' hso phoun:
clarinete (m)	ကလယ်ရီနက်-ပလွေ	kale ji ne' - pa lwei
flauta (f)	ပလွေ	palwei
trompeta (f)	ထရမ်းပက်ခရာငယ်	htajan: be' khaja nge

acordeón (m)	အကော်ဒီယံ	ako di jan
tambor (m)	စည်	si
dúo (m)	နှစ်ယောက်တွဲ	hni' jau' twe:
trío (m)	သုံးယောက်တွဲ	thoun: jau' twe:
cuarteto (m)	လေးယောက်တစ်တွဲ	lei: jau' ti' twe:
coro (m)	သံပြိုင်အဖွဲ့	than bjain ahpwe.
orquesta (f)	သံစုံတီးဝိုင်း	than zoun di: wain:
música (f) pop	ပေါ့ပ်ဂီတ	po. p gi da.
música (f) rock	ရော့ခ်ဂီတ	ro. kh gi da.
grupo (m) de rock	ရော့ခ်ဂီတအဖွဲ့	ro. kh gi da. ahpwe.
jazz (m)	ဂျတ်ဇ်ဂီတ	gja' z gi ta.
ídolo (m)	အသည်းစွဲ	athe: zwe:
admirador (m)	နှစ်သက်သူ	hni' the' dhu
concierto (m)	တေးဂီတဖြေဖျော်ပွဲ	tei: gi da. bjei bjo bwe:
sinfonía (f)	သံစုံစပ်တီးတေးသွား	than zoun za' ti: dei: dwa:
composición (f)	ရေးဖွဲ့သီကုံးခြင်း	jei: bwe dhi goun: gjin:
escribir (vt)	ရေးဖွဲ့သီကုံးသည်	jei: bwe dhi goun: de
canto (m)	သီချင်းဆိုခြင်း	thachin: zou gjin:
canción (f)	သီချင်း	thachin:
melodía (f)	တီးလုံး	ti: loun:
ritmo (m)	စည်းချက်	si gje'
blues (m)	ဘလူးစ်ဂီတ	ba. lu: s gi'
notas (f pl)	ဂီတသင်္ကေတများ	gi ta. dhin gei da. mja:
batuta (f)	ဂီတအချက်ပြတုတ်	gi ta. ache' pja dou'
arco (m)	ဘိုးတံ	bou: dan
cuerda (f)	ကြိုး	kjou:
estuche (m)	အိတ်	ei'

El descanso. El entretenimiento. El viaje

155. Las vacaciones. El viaje

turismo (m)	ခရီးသွားလုပ်ငန်း	khaji: thwa: lou' ngan:
turista (m)	ကမ္ဘာလှည့်ခရီးသည်	ga ba hli. kha. ji: de
viaje (m)	ခရီးထွက်ခြင်း	khaji: htwe' chin:
aventura (f)	စွန့်စားမှု	sun. za: hmu.
viaje (m) (p.ej. ~ en coche)	ခရီး	khaji:
vacaciones (f pl)	ခွင့်ရက်	khwin. je'
estar de vacaciones	အခွင့်ယူသည်	akhwin. ju de
descanso (m)	အနားယူခြင်း	ana: ju gjin:
tren (m)	ရထား	jatha:
en tren	ရထားနဲ့	jatha: ne.
avión (m)	လေယာဉ်	lei jan
en avión	လေယာဉ်နဲ့	lei jan ne.
en coche	ကားနဲ့	ka: ne.
en barco	သင်္ဘောနဲ့	thin: bo: ne.
equipaje (m)	ဝန်စည်စလည်	wun zi za. li
maleta (f)	သားရေသေတ္တာ	tha: jei dhi' ta
carrito (m) de equipaje	ပစ္စည်းတင်ရန်တွန်းလှည်း	pji' si: din jan dun: hle:
pasaporte (m)	နိုင်ငံကူးလက်မှတ်	nain ngan gu: le' hma'
visado (m)	ဗီဇာ	bi za
billete (m)	လက်မှတ်	le' hma'
billete (m) de avión	လေယာဉ်လက်မှတ်	lei jan le' hma'
guía (f) (libro)	လမ်းညွှန်စာအုပ်	lan: hnjun za ou'
mapa (m)	မြေပုံ	mjei boun
área (f) (~ rural)	ဒေသ	dei dha.
lugar (m)	နေရာ	nei ja
exotismo (m)	အထူးအဆန်းပစ္စည်း	a htu: a hsan: bji' si:
exótico (adj)	အထူးအဆန်းဖြစ်သော	a htu: a hsan: hpja' te.
asombroso (adj)	အံ့ဩစရာကောင်းသော	an. o: sa ja kaun de.
grupo (m)	အုပ်စု	ou' zu.
excursión (f)	လေ့လာရေးခရီး	lei. la jei: gaji:
guía (m) (persona)	လမ်းညွှန်	lan: hnjun

156. El hotel

hotel (m)	ဟိုတယ်	hou te
motel (m)	မိုတယ်	mou te
de tres estrellas	ကြယ် ၃ ပွင့်အဆင့်	kje thoun: pwin. ahsin.

de cinco estrellas	ကြယ် ၅ ပွင့်အဆင့်	kje nga: pwin. ahsin.
hospedarse (vr)	တည်းခိုသည်	te: khou de
habitación (f)	အခန်း	akhan:
habitación (f) individual	တစ်ယောက်ခန်း	ti' jau' khan:
habitación (f) doble	နှစ်ယောက်ခန်း	hni' jau' khan:
reservar una habitación	ကြိုတင်မှာယူသည်	kjou tin hma ju de
media pensión (f)	ကြိုတင်တစ်ဝက်ငွေချေခြင်း	kjou tin di' we' ngwe gjei gjin:
pensión (f) completa	ငွေအပြည့်ကြိုတင်ပေးချေခြင်း	ngwei apjei. kjou din bei: chei chin:
con baño	ရေချိုးခန်းနှင့်	jei gjou gan: hnin.
con ducha	ရေပန်းနှင့်	jei ban: hnin.
televisión (f) satélite	ဂြိုဟ်တုရုပ်မြင်သံကြား	gjou' htu. jou' mjin dhan gja:
climatizador (m)	လေအေးပေးစက်	lei ei: bei: ze'
toalla (f)	တဘက်	tabe'
llave (f)	သော့	tho.
administrador (m)	အုပ်ချုပ်ရေးမှူး	ou' chu' jei: hmu:
camarera (f)	သန့်ရှင်းရေးဝန်ထမ်း	than. shin: jei: wun dan:
maletero (m)	အထမ်းသမား	a htan: dha. ma:
portero (m)	တံခါးဝမှ ဧည့်ကြို	daga: wa. hma. e. kjou
restaurante (m)	စားသောက်ဆိုင်	sa: thau' hsain
bar (m)	ဘား	ba:
desayuno (m)	နံနက်စာ	nan ne' za
cena (f)	ညစာ	nja. za
buffet (m) libre	ဘူဖေး	bu hpei:
vestíbulo (m)	နှာရောင်ခန်း	hna jaun gan:
ascensor (m)	ဓာတ်လှေကား	da' hlei ga:
NO MOLESTAR	မနှောင့်ယှက်ရ	ma. hnaun hje' ja.
PROHIBIDO FUMAR	ဆေးလိပ်မသောက်ရ	hsei: lei' ma. dhau' ja.

157. Los libros. La lectura

libro (m)	စာအုပ်	sa ou'
autor (m)	စာရေးသူ	sajei: dhu
escritor (m)	စာရေးဆရာ	sajei: zaja
escribir (~ un libro)	စာရေးသည်	sajei: de
lector (m)	စာဖတ်သူ	sa hpa' thu
leer (vi, vt)	ဖတ်သည်	hpa' te
lectura (f)	စာဖတ်ခြင်း	sa hpa' chin:
en silencio	တိတ်တဆိတ်	tei' ta. hsei'
en voz alta	ကျယ်လောင်စွာ	kje laun zwa
editar (vt)	ပုံနှိပ်ထုတ်ဝေသည်	poun nei' htou' wei de
edición (f) (~ de libros)	ပုံနှိပ်ထုတ်ဝေခြင်း	poun nei' htou' wei gjin:
editor (m)	ထုတ်ဝေသူ	htou' wei dhu
editorial (f)	ပုံနှိပ်ထုတ်ဝေသည့်ကုမ္ပဏီ	poun nei' htou' wei dhi. koun pani

salir (libro)	ထွက်သည်	htwe' te
salida (f) (de un libro)	ဖြန့်ချိခြင်း	hpjan. gji. gjin:
tirada (f)	စာရေးသူ	sajei: dhu
librería (f)	စာအုပ်ဆိုင်	sa ou' hsain
biblioteca (f)	စာကြည့်တိုက်	sa gji. dai'
cuento (m)	ဝတ္ထုဇာတ်လမ်း	wu' htu. za' lan:
relato (m) corto	ဝတ္ထုတို	wu' htu. dou
novela (f)	ဝတ္ထု	wu' htu.
novela (f) policíaca	စုံထောက်ဇာတ်လမ်း	soun dau' za' lan:
memorias (f pl)	ကိုယ်တွေ့မှတ်တမ်း	kou twei. hma' tan:
leyenda (f)	ဒဏ္ဍာရီ	dan da ji
mito (m)	စိတ်ကူးယဉ်	sei' ku: jin
versos (m pl)	ကဗျာများ	ka. bja mja:
autobiografía (f)	ကိုယ်တိုင်ရေးအတ္ထုပ္ပတ္တိ	kou tain jei' a' tu. bi' ta.
obras (f pl) escogidas	လက်ရွေးစင်	le' jwei: zin
ciencia ficción (f)	သိပ္ပံဇာတ်လမ်း	thei' pan za' lan:
título (m)	ခေါင်းစဉ်	gaun: zin
introducción (f)	နိဒါန်း	ni. dan:
portada (f)	ခေါင်းစီးစာမျက်နှာ	gaun: zi: za: mje' hna
capítulo (m)	ခေါင်းကြီးပိုင်း	gaun: gji: bain:
extracto (m)	ကောက်နုတ်ချက်	kau' hnou' khje'
episodio (m)	အပိုင်း	apain:
sujeto (m)	ဇာတ်ကြောင်း	za' kjaun:
contenido (m)	မာတိကာ	ma di. ga
tabla (f) de contenidos	မာတိကာ	ma di. ga
héroe (m) principal	အဓိကဇာတ်ဆောင်	adi. ka. za' hsaun
tomo (m)	ထုထည်	du. de
cubierta (f)	စာအုပ်အဖုံး	sa ou' ahpoun:
encuadernado (m)	အဖုံး	ahpoun:
marcador (m) de libro	စာညှပ်	sa hnja'
página (f)	စာမျက်နှာ	sa mje' hna
hojear (vt)	စာရွက်လှန်သည်	sajwe' hlan de
márgenes (m pl)	နယ်နိမိတ်	ne ni. mei'
anotación (f)	မှတ်စာ	hma' sa
nota (f) a pie de página	အောက်ခြေမှတ်ချက်	au' chei hma' che'
texto (m)	စာသား	sa dha:
fuente (f)	ပုံစံ	poun zan
errata (f)	ပုံနှိပ်အမှား	poun nei' ahma:
traducción (f)	ဘာသာပြန်	ba dha bjan
traducir (vt)	ဘာသာပြန်သည်	ba dha bjan de
original (m)	မူရင်း	mu jin:
famoso (adj)	ကျော်ကြားသော	kjo kja: de.
desconocido (adj)	လူမသိသော	lu ma. thi. de.
interesante (adj)	စိတ်ဝင်စားစရာကောင်းသော	sei' win za: zaja gaun: de.

best-seller (m)	ရောင်းအားအကောင်းဆုံး	jo: a: akaun: zoun:
diccionario (m)	အဘိဓာန်	abi. dan
manual (m)	ဖတ်စာအုပ်	hpa' sa au'
enciclopedia (f)	စွယ်စုံကျမ်း	swe zoun gjan:

158. La caza. La pesca

caza (f)	အမဲလိုက်ခြင်း	ame: lai' chin
cazar (vi, vt)	အမဲလိုက်သည်	ame: lai' de
cazador (m)	မုဆိုး	mou' hsou:
tirar (vi)	ပစ်သည်	pi' te
fusil (m)	ရိုင်ဖယ်	jain be
cartucho (m)	ကျည်ဆံ	kji. zan
perdigón (m)	ကျည်စေ့	kji zei.
cepo (m)	သံမဏိထောင်ချောက်	than mani. daun gjau'
trampa (f)	ကျော့ကွင်း	kjo. kwin:
caer en el cepo	ထောင်ချောက်မိသည်	htaun gjau' mi de
poner un cepo	ထောင်ချောက်ဆင်သည်	htaun gjau' hsin de
cazador (m) furtivo	တရားမဝင်ခိုးပစ်သူ	taja: ma. win gou: bi' thu
caza (f) menor	အမဲလိုက်ခြင်း	ame: lai' chin
perro (m) de caza	အမဲလိုက်ခွေး	ame: lai' khwei:
safari (m)	ဆာဖာရီတောရိုင်းဒေသ	hsa hpa ji do joun: dei dha.
animal (m) disecado	ရုပ်လုံးဖော်တိရစ္ဆာန်ရုပ်	jou' loun: bo di ja' zan jou'
pescador (m)	တံငါသည်	da nga dhi
pesca (f)	ငါးဖမ်းခြင်း	nga: ban: gjin
pescar (vi)	ငါးဖမ်းသည်	nga: ban: de
caña (f) de pescar	ငါးမျှားတံ	nga: mja: dan
sedal (m)	ငါးမျှားကြိုး	nga: mja: gjou:
anzuelo (m)	ငါးမျှားချိတ်	nga: mja: gji'
flotador (m)	ငါးမျှားတံဖော့	nga: mja: dan bo.
cebo (m)	ငါးစာ	nga: za
lanzar el anzuelo	ငါးမျှားကြိုးပစ်သည်	nga: mja: gjou: bji' te
picar (vt)	ကိုက်သည်	kou' de
pesca (f) (lo pescado)	ငါးထည့်စရာ	nga: de. za. ja
agujero (m) en el hielo	ရေခဲပြင်ပေါ်မှအပေါက်	jei ge: bjin bo hma. a. bau'
red (f)	ပိုက်	pai'
barca (f)	လှေ	hlei
pescar con la red	ပိုက်ချသည်	pai' cha. de
tirar la red	ပိုက်ပစ်သည်	pai' pi' te
sacar la red	ပိုက်ဆယ်သည်	pai' hse de
caer en la red	ပိုက်တိုးမိသည်	pai' tou: mi. de
ballenero (m) (persona)	ဝေလငါး	wei la. nga:
ballenero (m) (barco)	ဝေလငါးဖမ်းလှေ	wei la. nga: ban: hlei
arpón (m)	မှိန်း	hmein:

159. Los juegos. El billar

billar (m)	ဘီလီယက်	bi li je'
sala (f) de billar	ဘီလီယက်ထိုးခန်း	bi li ja' htou: khana:
bola (f) de billar	ဘီလီယက်ဘောလုံး	bi li ja' bo loun:
entronerar la bola	ကျင်းထည့်သည်	kjin: de. de
taco (m)	ကြူတံ	kju dan
tronera (f)	ကျင်း	kjin:

160. Los juegos. Las cartas

carta (f)	ဖဲကစားသည်	hpe: ga. za de
cartas (f pl)	ဖဲချပ်များ	hpe: gje' mja:
baraja (f)	ဖဲထုပ်	hpe: dou'
triunfo (m)	ဝှက်ဖဲ	hwe' hpe:
cuadrados (m pl)	ထောင့်	htaun.
picas (f pl)	စပိတ်	sapei'
corazones (m pl)	ဟတ်	ha'
tréboles (m pl)	ညှင်း	hnjin:
as (m)	တစ်ဖဲ	ti' hpe:
rey (m)	ကင်း	kin:
dama (f)	ကွင်း	kwin:
sota (f)	ဂျက်	gje'
dar, distribuir (repartidor)	ဖဲဝေသည်	hpe: wei de
barajar (vt) (mezclar las cartas)	ကုလားဖန်ထိုးသည်	kala: ban dou de
jugada (f) (turno)	ဦးဆုံးအလှည့်	u: zoun: ahle.
punto (m)	အမှတ်	ahma'
fullero (m)	ဖဲလိမ်သမား	hpe: lin dha ma:

161. El casino. La ruleta

casino (m)	လောင်းကစားရုံ	laun: gaza: joun
ruleta (f)	နံပါတ်လှည့်လောင်းကစား	nan ba' hle. laun: ga. za:
puesta (f)	အလောင်းအစား	alaun: asa:
apostar (vt)	လောင်းကြေးတင်သည်	laun: gjei: tin de
rojo (m)	အနီ	ani
negro (m)	အနက်	ane'
apostar al rojo	အနီလောင်းသည်	ani laun: de
apostar al negro	အနက်လောင်းသည်	ane' laun: de
crupier (m, f)	လောင်းကစားဒိုင်	laun: gaza: dain
girar la ruleta	အဝိုင်းလှည့်သည်	awain: hle. de
reglas (f pl) de juego	ကစားနည်းစည်းမျဉ်း	gaza: ne: zin: mjin:
ficha (f)	တိုကင်ပြား	tou gin bja:
ganar (vi, vt)	နိုင်သည်	nain de

ganancia (f)	အနိုင်	anain
perder (vi)	ရှုံးသည်	shoun: de
pérdida (f)	အရှုံး	ashoun:
jugador (m)	ကစားသမား	gaza: dhama:
black jack (m)	ဘလက်ဂျက်	ba. le' gje'
juego (m) de dados	အန်စာတုံးလောင်းကစားနည်း	an za doun: laun: ga za: ne:
dados (m pl)	အန်စာတုံး	an za doun:
tragaperras (f)	ဈေးရောင်းစက်	zei: jaun: ze'

162. El descanso. Los juegos. Miscelánea

pasear (vi)	အပန်းဖြေလမ်းလျှောက်သည်	apin: hpjei lan: jau' the
paseo (m) (caminata)	လမ်းလျှောက်ခြင်း	lan: shau' chin:
paseo (m) (en coche)	အပန်းဖြေခရီး	apin: hpjei khaji:
aventura (f)	စွန့်စားမှု	sun. za: hmu.
picnic (m)	ပျော်ပွဲစား	pjo bwe: za:
juego (m)	ဂိမ်း	gein:
jugador (m)	ကစားသမား	gaza: dhama:
partido (m)	ကစားပွဲ	gaza: pwe:
coleccionista (m)	စုဆောင်းသူ	su. zaun: dhu
coleccionar (vt)	စုဆောင်းသည်	su. zaun: de
colección (f)	စုဆောင်းခြင်း	su. zaun: gjin:
crucigrama (m)	စကားလုံးဆက် ပဟေဠိ	zaga: loun: ze' bahei li.
hipódromo (m)	ပြေးလမ်း	pjei: lan:
discoteca (f)	ဒစ္စကိုကပွဲ	di' sa kou ga. bwe:
sauna (f)	ပေါင်းခံချွေးထုတ်ခန်း	paun: gan gjwa: dou' khan:
lotería (f)	ထီ	hti
marcha (f)	အပျော်စခန်းချခရီး	apjo za. khan: khja kha ni:
campo (m)	စခန်း	sakhan:
campista (m)	စခန်းချသူ	sakhan: gja. dhu
tienda (f) de campaña	တဲ	te:
brújula (f)	သံလိုက်အိမ်မြှောင်	than lai' ein hmjaun
ver (la televisión)	ကြည့်သည်	kji. de
telespectador (m)	ကြည့်သူ	kji. thu
programa (m) de televisión	ရုပ်မြင်သံကြားအစီအစဉ်	jou' mjin dhan gja: asi asan

163. La fotografía

cámara (f) fotográfica	ကင်မရာ	kin ma. ja
fotografía (f) (una foto)	ဓာတ်ပုံ	da' poun
fotógrafo (m)	ဓာတ်ပုံဆရာ	da' poun za ja
estudio (m) fotográfico	ဓာတ်ပုံရိုက်ရန်အခန်း	da' poun jai' jan akhan:
álbum (m) de fotos	ဓာတ်ပုံအယ်လဘမ်	da' poun e la. ban
objetivo (m)	ကင်မရာမှန်ဘီလူး	kin ma. ja hman bi lu:

teleobjetivo (m)	အဝေးရိုက်သောမှန်ဘီလူး	awei: shi' tho: hman bi lu:
filtro (m)	အရောင်စစ်မှန်ပြား	ajaun za' hman bja:
lente (m)	မှန်ဘီလူး	hman bi lu:
óptica (f)	အလင်းပညာ	alin: bjin
diafragma (m)	ကင်မရာတွင် အလင်းဝင်ပေါက်	kin ma. ja twin alin: win bau'
tiempo (m) de exposición	အလင်းရောင်ဖွင့်ပေးချိန်	alin: jaun hpwin bei: gjein
visor (m)	ရိုက်ကွင်းပြသည့်ကိရိယာ	jou' kwin: bja dhe. gi. ji. ja
cámara (f) digital	ဒီဂျစ်တယ်ကင်မရာ	digji' te gin ma. ja
trípode (m)	သုံးချောင်းထောက်	thoun: gjaun: dau'
flash (m)	ကင်မရာသုံး လျှပ်တပြက်မီး	kin ma. ja dhoun: lja' ta. pje' mi:
fotografiar (vt)	ဓာတ်ပုံရိုက်သည်	da' poun jai' te
hacer fotos	ရိုက်သည်	jai' te
fotografiarse (vr)	ဓာတ်ပုံရိုက်သည်	da' poun jai' te
foco (m)	ဆုံချက်	hsoun gje'
enfocar (vt)	ဆုံချက်ချိန်သည်	hsoun gje' chin de
nítido (adj)	ထင်ရှားပြတ်သားသော	htin sha: bja' tha: de
nitidez (f)	ထင်ရှားပြတ်သားမှု	htin sha: bja' tha: hmu.
contraste (m)	ခြားနားချက်	hpja: na: gje'
de alto contraste (adj)	မတူညီသော	ma. du nji de.
foto (f)	ပုံ	poun
negativo (m)	နက်ဂတစ်	ne' ga ti'
película (f) fotográfica	ဖလင်	hpa. lin
fotograma (m)	ဘောင်	baun
imprimir (vt)	ပရင့်ထုတ်သည်	pa. jin. dou' te

164. La playa. La natación

playa (f)	ကမ်းခြေ	kan: gjei
arena (f)	သဲ	the:
desierto (playa ~a)	လူသူကင်းမဲ့သော	lu dhu gin: me. de.
bronceado (m)	နေကြောင့်- အသားရောင်ညိုခြင်း	nei gjaun.- atha: jaun njou gjin:
broncearse (vr)	နေဆာလှုံသည်	nei za hloun de
bronceado (adj)	အသားညိုသော	atha: njou de.
protector (m) solar	နေပူခံလိမ်းဆေး	nei bu gan lein: zei:
bikini (m)	ဘီကီနီ	bi ki ni
traje (m) de baño	ရေကူးဝတ်စုံ	jei ku: wa' zoun
bañador (m)	ယောကျ်ားဝတ်ဘောင်းဘီတို	jau' kja: wu' baun: bi dou
piscina (f)	ရေကူးကန်	jei ku: gan
nadar (vi)	ရေကူးသည်	jei ku: de
ducha (f)	ရေပန်း	jei ban:
cambiarse (vr)	အဝတ်လဲသည်	awu' le: de
toalla (f)	တဘက်	tabe'
barca (f)	လှေ	hlei

lancha (f) motora	မော်တော်ဘုတ်	mo to bou'
esquís (m pl) acuáticos	ရေလွှာလျှောစီးအပြား	jei hlwa sho: apja:
bicicleta (f) acuática	ယက်ဘီးတပ်လှေ	je' bi: da' hlei
surf (m)	ရေလွှာလှိုင်း	jei hlwa hlain:
surfista (m)	ရေလွှာလှိုင်းစီးသူ	jei hlwa hlain: zi: dhu
equipo (m) de buceo	စကူဗာဆက်	sakuba ze'
aletas (f pl)	ချော်ဘာရေယက်ပြား	jo ba jei je' pja:
máscara (f) de buceo	မျက်နှာဖုံး	mje' hna boun:
buceador (m)	ရေငုပ်သမား	jei ngou' tha ma:
bucear (vi)	ရေငုပ်သည်	jei ngou' te
bajo el agua (adv)	ရေအောက်	jei au'
sombrilla (f)	ကမ်းခြေထီး	kan: gjei hti:
tumbona (f)	ပက်လက်ကုလားထိုင်	pje' le' ku. la: din
gafas (f pl) de sol	နေကာမျက်မှန်	nei ga mje' hman
colchoneta (f) inflable	လေထိုးအိပ်ယာ	lei dou: i' ja
jugar (divertirse)	ကစားသည်	gaza: de
bañarse (vr)	ရေကူးသည်	jei ku: de
pelota (f) de playa	ဘောလုံး	bo loun:
inflar (vt)	လေထိုးသည်	lei dou: de
inflable (colchoneta ~)	လေထိုးနိုင်သော	lei dou: nain de.
ola (f)	လှိုင်း	hlain:
boya (f)	ရေကြောင်းပြဖော်ယာ	jei gjaun: bja. bo: ja
ahogarse (vr)	ရေနစ်သည်	jei ni' te
salvar (vt)	ကယ်ဆယ်သည်	ke ze de
chaleco (m) salvavidas	အသက်ကယ်အင်္ကျီ	athe' kai in: gji
observar (vt)	စောင့်ကြည့်သည်	saun. gji. de
socorrista (m)	ကယ်ဆယ်သူ	ke ze dhu

EL EQUIPO TÉCNICO. EL TRANSPORTE

El equipo técnico

165. El computador

ordenador (m)	ကွန်ပျူတာ	kun pju ta
ordenador (m) portátil	လပ်တော့	la' to.
encender (vt)	ဖွင့်သည်	hpwin. de
apagar (vt)	ပိတ်သည်	pei' te
teclado (m)	ကီးဘုတ်	kji: bou'
tecla (f)	ကီး	kji:
ratón (m)	မောက်စ်	mau's
alfombrilla (f) para ratón	မောက်စ်အောက်ခံပြား	mau's au' gan bja:
botón (m)	ခလုတ်	khalou'
cursor (m)	ညွှန်းမြား	hnjun: ma:
monitor (m)	မော်နီတာ	mo ni ta
pantalla (f)	မှန်သားပြင်	hman dha: bjin
disco (m) duro	ဟာ့ဒ်ဒစ်-အချက်အလက်သိမ်းပစ္စည်း	ha' di' akja' ale' thein: bji' si:
volumen (m) de disco duro	ဟာတ်ဒစ်သိုလောင်နိုင်မှု	ha' di' thou laun nain hmu.
memoria (f)	မှတ်ဉာဏ်	hma' njan
memoria (f) operativa	ရမ်	ran
archivo, fichero (m)	ဖိုင်	hpain
carpeta (f)	စာတွဲဖိုင်	sa dwe: bain
abrir (vt)	ဖွင့်သည်	hpwin. de
cerrar (vt)	ပိတ်သည်	pei' te
guardar (un archivo)	သိမ်းဆည်းသည်	thain: zain: de
borrar (vt)	ဖျက်သည်	hpje' te
copiar (vt)	မိတ္တူကူးသည်	mi' tu gu: de
ordenar (vt) (~ de A a Z, etc.)	ခွဲသည်	khwe: de
transferir (vt)	ပြန်ကူးသည်	pjan gu: de
programa (m)	ပရိုဂရမ်	pa. jou ga. jan
software (m)	ဆော့ဖ်ဝဲ	hso. hp we:
programador (m)	ပရိုဂရမ်မာ	pa. jou ga. jan ma
programar (vt)	ပရိုဂရမ်ရေးသည်	pa. jou ga. jan jei: de
hacker (m)	ဟက်ကာ	he' ka
contraseña (f)	စကားဝှက်	zaga: hwe'
virus (m)	ဗိုင်းရတ်စ်	bain ja's
detectar (vt)	ရှာဖွေသည်	sha hpwei de

octeto, byte (m)	ဘိုက်	bai'
megaocteto (m)	မီဂါဘိုက်	mi ga bai'
datos (m pl)	အချက်အလက်	ache' ale'
base (f) de datos	ဒေတာဘေ့စ်	dei da bei. s
cable (m)	ကေဘယ်ကြိုး	kei be kjou:
desconectar (vt)	ဖြုတ်သည်	hpjei: de
conectar (vt)	တပ်သည်	ta' te

166. El internet. El correo electrónico

internet (m), red (f)	အင်တာနက်	in ta na'
navegador (m)	ဘရောက်ဆာ	ba. jau' hsa
buscador (m)	ဆာ့ချ်အင်ဂျင်	hsa. ch in gjin
proveedor (m)	ပံ့ပိုးသူ	pan. bou: dhu
webmaster (m)	ဝဘ်မာစတာ	we' sai' ma sa. ta
sitio (m) web	ဝဘ်ဆိုက်	we' sai'
página (f) web	ဝဘ်ဆိုဒ်စာမျက်နှာ	we' sai' sa mje' hna
dirección (f)	လိပ်စာ	lei' sa
libro (m) de direcciones	လိပ်စာမှတ်စု	lei' sa hmat' su.
buzón (m)	စာတိုက်ပုံး	sa dai' poun:
correo (m)	စာ	sa
lleno (adj)	ပြည့်သော	pjei. de.
mensaje (m)	သတင်း	dhadin:
correo (m) entrante	အဝင်သတင်း	awin dha din:
correo (m) saliente	အထွက်သတင်း	a htwe' tha. din:
expedidor (m)	ပို့သူ	pou. dhu
enviar (vt)	ပို့သည်	pou. de
envío (m)	ပို့ခြင်း	pou. gjin:
destinatario (m)	လက်ခံသူ	le' khan dhu
recibir (vt)	လက်ခံရရှိသည်	le' khan ja. shi. de
correspondencia (f)	စာအဆက်အသွယ်	sa ahse' athwe
escribirse con ...	စာပေးစာယူလုပ်သည်	sa pei: za ju lou' te
archivo, fichero (m)	ဖိုင်	hpain
descargar (vt)	ဒေါင်းလော့ဒ်လုပ်သည်	daun: lo. d lou' de
crear (vt)	ဖန်တီးသည်	hpan di: de
borrar (vt)	ဖျက်သည်	hpje' te
borrado (adj)	ဖျက်ပြီးသော	hpje' pji: de.
conexión (f) (ADSL, etc.)	ဆက်သွယ်မှု	hse' thwe hmu.
velocidad (f)	နှုန်း	hnun:
módem (m)	မိုဒမ်း	mou dan:
acceso (m)	ဝင်လမ်း	win lan
puerto (m)	ဝဲဘက်	we: be'
conexión (f) (establecer la ~)	အချိတ်အဆက်	achei' ahse'

conectarse a ...	ချိတ်ဆက်သည်	chei' hse' te
seleccionar (vt)	ရွေးချယ်သည်	jwei: che de
buscar (vt)	ရှာသည်	sha de

167. La electricidad

electricidad (f)	လျှပ်စစ်ဓာတ်အား	hlja' si' da' a:
eléctrico (adj)	လျှပ်စစ်နှင့်ဆိုင်သော	hlja' si' hnin. zain de.
central (f) eléctrica	လျှပ်စစ်ထုပ်လုပ်သောစက်ရုံ	hlja' si' htou' lou' tho: ze' joun
energía (f)	စွမ်းအင်	swan: in
energía (f) eléctrica	လျှပ်စစ်စွမ်းအား	hlja' si' swan: a:
bombilla (f)	မီးသီး	mi: dhi:
linterna (f)	ဓာတ်မီး	da' mi:
farola (f)	လမ်းမီး	lan: mi:
luz (f)	အလင်းရောင်	alin: jaun
encender (vt)	ဖွင့်သည်	hpwin. de
apagar (vt)	ပိတ်သည်	pei' te
apagar la luz	မီးပိတ်သည်	mi: pi' te
quemarse (vr)	မီးကျွမ်းသည်	mi: kjwan: de
circuito (m) corto	လျှပ်စီးပတ်လမ်းပြတ်ခြင်း	hlja' si: ba' lan: bja' chin:
ruptura (f)	ဝိုင်ယာကြိုးအပြတ်	wain ja gjou: apja'
contacto (m)	လျှပ်ကူးပစ္စည်း	hlja' ku: pji' si:
interruptor (m)	ခလုတ်	khalou'
enchufe (m)	ပလပ်ပေါက်	pa. la' pau'
clavija (f)	ပလပ်	pa. la'
alargador (m)	ကြားဆက်ကြိုး	ka: ze' kjou:
fusible (m)	ဖျူးစ်	hpju: s
cable, hilo (m)	ဝိုင်ယာကြိုး	wain ja gjou:
instalación (f) eléctrica	လျှပ်စစ်ကြိုးသွယ်တန်းမှု	hlja' si' kjou: dhwe dan: hmu
amperio (m)	အမ်ပီယာ	an bi ja
amperaje (m)	အသံချဲ့စက်	athan che. zek
voltio (m)	ဗို့	boi.
voltaje (m)	ဗို့အား	bou. a:
aparato (m) eléctrico	လျှပ်စစ်ပစ္စည်း	hlja' si' pji' si:
indicador (m)	အချက်ပြ	ache' pja.
electricista (m)	လျှပ်စစ်ပညာရှင်	hlja' si' pa. nja shin
soldar (vt)	ဂဟေဆော်သည်	gahei hso de
soldador (m)	ဂဟေဆော်တံ	gahei hso dan
corriente (f)	လျှပ်စီးကြောင်း	hlja' si: gjaun:

168. Las herramientas

instrumento (m)	ကိရိယာ	ki. ji. ja
instrumentos (m pl)	ကိရိယာများ	ki. ji. ja mja:

maquinaria (f)	စက်ကိရိယာပစ္စည်းများ	se' kari. ja pji' si: mja:
martillo (m)	တူ	tu
destornillador (m)	ဝက်အူလှည့်	we' u hli.
hacha (f)	ပုဆိန်	pahsein
sierra (f)	လွှ	hlwa.
serrar (vt)	လွှတိုက်သည်	hlwa. dai' de
cepillo (m)	ရွှေပေါ်	jwei bo
cepillar (vt)	ရွှေပေါ်ထိုးသည်	jwei bo dou: de
soldador (m)	ဂဟေဆော်တံ	gahei hso dan
soldar (vt)	ဂဟေဆော်သည်	gahei hso de
lima (f)	တံစဉ်း	tan zin:
tenazas (f pl)	သံနှုတ်	than hnou'
alicates (m pl)	ပလာယာ	pa. la ja
escoplo (m)	ဆောက်	hsau'
broca (f)	လွန်	lun
taladro (m)	လျှပ်စစ်လွန်	hlja' si' lun
taladrar (vi, vt)	လွန်ဖြင့်ဖောက်သည်	lun bjin. bau' de
cuchillo (m)	ဓား	da:
navaja (f)	မောင်းဂျက်ဓား	maun: gje' da:
filo (m)	ဓားသွား	da: dhwa
agudo (adj)	ချွန်ထက်သော	chwan de' te.
embotado (adj)	တုံးသော	toun: dho:
embotarse (vr)	တုံးသွားသည်	toun: dwa de
afilar (vt)	သွေးသည်	thwei: de
perno (m)	မူလီ	mu li
tuerca (f)	မူလီခေါင်း	mu li gaun:
filete (m)	ဝက်အူရစ်	we' u ji'
tornillo (m)	ဝက်အူ	we' u
clavo (m)	အိမ်ရိုက်သံ	ein jai' than
cabeza (f) del clavo	သံခေါင်း	than gaun:
regla (f)	ပေတံ	pei dan
cinta (f) métrica	ပေကြိုး	pei gjou:
nivel (m) de burbuja	ရေချိန်	jei gjain
lupa (f)	မှန်ဘီလူး	hman bi lu:
aparato (m) de medida	တိုင်းသည့်ကိရိယာ	tain: dhi. ki. ji. ja
medir (vt)	တိုင်းသည်	tain: de
escala (f) (~ métrica)	စကေး	sakei:
lectura (f)	ပြသောပမာဏ	pja. dho: ba ma na.
compresor (m)	ဖိသိပ်စက်	hpi. dhi' se'
microscopio (m)	အဏုကြည့်ကိရိယာ	anu gji. gi. ji. ja
bomba (f) (~ de agua)	လေထိုးစက်	lei dou: ze'
robot (m)	စက်ရုပ်	se' jou'
láser (m)	လေဆာ	lei za
llave (f) de tuerca	ခွ	khwa.
cinta (f) adhesiva	တိပ်	tei'

cola (f), pegamento (m)	ကော်	ko
papel (m) de lija	ကော်ဖတ်စက္ကူ	ko hpa' se' ku
resorte (m)	ညှတ်သံခွေ	hnju' dhan gwei
imán (m)	သံလိုက်	than lai'
guantes (m pl)	လက်အိတ်	lei' ei'
cuerda (f)	ကြိုး	kjou:
cordón (m)	ကြိုးလုံး	kjou: loun:
hilo (m) (~ eléctrico)	ဝိုင်ယာကြိုး	wain ja gjou:
cable (m)	ကေဘယ်ကြိုး	kei be kjou:
almádana (f)	တူကြီး	tou gji:
barra (f)	တူးရွင်း	tu: jwin:
escalera (f) portátil	လှေကား	hlei ga:
escalera (f) de tijera	ခေါက်လှေကား	khau' hlei ka:
atornillar (vt)	ဝက်အူကျစ်သည်	we' u gji' te
destornillar (vt)	ဝက်အူဖြုတ်သည်	we' u bju' te
apretar (vt)	ကျပ်သည်	kja' te.
pegar (vt)	ကော်ကပ်သည်	ko ka' de
cortar (vt)	ဖြတ်သည်	hpja' te
fallo (m)	ချွတ်ယွင်းချက်	chwe' jwin: che'
reparación (f)	ပြန်လည်းပြင်ဆင်ခြင်း	pjan le: bjin zin gjin:
reparar (vt)	ပြန်လည်ပြင်ဆင်သည်	pjan le bjin zin de
regular, ajustar (vt)	ညှိသည်	hnji. de
verificar (vt)	စစ်ဆေးသည်	si' hsei: de
control (m)	စစ်ဆေးခြင်း	si' hsei: gjin:
lectura (f) (~ del contador)	ပြသောပမာဏ	pja. dho: ba ma na.
fiable (máquina)	စိတ်ချရသော	sei' cha. ja. de.
complicado (adj)	ရှုပ်ထွေးသော	sha' htwei: de.
oxidarse (vr)	သံချေးတက်သည်	than gjei: da' te
oxidado (adj)	သံချေးတက်သော	than gjei: da' te.
óxido (m)	သံချေး	than gjei:

El transporte

169. El avión

avión (m)	လေယာဉ်	lei jan
billete (m) de avión	လေယာဉ်လက်မှတ်	lei jan le' hma'
compañía (f) aérea	လေကြောင်း	lei gjaun:
aeropuerto (m)	လေဆိပ်	lei zi'
supersónico (adj)	အသံထက်မြန်သော	athan de' mjan de.
comandante (m)	လေယာဉ်မှူး	lei jan hmu:
tripulación (f)	လေယာဉ်အမှုထမ်းအဖွဲ့	lei jan ahmu. dan: ahpwe.
piloto (m)	လေယာဉ်မောင်းသူ	lei jan maun dhu
azafata (f)	လေယာဉ်မယ်	lei jan me
navegador (m)	လေကြောင်းပြ	lei gjaun: bja.
alas (f pl)	လေယာဉ်တောင်ပံ	lei jan daun ban
cola (f)	လေယာဉ်အမြီး	lei jan amji:
cabina (f)	လေယာဉ်မောင်းအခန်း	lei jan maun akhan:
motor (m)	အင်ဂျင်	in gjin
tren (m) de aterrizaje	အောက်ခံဘောင်	au' khan baun
turbina (f)	တာဘိုင်	ta bain
hélice (f)	ပန်ကာ	pan ga
caja (f) negra	ဘလက်ဘောက်	ba. le' bo'
timón (m)	ပဲ့ကိုင်ဘီး	pe. gain bi:
combustible (m)	လောင်စာ	laun za
instructivo (m) de seguridad	အရေးပေါ်လုံခြုံရေး ညွှန်ကြားစာ	ajei: po' choun loun jei: hnjun gja: za
respirador (m) de oxígeno	အောက်ဆီဂျင်မျက်နှာဖုံး	au' hsi gjin mje' hna hpoun:
uniforme (m)	ယူနီဖောင်း	ju ni hpaun:
chaleco (m) salvavidas	အသက်ကယ်အင်္ကျီ	athe' kai in: gji
paracaídas (m)	လေထီး	lei di:
despegue (m)	ထွက်ခွာခြင်း	htwe' khwa gjin:
despegar (vi)	ပျံတက်သည်	pjan de' te
pista (f) de despegue	လေယာဉ်ပြေးလမ်း	lei jan bei: lan:
visibilidad (f)	မြင်ကွင်း	mjin gwin:
vuelo (m)	ပျံသန်းခြင်း	pjan dan: gjin:
altura (f)	အမြင့်	amjin.
pozo (m) de aire	လေမငြိမ်အရပ်	lei ma ngjin aja'
asiento (m)	ထိုင်ခုံ	htain goun
auriculares (m pl)	နားကြပ်	na: kja'
mesita (f) plegable	ခေါက်စားပွဲ	khau' sa: bwe:
ventana (f)	လေယာဉ်ပြတင်းပေါက်	lei jan bja. din: bau'
pasillo (m)	မင်းလမ်း	min: lan:

170. El tren

tren (m)	ရထား	jatha:
tren (m) de cercanías	လျှပ်စစ်ဓာတ်အားသုံးရထား	hlja' si' da' a: dhou: ja da:
tren (m) rápido	အမြန်ရထား	aman ja. hta:
locomotora (f) diésel	ဒီဇယ်ရထား	di ze ja da:
tren (m) de vapor	ရေနွေးငွေ့စက်ခေါင်း	jei nwei: ngwei. ze' khaun:
coche (m)	အတွဲ	atwe:
coche (m) restaurante	စားသောက်တွဲ	sa: thau' thwe:
rieles (m pl)	ရထားသံလမ်း	jatha dhan lan:
ferrocarril (m)	ရထားလမ်း	jatha: lan:
traviesa (f)	ဇလီဖားတုံး	zali ba: doun
plataforma (f)	စင်္ကြန်	sin gjan
vía (f)	ရထားစင်္ကြန်	jatha zin gjan
semáforo (m)	မီးပွိုင့်	mi: bwain.
estación (f)	ဘူတာရုံ	bu da joun
maquinista (m)	ရထားမောင်းသူ	jatha: maun: dhu
maletero (m)	အထမ်းသမား	a htan: dha. ma:
mozo (m) del vagón	အစောင့်	asaun.
pasajero (m)	ခရီးသည်	khaji: de
revisor (m)	လက်မှတ်စစ်ဆေးသူ	le' hma' ti' hsei: dhu:
corredor (m)	ကော်ရစ်တာ	ko ji' ta
freno (m) de urgencia	အရေးပေါ်ဘရိတ်	ajei: po' ba ji'
compartimiento (m)	အခန်း	akhan:
litera (f)	အိပ်စင်	ei' zin
litera (f) de arriba	အပေါ်ထပ်အိပ်စင်	apo htap ei' sin
litera (f) de abajo	အောက်ထပ်အိပ်စင်	au' hta' ei' sin
ropa (f) de cama	အိပ်ရာခင်း	ei' ja khin:
billete (m)	လက်မှတ်	le' hma'
horario (m)	အချိန်ဇယား	achein zaja:
pantalla (f) de información	အချက်အလက်ပြနေရာ	ache' ale' pja. nei ja
partir (vi)	ထွက်ခွာသည်	htwe' khwa de
partida (f) (del tren)	အထွက်	a htwe'
llegar (tren)	ဆိုက်ရောက်သည်	hseu' jau' de
llegada (f)	ဆိုက်ရောက်ရာ	hseu' jau' ja
llegar en tren	မီးရထားဖြင့်ရောက်ရှိသည်	mi: ja. da: bjin. jau' shi. de
tomar el tren	မီးရထားစီးသည်	mi: ja. da: zi: de
bajar del tren	မီးရထားမှဆင်းသည်	mi: ja. da: hma. zin: de
descarrilamiento (m)	ရထားတိုက်ခြင်း	jatha: dai' chin:
descarrilarse (vr)	ရထားလမ်းချော်သည်	jatha: lan: gjo de
tren (m) de vapor	ရေနွေးငွေ့စက်ခေါင်း	jei nwei: ngwei. ze' khaun:
fogonero (m)	မီးထိုးသမား	mi: dou: dhama:
hogar (m)	မီးဖို	mi: bou
carbón (m)	ကျောက်မီးသွေး	kjau' mi dhwei:

171. El barco

barco, buque (m)	သင်္ဘော	thin: bo:
navío (m)	ရေယာဉ်	jei jan
buque (m) de vapor	မီးသင်္ဘော	mi: dha. bo:
motonave (f)	အပျော်စီးမော်တော်ဘုတ်ငယ်	apjo zi: mo do bou' nge
trasatlántico (m)	ပင်လယ်အပျော်စီးသင်္ဘော	pin le apjo zi: dhin: bo:
crucero (m)	လေယာဉ်တင်သင်္ဘော	lei jan din
yate (m)	အပျော်စီးရွက်လှေ	apjo zi: jwe' hlei
remolcador (m)	ဆွဲသင်္ဘော	hswe: thin: bo:
barcaza (f)	ဖောင်	hpaun
ferry (m)	ကူးတို့သင်္ဘော	gadou. thin: bo:
velero (m)	ရွက်သင်္ဘော	jwe' thin: bo:
bergantín (m)	ရွက်လှေ	jwe' hlei
rompehielos (m)	ရေခဲပြင်ခွဲသင်္ဘော	jei ge: bjin gwe: dhin: bo:
submarino (m)	ရေငုပ်သင်္ဘော	jei ngou' thin: bo:
bote (m) de remo	လှေ	hlei
bote (m)	ရော်ဘာလှေ	jo ba hlei
bote (m) salvavidas	အသက်ကယ်လှေ	athe' kai hlei
lancha (f) motora	မော်တော်ဘုတ်	mo to bou'
capitán (m)	ရေယာဉ်မှူး	jei jan hmu:
marinero (m)	သင်္ဘောသား	thin: bo: dha:
marino (m)	သင်္ဘောသား	thin: bo: dha:
tripulación (f)	သင်္ဘောအမှုထမ်းအဖွဲ့	thin: bo: ahmu. htan: ahpwe.
contramaestre (m)	ရေတပ်အရာရှိငယ်	jei da' aja shi. nge
grumete (m)	သင်္ဘောသားကလေး	thin: bo: dha: galei:
cocinero (m) de abordo	ထမင်းချက်	htamin: gje'
médico (m) del buque	သင်္ဘောဆရာဝန်	thin: bo: zaja wun
cubierta (f)	သင်္ဘောကုန်းပတ်	thin: bo: koun: ba'
mástil (m)	ရွက်တိုင်	jwe' tai'
vela (f)	ရွက်	jwe'
bodega (f)	ဝမ်းတွင်း	wan: twin:
proa (f)	ဦးစွန်း	u: zun:
popa (f)	ပဲ့ပိုင်း	pe. bain:
remo (m)	လှော်တက်	hlo de'
hélice (f)	သင်္ဘောပန်ကာ	thin: bo: ban ga
camarote (m)	သင်္ဘောပေါ်မှအခန်း	thin: bo: bo hma. aksan:
sala (f) de oficiales	အရာရှိများရိပ်သာ	aja shi. mja: jin dha
sala (f) de máquinas	စက်ခန်း	se' khan:
puente (m) de mando	ကွပ်ကဲခန်း	ku' ke: khan:
sala (f) de radio	ရေဒီယိုခန်း	rei di jou gan:
onda (f)	လှိုင်း	hlain:
cuaderno (m) de bitácora	မှတ်တမ်းစာအုပ်	hma' tan: za ou'
anteojo (m)	အဝေးကြည့်မှန်ပြောင်း	awei: gji. hman bjaun:
campana (f)	ခေါင်းလောင်း	gaun: laun:

bandera (f)	အလံ	alan
cabo (m) (maroma)	သင်္ဘောသုံးလွန်ကြိုး	thin: bo: dhaun: lun gjou:
nudo (m)	ကြိုးထုံး	kjou: htoun:
pasamano (m)	လက်ရန်း	le' jan
pasarela (f)	သင်္ဘောကုန်းပေါင်	thin: bo: koun: baun
ancla (f)	ကျောက်ဆူး	kjau' hsu:
levar ancla	ကျောက်ဆူးနုတ်သည်	kjau' hsu: nou' te
echar ancla	ကျောက်ချသည်	kjau' cha. de
cadena (f) del ancla	ကျောက်ဆူးကြိုး	kjau' hsu: kjou:
puerto (m)	ဆိပ်ကမ်း	hsi' kan:
embarcadero (m)	သင်္ဘောဆိပ်	thin: bo: zei'
amarrar (vt)	ဆိုက်ကပ်သည်	hseu' ka' de
desamarrar (vt)	စွန့်ပစ်သည်	sun. bi' de
viaje (m)	ခရီးထွက်ခြင်း	khaji: htwe' chin:
crucero (m) (viaje)	အပျော်ခရီး	apjo gaji:
derrota (f) (rumbo)	ဦးတည်ရာ	u: ti ja
itinerario (m)	လမ်းကြောင်း	lan: gjaun:
canal (m) navegable	သင်္ဘောရေကြောင်း	thin: bo: jei gjaun:
bajío (m)	ရေတိမ်ပိုင်း	jei dein bain:
encallar (vi)	ကမ်းကပ်သည်	kan ka' te
tempestad (f)	မုန်တိုင်း	moun dain:
señal (f)	အချက်ပြ	ache' pja.
hundirse (vr)	နစ်မြုပ်သည်	ni' mjou' te
¡Hombre al agua!	လူရေထဲကျ	lu jei de: gja
SOS	အက်စ်အိုအက်စ်	e's o e's
aro (m) salvavidas	အသက်ကယ်ဘော	athe' kai bo

172. El aeropuerto

aeropuerto (m)	လေဆိပ်	lei zi'
avión (m)	လေယာဉ်	lei jan
compañía (f) aérea	လေကြောင်း	lei gjaun:
controlador (m) aéreo	လေကြောင်းထိန်း	lei kjaun: din:
despegue (m)	ထွက်ခွာရာ	htwe' khwa ja
llegada (f)	ဆိုက်ရောက်ရာ	hseu' jau' ja
llegar (en avión)	ဆိုက်ရောက်သည်	hsai' jau' te
hora (f) de salida	ထွက်ခွာချိန်	htwe' khwa gjein
hora (f) de llegada	ဆိုက်ရောက်ချိန်	hseu' jau' chein
retrasarse (vr)	နောက်ကျသည်	nau' kja. de
retraso (m) de vuelo	လေယာဉ်နောက်ကျခြင်း	lei jan nau' kja. chin:
pantalla (f) de información	လေယာဉ်ခရီးစဉ်ပြဘုတ်	lei jan ga. ji: zi bja. bou'
información (f)	သတင်းအချက်အလက်	dhadin: akje' ale'
anunciar (vt)	ကြေငြာသည်	kjei nja de
vuelo (m)	ပျံသန်းမှု	pjan dan: hmu.

aduana (f)	အကောက်ဆိပ်	akau' hsein
aduanero (m)	အကောက်ခွန်အရာရှိ	akau' khun aja shi.
declaración (f) de aduana	အကောက်ခွန်ကြေငြာချက်	akau' khun gjei nja gje'
rellenar (vt)	လျှောက်လွှာဖြည့်သည်	shau' hlwa bji. de
rellenar la declaración	သယ်ယူပစ္စည်းစာရင်း ကြေညာသည်	the ju pji' si: zajin: kjei nja de
control (m) de pasaportes	ပတ်စ်ပို့ထိန်းချုပ်မှု	pa's pou. htein: gju' hmu.
equipaje (m)	ဝန်စည်စလည်	wun zi za. li
equipaje (m) de mano	လက်စွဲပစ္စည်း	le' swe: pji' si:
carrito (m) de equipaje	ပစ္စည်းတင်သည့်လှည်း	pji' si: din dhe. hle:
aterrizaje (m)	ဆင်းသက်ခြင်း	hsin: dha' chin:
pista (f) de aterrizaje	အဆင်းလမ်း	ahsin: lan:
aterrizar (vi)	ဆင်းသက်သည်	hsin: dha' te
escaleras (f pl) (de avión)	လေယာဉ်လှေကား	lei jan hlei ka:
facturación (f) (check-in)	စာရင်းသွင်းခြင်း	sajin: dhwin: gjin:
mostrador (m) de facturación	စာရင်းသွင်းကောင်တာ	sajin: gaun da
hacer el check-in	စာရင်းသွင်းသည်	sajin: dhwin: de
tarjeta (f) de embarque	လေယာဉ်ပေါ်တက်ခွင့်လက်မှတ်	lei jan bo de' khwin. le' hma'
puerta (f) de embarque	လေယာဉ်ထွက်ခွာရာဂိတ်	lei jan dwe' khwa ja gei'
tránsito (m)	အကူးအပြောင်း	aku: apjaun:
esperar (aguardar)	စောင့်သည်	saun. de
zona (f) de preembarque	ထွက်ခွာရာခန်းမ	htwe' kha ja gan: ma.
despedir (vt)	လိုက်ပို့သည်	lai' bou. de
despedirse (vr)	နှုတ်ဆက်သည်	hnou' hsei' te

173. La bicicleta. La motocicleta

bicicleta (f)	စက်ဘီး	se' bi:
scooter (m)	ဆိုင်ကယ်အပေါ့စား	hsain ge apau. za:
motocicleta (f)	ဆိုင်ကယ်	hsain ge
ir en bicicleta	စက်ဘီးစီးသည်	se' bi: zi: de
manillar (m)	လက်ကိုင်	le' kain
pedal (m)	ခြေနင်း	chei nin:
frenos (m pl)	ဘရိတ်	ba. rei'
sillín (m)	စက်ဘီးထိုင်ခုံ	se' bi: dai' goun
bomba (f)	လေထိုးတံ	lei dou: tan
portaequipajes (m)	နောက်တွဲထိုင်ခုံ	nau' twe: dain goun
faro (m)	ရှေ့မီး	shei. mi:
casco (m)	ဟဲလ်မက်ဦးထုပ်	he: l me u: htou'
rueda (f)	ဘီး	bi:
guardabarros (m)	ဘီးကာ	bi: ga
llanta (f)	ခွေ	khwei
rayo (m)	စပုတ်တံ	sapou' tan

Los coches

174. El coche

coche (m)	ကား	ka:
coche (m) deportivo	ပြိုင်ကား	pjain ga:
limusina (f)	အလှစီးဇိမ်ခံကား	ahla. zi: zin khan ka:
todoterreno (m)	လမ်းကြမ်းမောင်းကား	lan: kjan: maun: ka:
cabriolé (m)	အမိုးခေါက်ကား	amou: gau' ka:
microbús (m)	မီနီဘတ်စ်	mi ni ba's
ambulancia (f)	လူနာတင်ကား	lu na din ga:
quitanieves (m)	နှင်းကော်ကား	hnin: go: ga:
camión (m)	ကုန်တင်ကား	koun din ka:
camión (m) cisterna	ရေတင်ကား	jei din ga:
camioneta (f)	ပစ္စည်းတင်ဗင်ကား	pji' si: din bin ga:
cabeza (f) tractora	နောက်တွဲပါကုန်တင်ယာဉ်	nau' twe: ba goun din jan
remolque (m)	နောက်တွဲယာဉ်	nau' twe: jan
confortable (adj)	သက်တောင့်သက်သာဖြစ်သော	the' taun. the' tha hpji' te.
de ocasión (adj)	တစ်ပတ်ရစ်	ti' pa' ji'

175. El coche. El taller

capó (m)	စက်ခေါင်းအဖုံး	se' khaun: ahpoun:
guardabarros (m)	ရွံ့ကာ	shwan. ga
techo (m)	ကားခေါင်မိုး	ka: gaun mou:
parabrisas (m)	လေကာမှန်	lei ga hman
espejo (m) retrovisor	နောက်ကြည့်မှန်	nau' kje. hman
limpiador (m)	လေကာမှန်ဝါရှာ	lei ga hman wa sha
limpiaparabrisas (m)	လေကာမှန်ရေသုတ်တံ	lei ga hman jei thou' tan
ventana (f) lateral	ဘေးတံခါးမှန်	bei: dan ga: hman
elevalunas (m)	တံခါးခလုတ်	daga: kha lou'
antena (f)	အင်တန်နာတိုင်	in tan na tain
techo (m) solar	နေကာမှန်	nei ga hman
parachoques (m)	ကားဘန်ပါ	ka: ban ba
maletero (m)	ပစ္စည်းခန်း	pji' si: khan:
baca (f) (portaequipajes)	ခေါင်မိုးပစ္စည်းတင်စင်	gaun mou: pji' si: din zin
puerta (f)	တံခါး	daga:
tirador (m) de puerta	တံခါးလက်ကိုင်	daga: le' kain
cerradura (f)	တံခါးသော့	daga: dho.
matrícula (f)	လိုင်စင်ပြား	lain zin bja:
silenciador (m)	အသံထိန်းကိရိယာ	athan dein: gi. ji. ja

tanque (m) de gasolina	ဆီတိုင်ကီ	hsi dain gi
tubo (m) de escape	အိတ်ဇော	ei' zo:
acelerador (m)	လီဗာ	li ba
pedal (m)	ခြေနင်း	chei nin:
pedal (m) de acelerador	လီဗာနင်းပြား	li ba nin: bja
freno (m)	ဘရိတ်	ba. rei'
pedal (m) de freno	ဘရိတ်နင်ပြား	ba. rei' nin bja:
frenar (vi)	ဘရိတ်အုပ်သည်	ba. rei' au' te
freno (m) de mano	ပါကင်ဘရိတ်	pa gin ba. jei'
embrague (m)	ကလပ်	kala'
pedal (m) de embrague	ခြေနင်းကလပ်	chei nin: gala'
disco (m) de embrague	ကလပ်ပြား	kala' pja:
amortiguador (m)	ရှော့ခ်အပ်ဆော်ဗာ	sho.kh a' hso ba
rueda (f)	ဘီး	bi:
rueda (f) de repuesto	အပိုတာယာ	apou daja
neumático (m)	တာယာ	ta ja
tapacubo (m)	ဘီးဖုံး	bi: boun:
ruedas (f pl) motrices	တွန်းအားပေးသောဘီးများ	tun: a: bei: do: bi: mja:
de tracción delantera	ရှေ့ဘီးအုံ	shei. bi: oun
de tracción trasera	ဝင်ရိုးအုံ	win jou: oun
de tracción integral	အောဝီးလ်ဒရိုက်ဘီးအုံ	o: wi: l da. shik bi: oun
caja (f) de cambios	ဂီယာဘောက်	gi ja bau'
automático (adj)	အလိုအလျောက်ဖြစ်သော	alou aljau' hpji' te.
mecánico (adj)	စက်နှင့်ဆိုင်သော	se' hnin. zain de.
palanca (f) de cambios	ဂီယာတံ	gi ja dan
faro (m) delantero	ရှေ့မီး	shei. mi:
faros (m pl)	ရှေ့မီးများ	shei. mi: mja:
luz (f) de cruce	အောက်မီး	au' mi:
luz (f) de carretera	အဝေးမီး	awei: mi:
luz (f) de freno	ဘရိတ်မီး	ba. rei' mi:
luz (f) de posición	ပါကင်မီး	pa gin mi:
luces (f pl) de emergencia	အရေးပေါ်အချက်ပြမီး	ajei: po' che' pja. mi:
luces (f pl) antiniebla	မြူနှင်းအလင်းဖေါက်မီး	hmju hnin: alin: bau' mi:
intermitente (m)	အကွေ့အချက်ပြမီး	akwei. ache' pja. mi:
luz (f) de marcha atrás	နောက်ဘက်အချက်ပြမီး	nau' be' ache' pja. mi:

176. El coche. El compartimiento de pasajeros

habitáculo (m)	အတွင်းပိုင်း	atwin: bain:
de cuero (adj)	သားရေနှင့်လုပ်ထားသော	tha: jei hnin. lou' hta: de.
de felpa (adj)	ကတ္တီပါအထူစား	gadi ba ahtu za:
tapizado (m)	ကူရှင်	ku shin
instrumento (m)	စံပမဏတိုင်းကိရိယာ	san bamana dain: gi ji ja
salpicadero (m)	ဒက်ရှ်ဘုတ်	de' sh bou'

velocímetro (m)	ကားအရှိန်တိုင်းကိရိယာ	ka: ashein dain: ki. ja. ja
aguja (f)	လက်တံ	le' tan
cuentakilómetros (m)	ခရီးမိုင်တိုင်းကိရိယာ	khaji: main dain: ki. ji. ja
indicador (m)	ဒိုင်ခွက်	dain gwa'
nivel (m)	ရေချိန်	jei gjain
testigo (m) (~ luminoso)	သတိပေးမီး	dhadi. pei: mi:
volante (m)	လက်ကိုင်ဘီး	le' kain bi:
bocina (f)	ဟွန်း	hwun:
botón (m)	ခလုတ်	khalou'
interruptor (m)	ခလုတ်	khalou'
asiento (m)	ထိုင်ခုံ	htain goun
respaldo (m)	နောက်မှီ	nau' mi
reposacabezas (m)	ခေါင်းမှီ	gaun: hmi
cinturón (m) de seguridad	ထိုင်ခုံခါးပတ်	htain goun ga: pa'
abrocharse el cinturón	ထိုင်ခုံခါးပတ်ပတ်သည်	htain goun ga: pa' pa' te
reglaje (m)	ချိန်ညှိခြင်း	chein hnji. chin:
bolsa (f) de aire (airbag)	လေအိတ်	lei i'
climatizador (m)	လေအေးပေးစက်	lei ei: bei: ze'
radio (m)	ရေဒီယို	rei di jou
reproductor (m) de CD	စီဒီပလေယာ	si di ba. lei ja
encender (vt)	ဖွင့်သည်	hpwin. de
antena (f)	အင်တန်နာတိုင်	in tan na tain
guantera (f)	ပစ္စည်းထည့်ရန်အံဆွဲ	pji' si: de. jan an ze:
cenicero (m)	ဆေးလိပ်ပြာခွက်	hsei: lei' pja gwe'

177. El coche. El motor

motor (m)	အင်ဂျင်	in gjin
diésel (adj)	ဒီဇယ်	di ze
a gasolina (adj)	ဓါတ်ဆီ	da' hsi
volumen (m) del motor	အင်ဂျင်ထုထည်	in gjin htu. hte
potencia (f)	စွမ်းအား	swan: a:
caballo (m) de fuerza	မြင်းကောင်ရေအား	mjin: gaun jei a:
pistón (m)	ပစ္စတင်	pji' sa. tin
cilindro (m)	ဆလင်ဒါ	hsa. lin da
válvula (f)	အဆို့ရှင်	ahsou. shin
inyector (m)	ထိုးတံ	htou: dan
generador (m)	ဂျင်နရေတာ	gjin na. jei ta
carburador (m)	ကာဗရက်တာ	ka ba. je' ta
aceite (m) de motor	စက်ဆီ	se' hsi
radiador (m)	ရေတိုင်ကီ	jei dain gi
liquido (m) refrigerante	အင်ဂျင်အေးစေ သည့်အရည်-ကူးလန့်	in gjin ei: zei dhi. aji - ku: lan.
ventilador (m)	အအေးပေးပန်ကာ	aei: bei: ban ga
estárter (m)	စက်နှိုးကိရိယာ	se' hnou: ki. ji. ja
encendido (m)	မီးပေးအပိုင်း	mi: bei: apain:

bujía (f)	မီးပွားပလက်	mi: bwa: ba. la'
fusible (m)	ဖျူးစ်	hpju: s
batería (f)	ဘတ်ထရီ	ba' hta ji
terminal (m)	ဘက်ထရီထိပ်စွန်း	be' hta. ji htei' swan:
terminal (m) positivo	ဘက်ထရီအဖိုစွန်း	be' hta. ji ahpou zwan:
terminal (m) negativo	ဘက်ထရီအမစွန်း	be' hta. ji ama. zwan:
filtro (m) de aire	လေစစ်ကိရိယာ	lei zi' ki. ji. ja
filtro (m) de aceite	ဆီစစ်ကိရိယာ	hsi za' ki. ji. ja
filtro (m) de combustible	လောင်စာဆီစစ်ကိရိယာ	laun za hsi zi' ki. ji. ja

178. El coche. Accidente de tráfico. La reparación

accidente (m)	ကားတိုက်ခြင်း	ka: dou' chin:
accidente (m) de tráfico	မတော်တဆယာဉ်တိုက်မှု	ma. do da. za. jan dai' hmu.
chocar contra ...	ဝင်တိုက်သည်	win dai' te
tener un accidente	အရှိန်ပြင်းစွာတိုက်မိသည်	ashein bjin: zwa daik mi. de
daño (m)	အပျက်အစီး	apje' asi:
intacto (adj)	မချွတ်ယွင်းသော	ma gjwe' jwin: de.
pana (f)	စက်ချွတ်ယွင်းခြင်း	se' chu' jwin: gjin:
averiarse (vr)	စက်ချွတ်ယွင်းသည်	se' chu' jwin: de
remolque (m) (cuerda)	လွန်ကြိုးကြီး	lun gjou: gji:
pinchazo (m)	ဘီးပေါက်ခြင်း	bi: bau' chin:
desinflarse (vr)	ပြားကပ်သွားသည်	pja: ga' thwa: de
inflar (vt)	လေထိုးသည်	lei dou: de
presión (f)	ဖိအား	hpi. a:
verificar (vt)	စစ်ဆေးသည်	si' hsei: de
reparación (f)	ပြင်ခြင်း	pjin gjin:
taller (m)	ကားပြင်ဆိုင်	ka: bjin zain
parte (f) de repuesto	စက်အပိုပစ္စည်း	se' apou pji' si:
parte (f)	အစိတ်အပိုင်း	asei' apain:
perno (m)	မူလီ	mu li
tornillo (m)	ဝက်အူ	we' u
tuerca (f)	မူလီခေါင်း	mu li gaun:
arandela (f)	ဝါရှာ	wa sha
rodamiento (m)	ဘယ်ယာရင်	be ja jin
tubo (m)	ပိုက်	pai'
junta (f)	ဆက်ရာကိုဖုံးသည့်ကွင်း	hse' ja gou boun: dhe. gwin:
cable, hilo (m)	ဝိုင်ယာကြိုး	wain ja gjou:
gato (m)	ဂျိုက်	gjou'
llave (f) de tuerca	ခွ	khwa.
martillo (m)	တူ	tu
bomba (f)	လေထိုးစက်	lei dou: ze'
destornillador (m)	ဝက်အူလှည့်	we' u hli.
extintor (m)	မီးသတ်ဘူး	mi: tha' bu:
triángulo (m) de avería	ရပ်သတိပေးသော အမှတ်အသား	ja' thati bei: de. ahma' atha:

pararse, calarse (vr)	စက် ရုတ်တရုတ်သေသည်	se' jou' taja' dhei de
parada (f) (del motor)	အင်ဂျင်စက် သေသွားခြင်း	in gjin sek thei thwa: gjin:
estar averiado	ကျိုးသွားသည်	kjou: dhwa: de
recalentarse (vr)	စက်အရမ်းပူသွားသည်	se' ajan: bu dhwa: de
estar atascado	တစ်ဆို့သည်	ti' hsou. de
congelarse (vr)	အေးအောင်လုပ်သည်	ei: aun lou' te
reventar (vi)	ကျိုးပေါက်သည်	kjou: bau' te
presión (f)	ဖိအား	hpi. a:
nivel (m)	ရေချိန်	jei gjain
flojo (correa ~a)	လျော့တိလျော့ရဲဖြစ်သော	ljau. di. ljau. je: hpji' de
abolladura (f)	အချိုင့်	achoun.
ruido (m) (en el motor)	ခေါက်သံ	khau' dhan
grieta (f)	အက်ကြောင်း	e' kjaun:
rozadura (f)	ခြစ်ရာ	chi' ja

179. El coche. El camino

camino (m)	လမ်း	lan:
autovía (f)	အဝေးပြေးလမ်းမကြီး	awei: bjei: lan: ma. gji:
carretera (f)	အမြန်လမ်းမကြီး	aman lan: ma. mji:
dirección (f)	ဦးတည်ရာ	u: te ja
distancia (f)	အကွာအဝေး	akwa awei:
puente (m)	တံတား	dada:
aparcamiento (m)	ကားပါကင်	ka: pa kin
plaza (f)	ရင်ပြင်	jin bjin
intercambiador (m)	အဝေးပြေးလမ်းမကြီးများဆုံရာ	awei: bjei: lan: ma. gji: mja: zoun ja
túnel (m)	ဥမင်လိုဏ်ခေါင်း	u. min lain gaun:
gasolinera (f)	ဆီဆိုင်	hsi: zain
aparcamiento (m)	ကားပါကင်	ka: pa kin
surtidor (m)	ဆီပိုက်	hsi pou'
taller (m)	ကားပြင်ဆိုင်	ka: bjin zain
cargar gasolina	ဓါတ်ဆီထည့်သည်	da' hsi de. de
combustible (m)	လောင်စာ	laun za
bidón (m) de gasolina	ဓာတ်ဆီပုံး	da' hsi boun:
asfalto (m)	နိုင်လွန်ကတ္တရာ	nain lun ga' taja
señalización (f) vial	လမ်းအမှတ်အသား	lan: ahma' atha:
bordillo (m)	ပလက်ဖောင်းဘောင်	pa. je' hpaun: baun:
barrera (f) de seguridad	လမ်းဘေးအရံအတား	lan: bei: ajan ata:
cuneta (f)	လမ်းဘေးမြောင်း	lan: bei: mjaun:
borde (m) de la carretera	လမ်းဘေးမြေသား	lan: bei: mjei dha:
farola (f)	တိုင်	tain
conducir (vi, vt)	မောင်းနှင်သည်	maun: hnin de
girar (~ a la izquierda)	ကွေ့သည်	kwei. de
girar en U	ကွေ့သည်	kwei. de
marcha (f) atrás	နောက်ပြန်	nau' pjan
tocar la bocina	ဟွန်းတီးသည်	hwun: di: de

bocinazo (m)	ဟွန်း	hwun:
atascarse (vr)	နစ်သည်	ni' te
patinar (vi)	ဘီးလည်စေသည်	bi: le zei de
parar (el motor)	ရပ်သည်	ja' te
velocidad (f)	နှုန်း	hnun:
exceder la velocidad	သတ်မှတ်နှုန်းထက် ပိုမောင်းသည်	tha' hma' hnoun: de' pou maun: de
multar (vt)	ဒဏ်ရိုက်သည်	dan jai' de
semáforo (m)	မီးပွိုင့်	mi: bwain.
permiso (m) de conducir	ကားလိုင်စင်	ka: lain zin
paso (m) a nivel	ရထားလမ်းကူး	jatha: lan: gu:
cruce (m)	လမ်းဆုံ	lan: zoun
paso (m) de peatones	လူကူးမျဉ်းကြား	lu gu: mji: gja:
zona (f) de peatones	လမ်းသွားလမ်းလာနေရာ	lan: dhwa: lan: la nei ja

180. Las señales de tráfico

reglas (f pl) de tránsito	လမ်းစည်းကမ်း	lan: ze: kan:
señal (m) de tráfico	မီးပွိုင့်ဆိုင်ရာ ဆိုင်းဘုတ်များ	mi: bwain. zain ja zain: bou' mja:
adelantamiento (m)	ကျော်တက်ခြင်း	kjo de' chin:
curva (f)	လမ်းအကွေ့	lan: akwei.
vuelta (f) en U	ပစောက်ကွေ့	pa. zau' kwei.
rotonda (f)	မီးပွိုင့်အဝိုင်းပတ်	mi: bwain. awain: ba'
Prohibido el paso	လမ်းထဲ မဝင်ရ	lan: de: ma. win ja.
Circulación prohibida	ယာဉ်မဝင်ရအမှတ်အသား	jin ma. win ja. ahma' atha:
Prohibido adelantar	ကျော်မတက်ရ အမှတ်အသား	kjo ma. de ja. ahma' atha:
Prohibido aparcar	ကားရပ်နားခြင်းမပြုရ	ka: ja' na gjin: ma. pju ja
Prohibido parar	ကားမရပ်ရ	ka: ma. ja' ja
curva (f) peligrosa	အန္တရာယ်ကွေ့	an dare gwei.
bajada con fuerte pendiente	ဆင်ခြေလျှောမတ်စောက်လမ်း	hsin gjei sho: ma' sau' lan:
sentido (m) único	တစ်လမ်းသွား	ti' lan: dhwa:
paso (m) de peatones	လူကူးမျဉ်းကြား	lu gu: mji: gja:
pavimento (m) deslizante	ချော်နေသောလမ်း	cho nei dho: lan:
ceda el paso	တဖက်ကားကိုဦးစားပေးပါ	tahpa' ka: gou u: za: bei: ba

LA GENTE. ACONTECIMIENTOS DE LA VIDA

181. Los días festivos. Los eventos

fiesta (f)	ပျော်ပွဲရွှင်ပွဲ	pjo bwe: shin bwe:
fiesta (f) nacional	အမျိုးသားနေ့	amjou: dha: nei.
día (m) de fiesta	ပွဲတော်ရက်	pwe: do je'
celebrar (vt)	အထိမ်းအမှတ်အဖြစ်ကျင်းပသည်	a htin: ahma' ahpja' kjin: ba. de
evento (m)	အဖြစ်အပျက်	a hpji' apje'
medida (f)	အစီအစဉ်	asi asin
banquete (m)	ဂုဏ်ပြုစားပွဲ	goun bju za: bwe:
recepción (f)	ဧည့်ကြိုနေရာ	e. gjou nei ja
festín (m)	စားသောက်ဧည့်ခံပွဲ	sa: thau' e. gan bwe:
aniversario (m)	နှစ်ပတ်လည်	hni' ba' le
jubileo (m)	ရတု	jadu.
Año (m) Nuevo	နှစ်သစ်ကူး	hni' thi' ku:
¡Feliz Año Nuevo!	ပျော်ရွှင်ဖွယ်နှစ်သစ်ကူးဖြစ်ပါစေ	pjo shin bwe: hni' ku: hpji' ba zei
Papá Noel (m)	ခရစ္စမတ်ဘိုးဘိုး	khari' sa. ma' bou: bou:
Navidad (f)	ခရစ္စမတ်ပွဲတော်	khari' sa. ma' pwe: do
¡Feliz Navidad!	မယ်ရီခရစ္စမတ်	me ji kha. ji' sa. ma'
árbol (m) de Navidad	ခရစ္စမတ်သစ်ပင်	khari' sa. ma' thi' pin
fuegos (m pl) artificiales	မီးရှူးမီးပန်း	mi: shu: mi: ban:
boda (f)	မင်္ဂလာဆောင်ပွဲ	min ga. la zaun bwe:
novio (m)	သတို့သား	dhadou. tha:
novia (f)	သတို့သမီး	dhadou. thami:
invitar (vt)	ဖိတ်သည်	hpi' de
tarjeta (f) de invitación	ဖိတ်စာကဒ်	hpi' sa ka'
invitado (m)	ဧည့်သည်	e. dhe
visitar (vt) (a los amigos)	အိမ်လည်သွားသည်	ein le dhwa: de
recibir a los invitados	ဧည့်သည်ကြိုဆိုသည်	e. dhe gjou zou de
regalo (m)	လက်ဆောင်	le' hsaun
regalar (vt)	ပေးသည်	pei: de
recibir regalos	လက်ဆောင်ရသည်	le' hsaun ja. de
ramo (m) de flores	ပန်းစည်း	pan: ze:
felicitación (f)	ဂုဏ်ပြုခြင်း	goun bju chin:
felicitar (vt)	ဂုဏ်ပြုသည်	goun bju de
tarjeta (f) de felicitación	ဂုဏ်ပြုကဒ်	goun bju ka'
enviar una tarjeta	ပို့စ်ကဒ်ပေးသည်	pou. s ka' pei: de

recibir una tarjeta	ပို့စ်ကဒ်လက်ခံရရှိသည်	pou. s ka' le' khan ja. shi. de
brindis (m)	ဆုတောင်းဂုဏ်ပြုခြင်း	hsu. daun: goun pju. gjin:
ofrecer (~ una copa)	ကျွေးသည်	kjwei: de
champaña (f)	ရှန်ပိန်	shan pein
divertirse (vr)	ပျော်ရွှင်သည်	pjo shwin de
diversión (f)	ပျော်ရွှင်မှု	pjo shwin hmu
alegría (f) (emoción)	ပျော်ရွှင်ခြင်း	pjo shwin gjin:
baile (m)	အက	aka.
bailar (vi, vt)	ကသည်	ka de
vals (m)	ဝေါ့ဇ်အက	wo. z aka.
tango (m)	တန်ဂိုအက	tan gou aka.

182. Los funerales. El entierro

cementerio (m)	သင်္ချိုင်း	thin gjain:
tumba (f)	အုတ်ဂူ	ou' gu
cruz (f)	လက်ဝါးကပ်တိုင်အမှတ်အသား	le' wa: ka' tain ahma' atha:
lápida (f)	အုတ်ဂူကျောက်တုံး	ou' gu kjau' toun.
verja (f)	ခြံစည်းရိုး	chan zi: jou:
capilla (f)	ဝတ်ပြုဆုတောင်းရာနေရာ	wa' pju. u. daun: ja nei ja
muerte (f)	သေခြင်းတရား	thei gjin: daja:
morir (vi)	ကွယ်လွန်သည်	kwe lun de
difunto (m)	ကွယ်လွန်သူ	kwe lun dhu
luto (m)	ဝမ်းနည်းကြေကွဲခြင်း	wan: ne: gjei gwe gjin:
enterrar (vt)	မြေမြှုပ်သင်္ဂြိုလ်သည်	mjei hmjou' dha. gjoun de
funeraria (f)	အသုဘရှုရန်နေရာ	athu. ba. shu. jan nei ja
entierro (m)	ဈာပန	za ba. na.
corona (f) funeraria	ပန်းခွေ	pan gwei
ataúd (m)	ခေါင်း	gaun:
coche (m) fúnebre	နိဗ္ဗာန်ယာဉ်	nei' ban jan
mortaja (f)	လူသေပတ်သည့်အဝတ်စ	lu dhei ba' the. awa' za.
cortejo (m) fúnebre	အသုဘယာဉ်တန်း	athu. ba. in dan:
urna (f) funeraria	အရိုးပြာအိုး	ajain: bja ou:
crematorio (m)	မီးသင်္ဂြိုလ်ရုံ	mi: dha. gjoun joun
necrología (f)	နာရေးသတင်း	na jei: dha. din:
llorar (vi)	ငိုသည်	ngou de
sollozar (vi)	ရှိုက်ငိုသည်	shai' ngou de

183. La guerra. Los soldados

sección (f)	တပ်စု	ta' su.
compañía (f)	တပ်ခွဲ	ta' khwe:
regimiento (m)	တပ်ရင်း	ta' jin:
ejército (m)	တပ်မတော်	ta' mado

división (f)	တိုင်းအဆင့်	tain: ahsin.
destacamento (m)	အထူးစစ်သားအဖွဲ့ငယ်	a htu: za' tha: ahpwe. nge
hueste (f)	စစ်တပ်ဖွဲ့	si' ta' hpwe.
soldado (m)	စစ်သား	si' tha:
oficial (m)	အရာရှိ	aja shi.
soldado (m) raso	တပ်သား	ta' tha:
sargento (m)	တပ်ကြပ်ကြီး	ta' kja' kji:
teniente (m)	ဗိုလ်	bou
capitán (m)	ဗိုလ်ကြီး	bou gji
mayor (m)	ဗိုလ်မှူး	bou hmu:
coronel (m)	ဗိုလ်မှူးကြီး	bou hmu: gji:
general (m)	ဗိုလ်ချုပ်	bou gjou'
marino (m)	ရေတပ်သား	jei da' tha:
capitán (m)	ဗိုလ်ကြီး	bou gji
contramaestre (m)	သင်္ဘောအရာရှိငယ်	thin: bo: aja shi. nge
artillero (m)	အမြောက်တပ်သား	amjau' thin de.
paracaidista (m)	လေထီးခုန်စစ်သား	lei di: goun zi' tha:
piloto (m)	လေယာဉ်မှူး	lei jan hmu:
navegador (m)	လေကြောင်းပြ	lei gjaun: bja.
mecánico (m)	စက်ပြင်ဆရာ	se' pjin zaja
zapador (m)	မိုင်းရှင်းသူ	main: shin: dhu
paracaidista (m)	လေထီးခုန်သူ	lei di: goun dhu
explorador (m)	ကင်းထောက်	kin: dau'
francotirador (m)	လက်ဖြောင့်စစ်သား	le' hpaun. zi' tha:
patrulla (f)	လှည့်ကင်း	hle. kin:
patrullar (vi, vt)	ကင်းလှည့်သည်	kin: hle. de
centinela (m)	ကင်းသမား	kin: dhama:
guerrero (m)	စစ်သည်	si' te
patriota (m)	မျိုးချစ်သူ	mjou: gji dhu
héroe (m)	သူရဲကောင်း	thu je: kaun:
heroína (f)	အမျိုးသမီးလူ စွမ်းကောင်း	amjou: dhami: lu swan: gaun:
traidor (m)	သစ္စာဖောက်	thi' sabau'
traicionar (vt)	သစ္စာဖောက်သည်	thi' sabau' te
desertor (m)	စစ်ပြေး	si' pjei:
desertar (vi)	စစ်တပ်မှထွက်ပြေးသည်	si' ta' hma. dwe' pjei: de
mercenario (m)	ကြေးစားစစ်သား	kjei: za za' tha:
recluta (m)	တပ်သားသစ်	ta' tha: dhi'
voluntario (m)	မိမိ၏ဆန္ဒ အရစစ်ထဲဝင်သူ	mi. mi. i zan da. aja. zi' hte: win dhu
muerto (m)	တိုက်ပွဲကျသူ	tai' pwe: gja dhu
herido (m)	ဒဏ်ရာရသူ	dan ja ja. dhu
prisionero (m)	စစ်သုံ့ပန်း	si' thoun. ban:

184. La guerra. El ámbito militar. Unidad 1

guerra (f)	စစ်ပွဲ	si' pwe:
estar en guerra	စစ်ပွဲပါဝင်ဆင်နွှဲသည်	si' pwe: ba win zin hnwe: de
guerra (f) civil	ပြည်တွင်းစစ်	pji dwin: zi'
pérfidamente (adv)	သစ္စာဖောက်သွေဖီလျက်	thi' sabau' thwei bi le'
declaración (f) de guerra	စစ်ကြေငြာခြင်း	si' kjei nja gjin:
declarar (~ la guerra)	ကြေငြာသည်	kjei nja de
agresión (f)	ကျူးကျော်ရန်စမှု	kju: gjo jan za. hmu.
atacar (~ a un país)	တိုက်ခိုက်သည်	tai' khai' te
invadir (vt)	ကျူးကျော်ဝင်ရောက်သည်	kju: gjo win jau' te
invasor (m)	ကျူးကျော်ဝင်ရောက်သူ	kju: gjo win jau' thu
conquistador (m)	အောင်နိုင်သူ	aun nain dhu
defensa (f)	ကာကွယ်ရေး	ka gwe ei:
defender (vt)	ကာကွယ်သည်	ka gwe de
defenderse (vr)	ခုခံကာကွယ်သည်	khu. gan ga gwe de
enemigo (m), adversario (m)	ရန်သူ	jan dhu
enemigo (m)	ရန်သူ	jan dhu
adversario (m)	ပြိုင်ဘက်	pjain be'
enemigo (adj)	ရန်သူ	jan dhu
estrategia (f)	မဟာဗျူဟာ	maha bju ha
táctica (f)	ဗျူဟာ	bju ha
orden (f)	အမိန့်	amin.
comando (m)	အမိန့်	amin.
ordenar (vt)	အမိန့်ပေးသည်	amin. bei: de
misión (f)	ရည်မှန်းချက်	ji hman: gje'
secreto (adj)	လျှို့ဝှက်သော	shou. hwe' te.
batalla (f)	တိုက်ပွဲငယ်	tai' pwe: nge
combate (m)	တိုက်ပွဲ	tai' pwe:
ataque (m)	တိုက်စစ်	tai' si'
asalto (m)	တဟုန်ထိုးတိုက်ခိုက်ခြင်း	tahoun
tomar por asalto	တရကြမ်းတိုက်ခိုက်သည်	tara gjan: dai' khai' te
asedio (m), sitio (m)	ဝန်းရံလုပ်ကြံခြင်း	wun: jan lou' chan gjin:
ofensiva (f)	ထိုးစစ်	htou: zi'
tomar la ofensiva	ထိုးစစ်ဆင်နွှဲသည်	htou: zi' hsin hnwe: de
retirada (f)	ဆုတ်ခွာခြင်း	hsou' khwa gjin
retirarse (vr)	ဆုတ်ခွာသည်	hsou' khwa de
envolvimiento (m)	ဝန်းရံပိတ်ဆို့ထားခြင်း	wun: jan bei' zou. da: chin:
cercar (vt)	ဝန်းရံပိတ်ဆို့ထားသည်	wun: jan bei' zou. da: de
bombardeo (m)	ဗုံးကြဲချခြင်း	boun: gje: gja. gjin:
lanzar una bomba	ဗုံးကြဲချသည်	boun: gje: gja. de
bombear (vt)	ဗုံးကြဲတိုက်ခိုက်သည်	boun: gje: dai' khai' te
explosión (f)	ပေါက်ကွဲမှု	pau' kwe: hmu.

tiro (m), disparo (m)	ပစ်ချက်	pi' che'
disparar (vi)	ပစ်သည်	pi' te
tiro (m) (de artillería)	ပစ်ခတ်ခြင်း	pi' che' chin:
apuntar a ...	ပစ်မှတ်ချိန်သည်	pi' hma' chein de
encarar (apuntar)	ချိန်ရွယ်သည်	chein jwe de
alcanzar (el objetivo)	ပစ်မှတ်ထိသည်	pi' hma' hti. de
hundir (vt)	နစ်မြုပ်သည်	ni' mjou' te
brecha (f) (~ en el casco)	အပေါက်	apau'
hundirse (vr)	နစ်မြုပ်သည်	hni' hmjou' te
frente (m)	ရှေ့တန်း	shei. dan:
evacuación (f)	စစ်ဘေးရှောင်ခြင်း	si' bei: shaun gjin:
evacuar (vt)	စစ်ဘေးရှောင်သည်	si' bei: shaun de
trinchera (f)	ကတုတ်ကျင်း	gadou kjin:
alambre (m) de púas	သံဆူးကြိုး	than zu: gjou:
barrera (f) (~ antitanque)	အတားအဆီး	ata: ahsi:
torre (f) de vigilancia	မျှော်စင်	hmjo zin
hospital (m)	ရှေ့တန်းစစ်ဆေးရုံ	shei. dan: zi' zei: joun
herir (vt)	ဒဏ်ရာရသည်	dan ja ja. de
herida (f)	ဒဏ်ရာ	dan ja
herido (m)	ဒဏ်ရာရသူ	dan ja ja. dhu
recibir una herida	ဒဏ်ရာရစေသည်	dan ja ja. zei de
grave (herida)	ပြင်းထန်သော	pjin: dan dho:

185. La guerra. El ámbito militar. Unidad 2

cautiverio (m)	သုံ့ပန်း	thoun. ban:
capturar (vt)	သုံ့ပန်းအဖြစ်ဖမ်းသည်	thoun. ban: ahpji' hpan: de
estar en cautiverio	သုံ့ပန်းဖြစ်သွားသည်	thoun. ban: bji' thwa: de
caer prisionero	သုံ့ပန်းအဖြစ် အဖမ်းခံရသည်	thoun. ban: ahpji' ahpan: gan ja. de
campo (m) de concentración	ညှင်းပန်းနှိပ်စက်ရာစခန်း	hnjin: ban: nei' ze' ja za. gan:
prisionero (m)	စစ်သုံ့ပန်း	si' thoun. ban:
escapar (de cautiverio)	လွတ်မြောက်သည်	lu' mjau' te
traicionar (vt)	သစ္စာဖောက်သည်	thi' sabau' te
traidor (m)	သစ္စာဖောက်သူ	thi' sabau' thu
traición (f)	သစ္စာဖောက်မှု	thi' sabau' hmu.
fusilar (vt)	ပစ်သတ်ကွပ်မျက်ခံရသည်	pi' tha' ku' mje' khan ja. de
fusilamiento (m)	ပစ်သတ်ကွပ်မျက်ခြင်း	pi' tha' ku' mje' chin:
equipo (m) (uniforme, etc.)	ပစ္စည်းကိရိယာများ	pji' si: gi. ji. ja mja:
hombrera (f)	ပခုံးဘားတန်း	pakhoun: ba: dan:
máscara (f) antigás	ဓာတ်ငွေ့ကာမျက်နှာဖုံး	da' ngwei. ga mje' na boun:
radio transmisor (m)	ရေဒီယိုစက်ကွင်း	rei di jou ze' kwin:
cifra (f) (código)	လျှို့ဝှက် ကုဒ်သင်္ကေတ	shou. hwe' kou' dha
conspiración (f)	လျှို့ဝှက်ခြင်း	shou hwe' chin:

contraseña (f)	စကားဝှက်	zaga: hwe'
mina (f) terrestre	မြေမြှုပ်မိုင်း	mjei hmja' main:
minar (poner minas)	မိုင်းထောင်သည်	main: daun de
campo (m) minado	မိုင်းမြေ	main: mjei
alarma (f) aérea	လေကြောင်းအန္တရာယ်သ တိပေးဥဩသံ	lei kjan: an da. ja dha. di. bei: nja. o. dhan
alarma (f)	သတိပေးခေါင်းလောင်းသံ	dhadi. pei: gaun: laun: dhan
señal (f)	အချက်ပြ	ache' pja.
cohete (m) de señales	အချက်ပြမီးကျည်	ache' pja. mi: gji
estado (m) mayor	ဌာနချုပ်	hta. na. gjou'
reconocimiento (m)	ထောက်လှမ်းခြင်း	htau' hlan: gjin:
situación (f)	အခြေအနေ	achei anei
informe (m)	အစီရင်ခံစာ	asi jin gan za
emboscada (f)	ချုံခိုတိုက်ခိုက်ခြင်း	choun gou dai' khai' chin:
refuerzo (m)	စစ်ကူ	si' ku
blanco (m)	ပစ်မှတ်	pi' hma'
terreno (m) de prueba	လေ့ကျင့်ရေးကွင်း	lei. kjin. jei: gwin:
maniobras (f pl)	စစ်ရေးလေ့ကျင့်မှု	si' jei: lei. gjin. hmu.
pánico (m)	ထိပ်ထိပ်ပြာပြာဖြစ်ခြင်း	htei' htei' pja bja bji' chin:
devastación (f)	ကြီးစွာသောအပျက်အစီး	kji: zwa dho apje' asi:
destrucciones (f pl)	အပျက်အစီး	apje' asi:
destruir (vt)	ဖျက်ဆီးသည်	hpje' hsi: de
sobrevivir (vi, vt)	အသက်ရှင်ကျန်ရစ်သည်	athe' shin kjin ja' te
desarmar (vt)	လက်နက်သိမ်းသည်	le' ne' thain de
manejar (un arma)	ကိုင်တွယ်သည်	kain dwe de
¡Firmes!	သတိ	thadi.
¡Descanso!	သက်သာ	the' tha
hazaña (f)	စွန့်စားမှု	sun. za: hmu.
juramento (m)	ကျမ်းသစ္စာ	kjan: thi' sa
jurar (vt)	ကျမ်းသစ္စာဆိုသည်	kjan: thi' sa hsou de
condecoración (f)	တန်ဆာဆင်မှု	tan za zin hmu.
condecorar (vt)	ဆုတံဆိပ်ချီးမြှင့်သည်	hsu. dazei' chi: hmjin. de
medalla (f)	ဆုတံဆိပ်	hsu. dazei'
orden (m) (~ de Merito)	ဘွဲ့တံဆိပ်	bwe. dan zi'
victoria (f)	အောင်ပွဲ	aun bwe:
derrota (f)	အရှုံး	ashoun:
armisticio (m)	စစ်ရပ်ဆိုင်းသဘော တူညီမှု	si' ja' hsain: dhabo: du nji hmu.
bandera (f)	စံ	san
gloria (f)	ထင်ပေါ်ကျော်ကြားမှု	htin bo gjo gja: hmu.
desfile (m) militar	စစ်ရေးပြ	si' jei: bja.
marchar (desfilar)	စစ်ရေးပြသည်	si' jei: bja. de

186. Las armas

arma (f)	လက်နက်	le' ne'
arma (f) de fuego	မီးပွင့်သေနတ်	mi: bwin. dhei na'
arma (f) blanca	ဓါးအမျိုးမျိုး	da: mjou: mjou:
arma (f) química	ဓာတုလက်နက်	da tu. le' ne'
nuclear (adj)	နျူကလီးယား	nju ka. li: ja:
arma (f) nuclear	နျူကလီးယားလက်နက်	nju ka. li: ja: le' ne'
bomba (f)	ဗုံး	boun:
bomba (f) atómica	အက်တမ်ဗုံး	e' tan boun:
pistola (f)	ပစ္စတို	pji' sa. tou
fusil (m)	ရိုင်ဖယ်	jain be
metralleta (f)	မောင်းပြန်သေနတ်	maun: bjan dhei na'
ametralladora (f)	စက်သေနတ်	se' thei na'
boca (f)	ပြောင်းဝ	pjaun: wa.
cañón (m) (del arma)	ပြောင်း	pjaun:
calibre (m)	သေနတ်ပြောင်းအချင်း	thei na' pjan: achin:
gatillo (m)	ခလုတ်	khalou'
alza (f)	ချိန်ခွက်	chein kwe'
cargador (m)	ကျည်ကပ်	kji ke'
culata (f)	သေနတ်ဒင်	thei na' din
granada (f) de mano	လက်ပစ်ဗုံး	le' pi' boun:
explosivo (m)	ပေါက်ကွဲစေသောပစ္စည်း	pau' kwe: zei de. bji' si:
bala (f)	ကျည်ဆံ	kji. zan
cartucho (m)	ကျည်ဆံ	kji. zan
carga (f)	ကျည်ထိုးခြင်း	kji dou: gjin:
pertrechos (m pl)	ခဲယမ်းမီးကျောက်	khe: jan: mi: kjau'
bombardero (m)	ဗုံးကြဲလေယာဉ်	boun: gje: lei jin
avión (m) de caza	တိုက်လေယာဉ်	tai' lei jan
helicóptero (m)	ရဟတ်ယာဉ်	jaha' jan
antiaéreo (m)	လေယာဉ်ပစ်စက်သေနတ်	lei jan pi' ze' dhei na'
tanque (m)	တင့်ကား	tin. ga:
cañón (m) (de un tanque)	တင့်အမြောက်	tin. amjau'
artillería (f)	အမြောက်	amjau'
cañón (m) (arma)	ရှေးခေတ်အမြောက်	shei: gi' amjau'
dirigir (un misil, etc.)	ချိန်ရွယ်သည်	chein jwe de
mortero (m)	စိန်ပြောင်း	sein bjaun:
bomba (f) de mortero	စိန်ပြောင်းကျည်	sein bjaun: gji
obús (m)	အမြောက်ဆံ	amjau' hsan
trozo (m) de obús	ဗုံးစ	boun: za
submarino (m)	ရေအောက်နှင့်ဆိုင်သော	jei au' hnin. zain de.
torpedo (m)	တော်ပီဒို	to pi dou
misil (m)	ဒုံး	doun:

cargar (pistola)	ကျည်ထိုးသည်	kji dou: de
tirar (vi)	သေနတ်ပစ်သည်	thei na' pi' te
apuntar a ...	ချိန်သည်	chein de
bayoneta (f)	လှံစွပ်	hlan zu'
espada (f) (duelo a ~)	ရာပီယာဓားရှည်	ra pi ja da: shei
sable (m)	စစ်သုံးဓားရှည်	si' thoun: da shi
lanza (f)	လှံ	hlan
arco (m)	လေး	lei:
flecha (f)	မြား	mja:
mosquete (m)	ပြောင်းချောသေနတ်	pjaun: gjo: dhei na'
ballesta (f)	ဒူးလေး	du: lei:

187. Los pueblos antiguos

primitivo (adj)	ရှေးဦးကာလ	shei: u: ga la.
prehistórico (adj)	သမိုင်းမတိုင်မီကာလ	thamain: ma. dain mi ga la.
antiguo (adj)	ရှေးကျသော	shei: gja. de
Edad (f) de Piedra	ကျောက်ခေတ်	kjau' khi'
Edad (f) de Bronce	ကြေးခေတ်	kjei: gei'
Edad (f) de Hielo	ရေခဲခေတ်	jei ge: gei'
tribu (f)	မျိုးနွယ်စု	mjou: nwe zu.
caníbal (m)	လူသားစားလူရိုင်း	lu dha: za: lu jain:
cazador (m)	မုဆိုး	mou' hsou:
cazar (vi, vt)	အမဲလိုက်သည်	ame: lai' de
mamut (m)	အမွေးရှည်ဆင်ကြီးတစ်မျိုး	ahmwei shei zin kji: ti' mjou:
caverna (f)	ဂူ	gu
fuego (m)	မီး	mi:
hoguera (f)	မီးပုံ	mi: boun
pintura (f) rupestre	နံရံဆေးရေးပန်းချီ	nan jan zei: jei: ban: gji
herramienta (f), útil (m)	ကိရိယာ	ki. ji. ja
lanza (f)	လှံ	hlan
hacha (f) de piedra	ကျောက်ပုဆိန်	kjau' pu. hsain
estar en guerra	စစ်ပွဲတွင်ပါဝင်ဆင်နွှဲသည်	si' pwe: dwin ba win zin hnwe: de
domesticar (vt)	ယဉ်ပါးစေသည်	jin ba: zei de
ídolo (m)	ရုပ်တု	jou' tu
adorar (vt)	ကိုးကွယ်သည်	kou: kwe de
superstición (f)	အယူသီးခြင်း	aju dhi: gjin:
rito (m)	ရိုးရာထုံးတမ်းဓလေ့	jou: ja doun: dan: da lei.
evolución (f)	ဆင့်ကဲဖြစ်စဉ်	hsin. ke: hpja' sin
desarrollo (m)	ဖွံ့ဖြိုးတိုးတက်မှု	hpjun. bjou: dou: de' hmu.
desaparición (f)	ပျောက်ကွယ်ခြင်း	pjau' kwe gjin
adaptarse (vr)	နေသားကျရန်ပြင်ဆင်သည်	nei dha: gja. jan bjin zin de
arqueología (f)	ရှေးဟောင်းသုတေသန	shei: haun
arqueólogo (m)	ရှေးဟောင်းသုတေသနပညာရှင်	shei: haun thu. dei dha. na. bji nja shin

arqueológico (adj)	ရှေးဟောင်းသုတေသနဆိုင်ရာ	shei: haun thu. dei dha. na. zain ja
sitio (m) de excavación	တူးဖော်ရာနေရာ	tu: hpo ja nei ja
excavaciones (f pl)	တူးဖော်မှုလုပ်ငန်း	tu: hpo hmu. lou' ngan:
hallazgo (m)	တွေ့ရှိချက်	twei. shi. gje'
fragmento (m)	အပိုင်းအစ	apain: asa.

188. La Edad Media

pueblo (m)	လူမျိုး	lu mjou:
pueblos (m pl)	လူမျိုး	lu mjou:
tribu (f)	မျိုးနွယ်စု	mjou: nwe zu.
tribus (f pl)	မျိုးနွယ်စုများ	mjou: nwe zu. mja:
bárbaros (m pl)	အရိုင်းအစိုင်းများ	ajou: asain: mja:
galos (m pl)	ဂေါလ်လူမျိုးများ	go l lu mjou: mja:
godos (m pl)	ဂေါ့တ်လူမျိုးများ	go. t lu mjou: mja:
eslavos (m pl)	စလဗ်လူမျိုးများ	sala' lu mjou: mja:
vikingos (m pl)	ဗိုက်ကင်းလူမျိုး	bai' kin: lu mjou:
romanos (m pl)	ရောမလူမျိုး	ro: ma. lu mjou:
romano (adj)	ရောမနှင့်ဆိုင်သော	ro: ma. hnin. zain de
bizantinos (m pl)	ဘိုင်ဇင်တိုင်လူမျိုးများ	bain zin dain lu mjou: mja:
Bizancio (m)	ဘိုင်ဇင်တိုင်အင်ပါယာ	bain zin dain in ba ja
bizantino (adj)	ဘိုင်ဇင်တိုင်နှင့်ဆိုင်သော	bain zin dain hnin. zain de.
emperador (m)	ဧကရာဇ်	ei gaja'
jefe (m)	ခေါင်းဆောင်	gaun: zaun
poderoso (adj)	အင်အားကြီးသော	in a: kji: de.
rey (m)	ဘုရင်	ba. jin
gobernador (m)	အုပ်ချုပ်သူ	ou' chou' thu
caballero (m)	ဆာဘွဲ့ရသူရဲကောင်း	hsa bwe. ja. dhu je gaun:
señor (m) feudal	မြေရှင်ပဒေသရာဇ်	mjei shin badei dhaja'
feudal (adj)	မြေရှင်ပဒေသရာဇ်စနစ်နှင့်ဆိုင်သော	mjei shin badei dhaja' sani' hnin. zain de.
vasallo (m)	မြေကျွန်	mjei gjun
duque (m)	မြို့စားကြီး	mjou. za: gji:
conde (m)	ဗြိတိသျှမှူးမတ်သူရဲကောင်း	bri ti sha hmu: ma' thu je: gaun:
barón (m)	ဘယ်ရွန် အမတ်	be jwan ama'
obispo (m)	ဘုန်းတော်ကြီး	hpoun do: gji:
armadura (f)	ချပ်ဝတ်တန်ဆာ	cha' wu' tan za
escudo (m)	ဒိုင်း	dain:
espada (f) (danza de ~s)	ဓား	da:
visera (f)	စစ်မျက်နှာကာ	si' mje' na ga
cota (f) de malla	သံဇကာချပ်ဝတ်တန်ဆာ	than za. ga gja' wu' tan za
cruzada (f)	ခရူဆိတ်ဘာသာရေးစစ်ပွဲ	kha ju: zei' ba dha jei: zi' pwe:
cruzado (m)	ခရူးဆိတ်တိုက်ပွဲဝင်သူ	kha ju: zei' dai' bwe: win dhu
territorio (m)	နယ်မြေ	ne mjei

atacar (~ a un país)	တိုက်ခိုက်သည်	tai' khai' te
conquistar (vt)	သိမ်းပိုက်စိုးမိုးသည်	thain: bou' sou: mou: de
ocupar (invadir)	သိမ်းပိုက်သည်	thain:
asedio (m), sitio (m)	ဝန်းရံလုပ်ကြံခြင်း	wun: jan lou' chan gjin:
sitiado (adj)	ဝန်းရံလုပ်ကြံခံရသော	wun: jan lou' chan gan ja. de.
asediar, sitiar (vt)	ဝန်းရံလုပ်ကြံသည်	wun: jan lou' chan de
inquisición (f)	ကာသိုလိပ်ဘုရားကျောင်း တရားစီရင်အဖွဲ့	ka tho li' bou ja: gjan: ta. ja: zi jin ahpwe.
inquisidor (m)	စစ်ကြောမေးမြန်းသူ	si' kjo: mei: mjan: dhu
tortura (f)	ညှဉ်းပန်းနှိပ်စက်ခြင်း	hnjin: ban: hnei' se' chin:
cruel (adj)	ရက်စက်ကြမ်းကြုတ်သော	je' se' kjan: gjou' te.
hereje (m)	ဒိဋ္ဌိ	di hti
herejía (f)	မိစ္ဆာဒိဋ္ဌိ	mei' hsa dei' hti.
navegación (f) marítima	ပင်လယ်ပျော်	pin le bjo
pirata (m)	ပင်လယ်ဓားပြ	pin le da: bja.
piratería (f)	ပင်လယ်ဓားပြတိုက်ခြင်း	pin le da: bja. tai' chin:
abordaje (m)	လှေကုန်းပတ်ပေါ် တိုက်ခိုက်ခြင်း	hlei goun: ba' po dou' hpou' chin:
botín (m)	တိုက်ခိုက်ရရှိသောပစ္စည်း	tai' khai' ja. shi. dho: pji' si:
tesoros (m pl)	ရတနာ	jadana
descubrimiento (m)	စူးစမ်းရှာဖွေခြင်း	su: zan: sha bwei gjin
descubrir (tierras nuevas)	စူးစမ်းရှာဖွေသည်	su: zan: sha bwei de
expedición (f)	စူးစမ်းလေ့လာရေးခရီး	su: zan: lei. la nei: khaji:
mosquetero (m)	ပြောင်းရှောသေနတ် ကိုင်စစ်သား	pjaun: gjo: dhei na' kain si' tha:
cardenal (m)	ရေဖျန်းခရစ်ယာန် ဘုန်းတော်ကြီး	jei bjan: khaji' jan boun: do gji:
heráldica (f)	မျိုးရိုးဘွဲ့တံဆိပ် များလေ့လာခြင်းပညာ	mjou: jou: bwe. dan zai' mja: lei. la gjin: pi nja
heráldico (adj)	မျိုးရိုးပညာလေ့လာခြင်း နှင့်ဆိုင်သော	mjou: pi nja lei. la gjin: hnin. zain de.

189. El líder. El jefe. Las autoridades

rey (m)	ဘုရင်	ba jin
reina (f)	ဘုရင်မ	ba jin ma.
real (adj)	ဘုရင်နှင့်ဆိုင်သော	ba. jin hnin. zain de
reino (m)	ဘုရင်အုပ်ချုပ်သောနိုင်ငံ	ba jin au' chou' dho nin gan
príncipe (m)	အိမ်ရှေ့မင်းသား	ein shei. min: dha:
princesa (f)	မင်းသမီး	min: dhami:
presidente (m)	သမ္မတ	thamada.
vicepresidente (m)	ဒုသမ္မတ	du. dhamada.
senador (m)	ဆီနိတ်လွှတ်တော်အမတ်	hsi nei' hlwa' do: ama'
monarca (m)	သက်ဦးဆံပိုင်	the'
gobernador (m)	အုပ်ချုပ်သူ	ou' chou' thu
dictador (m)	အာဏာရှင်	a na shin

tirano (m)	ဖိနှိပ်ချုပ်ချယ်သူ	hpana' chou' che dhu
magnate (m)	လုပ်ငန်းရှင်သူဌေးကြီး	lou' ngan: shin dhu dei: gji:
director (m)	ညွှန်ကြားရေးမှူး	hnjun gja: jei: hmu:
jefe (m)	အကြီးအကဲ	akji: ake:
gerente (m)	မန်နေဂျာ	man nei gji
amo (m)	အကြီးအကဲ	akji: ake:
dueño (m)	ပိုင်ရှင်	pain shin
jefe (m), líder (m)	ခေါင်းဆောင်	gaun: zaun
jefe (m) (~ de delegación)	အဖွဲ့ခေါင်းဆောင်	ahpwe. gaun: zaun:
autoridades (f pl)	အာဏာပိုင်အဖွဲ့	a na bain ahpwe.
superiores (m pl)	အထက်လူကြီးများ	a hte' lu gji: mja:
gobernador (m)	ပြည်နယ်အုပ်ချုပ်ရေးမှူး	pji ne ou' chou' jei: hmu:
cónsul (m)	ကောင်စစ်ဝန်	kaun si' wun
diplomático (m)	သံတမန်	than taman.
alcalde (m)	မြို့တော်ဝန်	mjou. do wun
sheriff (m)	နယ်မြေတာဝန်ခံ ရဲအရာရှိ	ne mjei da wun gan je: aja shi.
emperador (m)	ဧကရာဇ်	ei gaja'
zar (m)	ဇာဘုရင်	za bou jin
faraón (m)	ရှေးအီဂျစ်နိုင်ငံဘုရင်	shei: i gji' nain ngan bu. jin
jan (m), kan (m)	ခန်	khan

190. La calle. El camino. Las direcciones

camino (m)	လမ်း	lan:
vía (f)	လမ်းကြောင်း	lan: gjaun:
carretera (f)	အမြန်လမ်းမကြီး	aman lan: ma. mji:
autovía (f)	အဝေးပြေးလမ်းမကြီး	awei: bjei: lan: ma. gji:
camino (m) nacional	ပင်မလမ်းမကြီး	pin lan: ma. gji:
camino (m) principal	မိန်းလမ်း	mein: lan:
camino (m) de tierra	မြေလမ်း	mjei lan
sendero (m)	လူသွားလမ်း	lu dhwa: lan:
senda (f)	လူသွားလမ်းကလေး	lu dhwa: lan: ga. lei:
¿Dónde?	ဘယ်မှာလဲ	be hma le:
¿A dónde?	ဘယ်ကိုလဲ	be gou le:
¿De dónde?	ဘယ်ကလဲ	be ga. le:
dirección (f)	ဦးတည်ရာ	u: te ja
mostrar (~ el camino)	ညွှန်ပြသည်	hnjun bja. de
a la izquierda (girar ~)	ဘယ်ဘက်	be be'
a la derecha (girar)	ညာဘက်	nja be'
todo recto (adv)	တည့်တည့်	te. de.
atrás (adv)	နောက်သို့	nau' dhou.
curva (f)	အကွေ့	akwei.
girar (~ a la izquierda)	ကွေ့သည်	kwei. de

girar en U	ကွေ့သည်	kwei. de
divisarse (vr)	မြင်ရသည်	mjin ja. de
aparecer (vi)	မြင်နေရသည်	mjin nei ja. de
alto (m)	ရပ်နားခြင်း	ja' na: gjin:
descansar (vi)	အနားယူသည်	ana: ju de
reposo (m)	အနားယူခြင်း	ana: ju gjin:
perderse (vr)	လမ်းပျောက်သည်	lan: bjau' de
llevar a … (el camino)	ဦးတည်သည်	u: ti de
llegar a …	လမ်းပေါ်ထွက်လာသည်	lan: bo dwe' la de
tramo (m) (~ del camino)	တစ်ကန့်	ti' kan.
asfalto (m)	ကတ္တရာစေး	ka' ta' ja zi:
bordillo (m)	ပလက်ဖောင်းဘောင်	pa. je' hpaun: baun:
cuneta (f)	လမ်းဘေးမြောင်း	lan: bei: mjaun:
pozo (m) de alcantarillado	မန်းဟိုး	man: hou:
arcén (m)	လမ်းဘေးမြေသား	lan: bei: mjei dha:
bache (m)	ချိုင့်	chain.
ir (a pie)	သွားသည်	thwa: de
adelantar (vt)	ကျော်တက်သည်	kjo de' te
paso (m)	ခြေလှမ်း	chei hlan:
a pie	ခြေလျင်သွားသည်	chei ljin dhwa: de
bloquear (vt)	ပိတ်ဆို့ထားသည်	pei' hsou. da: de
barrera (f) (~ automática)	မြို့အဝင်ဂိတ်	mjou. awin gei'
callejón (m) sin salida	လမ်းဆုံး	lan: zoun:

191. Violar la ley. Los criminales. Unidad 1

bandido (m)	ဓားပြ	damja.
crimen (m)	ရာဇဝတ်မှု	raza. wu' hma.
criminal (m)	ရာဇဝတ်သား	raza. wu' tha:
ladrón (m)	သူခိုး	thu khou:
robar (vt)	ခိုးသည်	khou: de
robo (m)	ခိုးမှု	khou: hmu
robo (m) (actividad)	ခိုးခြင်း	khou: chin:
robo (m) (hurto)	သူခိုး	thu khou:
secuestrar (vt)	ပြန်ပေးဆွဲသည်	pjan bei: zwe: de
secuestro (m)	ပြန်ပေးဆွဲခြင်း	pjan bei: zwe: gjin:
secuestrador (m)	ပြန်ပေးသမား	pjan bei: dhama:
rescate (m)	ပြန်ရွေးငွေ	pjan jwei: ngwei
exigir un rescate	ပြန်ပေးဆွဲသည်	pjan bei: zwe: de
robar (vt)	ဓားပြတိုက်သည်	damja. tai' te
robo (m)	လုယက်မှု	lu. je' hmu.
atracador (m)	လုယက်သူ	lu. je' dhu
extorsionar (vt)	ခြိမ်းခြောက်ပြီးငွေညှစ်သည်	chein: gjau' pji: ngwe hnji' te
extorsionista (m)	ခြိမ်းခြောက်ငွေညှစ်သူ	chein: gjau' ngwe hnji' thu

extorsión (f)	ခြိမ်းခြောက်ပြီး ငွေညှစ်ခြင်း	chein: gjau' pji: ngwe hnji' chin:
matar, asesinar (vt)	သတ်သည်	tha' te
asesinato (m)	လူသတ်မှု	lu dha' hmu.
asesino (m)	လူသတ်သမား	lu dha' thama:
tiro (m), disparo (m)	ပစ်ချက်	pi' che'
disparar (vi)	ပစ်သည်	pi' te
matar (a tiros)	ပစ်သတ်သည်	pi' tha' te
tirar (vi)	ပစ်သည်	pi' te
tiroteo (m)	ပစ်ချက်	pi' che'
incidente (m)	ဆူပူမှု	hsu. bu hmu.
pelea (f)	ရန်ပွဲ	jan bwe:
¡Socorro!	ကူညီပါ	ku nji ba
víctima (f)	ရန်ပြုခံရသူ	jab bju. gan ja. dhu
perjudicar (vt)	ဖျက်ဆီးသည်	hpje' hsi: de
daño (m)	အပျက်အစီး	apje' asi:
cadáver (m)	အလောင်း	alaun:
grave (un delito ~)	စိုးရိမ်ဖွယ်ဖြစ်သော	sou: jein bwe bji' te.
atacar (vt)	တိုက်ခိုက်သည်	tai' khai' te
pegar (golpear)	ရိုက်သည်	jai' te
apporear (vt)	ရိုက်သည်	jai' te
quitar (robar)	ယူသည်	ju de
acuchillar (vt)	ထိုးသတ်သည်	htou: dha' te
mutilar (vt)	သေရာပါဒဏ်ရာရစေသည်	thei ja ba dan ja ja. zei de
herir (vt)	ဒဏ်ရာရသည်	dan ja ja. de
chantaje (m)	ခြိမ်းခြောက်ငွေညှစ်ခြင်း	chein: gjau' ngwe hnji' chin:
hacer chantaje	ခြိမ်းခြောက်ငွေညှစ်သည်	chein: gjau' ngwe hnji' te
chantajista (m)	ခြိမ်းခြောက်ငွေညှစ်သူ	chein: gjau' ngwe hnji' thu
extorsión (f)	ရာဇဝတ်ဂိုဏ်းဆက် ကြေးကောက်ခြင်း	raza. wu' goun: hse' kjei: gau' chin:
extorsionador (m)	ဆက်ကြေးတောင်း-ရာ ဇဝတ်ဂိုဏ်း	hse' kjei: daun: ra za. wu' gain:
gángster (m)	လူဆိုးဂိုဏ်းဝင်	lu zou: gain: win
mafia (f)	မာဖီးယားဂိုဏ်း	ma bi: ja: gain:
carterista (m)	ခါးပိုက်နှိုက်	kha: bai' hnai'
ladrón (m) de viviendas	ဖောက်ထွင်းသူခိုး	hpau' htwin: dhu gou:
contrabandismo (m)	မှောင်ခို	hmaun gou
contrabandista (m)	မှောင်ခိုသမား	hmaun gou dhama:
falsificación (f)	လိမ်လည်အတုပြုမှု	lein le atu. bju hmu.
falsificar (vt)	အတုလုပ်သည်	atu. lou' te
falso (falsificado)	အတု	atu.

192. Violar la ley. Los criminales. Unidad 2

violación (f)	မုဒိမ်းမှု	mu. dein: hmu.
violar (vt)	မုဒိန်းကျင့်သည်	mu. dein: gjin. de

violador (m)	မုဒိမ်းကျင့်သူ	mu. dein: gjin. dhu
maniaco (m)	အရူး	aju:
prostituta (f)	ပြည့်တန်ဆာ	pjei. dan za
prostitución (f)	ပြည့်တန်ဆာမှု	pjei. dan za hmu.
chulo (m), proxeneta (m)	ဖာခေါင်း	hpa gaun:
drogadicto (m)	ဆေးစွဲသူ	hsei: zwe: dhu
narcotraficante (m)	မူးယစ်ဆေးရောင်းဝယ်သူ	mu: ji' hsei: jaun we dhu
hacer explotar	ပေါက်ကွဲသည်	pau' kwe: de
explosión (f)	ပေါက်ကွဲမှု	pau' kwe: hmu.
incendiar (vt)	မီးရှို့သည်	mi: shou. de
incendiario (m)	မီးရှို့မှုကျူးလွန်သူ	mi: shou. hmu. gju: lun dhu
terrorismo (m)	အကြမ်းဖက်ဝါဒ	akjan: be' wa da.
terrorista (m)	အကြမ်းဖက်သမား	akjan: be' tha. ma:
rehén (m)	ဓားစာခံ	daza gan
estafar (vt)	လိမ်လည်သည်	lein le de
estafa (f)	လိမ်လည်မှု	lein le hmu.
estafador (m)	လူလိမ်	lu lein
sobornar (vt)	လာဘ်ထိုးသည်	la' htou: de
soborno (m) (delito)	လာဘ်ပေးလာဘ်ယူ	la' pei: la' thu
soborno (m) (dinero, etc.)	လာဘ်	la'
veneno (m)	အဆိပ်	ahsei'
envenenar (vt)	အဆိပ်ခတ်သည်	ahsei' kha' te
envenenarse (vr)	အဆိပ်သောက်သည်	ahsei' dhau' te
suicidio (m)	မိမိကိုယ်မိမိ သတ်သေခြင်း	mi. mi. kou mi. mi. dha' thei gjin:
suicida (m, f)	မိမိကိုယ်မိမိ သတ်သေသူ	mi. mi. kou mi. mi. dha' thei dhu
amenazar (vt)	ခြိမ်းခြောက်သည်	chein: gjau' te
amenaza (f)	ခြိမ်းခြောက်မှု	chein: gjau' hmu.
atentar (vi)	လုပ်ကြံသည်	lou' kjan de
atentado (m)	လုပ်ကြံခြင်း	lou' kjan gjin:
robar (un coche)	ခိုးသည်	khou: de
secuestrar (un avión)	လေယာဉ်အပိုင်စီးသည်	lei jan apain zi: de
venganza (f)	လက်စားချေခြင်း	le' sa: gjei gjin:
vengar (vt)	လက်စားချေသည်	le' sa: gjei de
torturar (vt)	ညှဉ်းပန်းနှိပ်စက်သည်	hnjin: ban: hnei' se' te
tortura (f)	ညှဉ်းပန်းနှိပ်စက်ခြင်း	hnjin: ban: hnei' se' chin:
atormentar (vt)	နှိပ်စက်သည်	hnei' se' te
pirata (m)	ပင်လယ်ဓားပြ	pin le da: bja.
gamberro (m)	လမ်းသရဲ	lan: dhaje:
armado (adj)	လက်နက်ကိုင်ဆောင်သော	le' ne' kain zaun de.
violencia (f)	ရက်စက်ကြမ်းကြုတ်မှု	je' se' kjan: gjou' hmu.
ilegal (adj)	တရားမဝင်သော	taja: ma. win de.

espionaje (m)	သူလျှိုလုပ်ခြင်း	thu shou lou' chin:
espiar (vi, vt)	သူလျှိုလုပ်သည်	thu shou lou' te

193. La policía. La ley. Unidad 1

justicia (f)	တရားမျှတမှု	taja: hmja. ta. hmu.
tribunal (m)	တရားရုံး	taja: joun:
juez (m)	တရားသူကြီး	taja: dhu gji:
jurados (m pl)	ဂျူရီအဖွဲ့ဝင်များ	gju ji ahpwe. win mja:
tribunal (m) de jurados	ဂျူရီလူကြီးအဖွဲ့	gju ji lu gji: ahpwe.
juzgar (vt)	တရားစီရင်သည်	taja: zi jin de
abogado (m)	ရှေ့နေ	shei. nei
acusado (m)	တရားပြိုင်	taja: bjain
banquillo (m) de los acusados	တရားရုံးဝက်ခြံ	taja: joun: we' khjan
inculpación (f)	စွပ်စွဲခြင်း	su' swe: chin:
inculpado (m)	တရားစွဲခံရသော	taja: zwe: gan ja. de.
sentencia (f)	စီရင်ချက်	si jin gje'
sentenciar (vt)	စီရင်ချက်ချသည်	si jin gje' cha. de
culpable (m)	တရားခံ	tajakhan
castigar (vt)	ပြစ်ဒဏ်ပေးသည်	pji' dan bei: de
castigo (m)	ပြစ်ဒဏ်	pji' dan
multa (f)	ဒဏ်ငွေ	dan ngwei
cadena (f) perpetua	တစ်သက်တစ်ကျွန်းပြစ်ဒဏ်	ti' te' ti' kjun: bji' dan
pena (f) de muerte	သေဒဏ်	thei dan
silla (f) eléctrica	လျှပ်စစ်ထိုင်ခုံ	hlja' si' dain boun
horca (f)	ကြိုးစင်	kjou: zin
ejecutar (vt)	ကွပ်မျက်သည်	ku' mje' te
ejecución (f)	ကွပ်မျက်ခြင်း	ku' mje' gjin
prisión (f)	ထောင်	htaun
celda (f)	အကျဉ်းခန်း	achou' khan:
escolta (f)	အစောင့်အကြပ်	asaun. akja'
guardia (m) de prisiones	ထောင်စောင့်	htaun zaun.
prisionero (m)	ထောင်သား	htaun dha:
esposas (f pl)	လက်ထိပ်	le' htei'
esposar (vt)	လက်ထိပ်ခတ်သည်	le' htei' kha' te
escape (m)	ထောင်ဖောက်ပြေးခြင်း	htaun bau' pjei: gjin:
escaparse (vr)	ထောင်ဖောက်ပြေးသည်	htaun bau' pjei: de
desaparecer (vi)	ပျောက်ကွယ်သည်	pjau' kwe de
liberar (vt)	ထောင်မှလွှတ်သည်	htaun hma. lu' te
amnistía (f)	လွတ်ငြိမ်းချမ်းသာခွင့်	lu' njein: gjan: dha gwin.
policía (f) (~ nacional)	ရဲ	je:
policía (m)	ရဲအရာရှိ	je: aja shi.

comisaría (f) de policía	ရဲစခန်း	je: za. gan:
porra (f)	သံတုတ်	than dou'
megáfono (m)	လက်ကိုင်စပီကာ	le' kain za. bi ka
coche (m) patrulla	ကင်းလှည့်ကား	kin: hle. ka:
sirena (f)	အချက်ပေးဥသြသံ	ache' pei: ou' o: dhan
poner la sirena	အချက်ပေးဥသြဆွဲသည်	ache' pei: ou' o: zwe: de
sonido (m) de sirena	အချက်ပေးဥသြဆွဲသံ	ache' pei: ou' o: zwe: dhan
escena (f) del delito	အခင်းဖြစ်ပွါးရာနေရာ	achin: hpji' pwa: ja nei ja
testigo (m)	သက်သေ	the' thei
libertad (f)	လွတ်လပ်မှု	lu' la' hmu.
cómplice (m)	ကြံရာပါ	kjan ja ba
escapar de ...	ပုန်းသည်	poun: de
rastro (m)	ခြေရာ	chei ja

194. La policía. La ley. Unidad 2

búsqueda (f)	ဝရမ်းရှာဖွေခြင်း	wajan: sha bwei gjin:
buscar (~ el criminal)	ရှာသည်	sha de
sospecha (f)	မသင်္ကာမှု	ma. dhin ga hmu.
sospechoso (adj)	သံသယဖြစ်ဖွယ် ကောင်းသော	than thaja. bji' hpwe gaun: de.
parar (~ en la calle)	ရပ်သည်	ja' te
retener (vt)	ထိန်းသိမ်းထားသည်	htein: dhein: da: de
causa (f) (~ penal)	အမှု	ahmu.
investigación (f)	စုံစမ်းစစ်ဆေးခြင်း	soun zan: zi' hsei: gjin:
detective (m)	စုံထောက်	soun dau'
investigador (m)	အလွတ်စုံထောက်	alu' zoun htau'
versión (f)	အဆိုကြမ်း	ahsou gjan:
motivo (m)	စေ့ဆော်မှု	sei. zo hmu.
interrogatorio (m)	စစ်ကြောမှု	si' kjo: hmu.
interrogar (vt)	စစ်ကြောသည်	si' kjo: de
interrogar (al testigo)	မေးမြန်းသည်	mei: mjan: de
control (m) (de vehículos, etc.)	စစ်ဆေးသည်	si' hsei: de
redada (f)	ဝိုင်းဝန်းမှု	wain: wan: hmu.
registro (m) (~ de la casa)	ရှာဖွေခြင်း	sha hpwei gjin:
persecución (f)	လိုက်လံဖမ်းဆီးခြင်း	lai' lan ban: zi: gjin:
perseguir (vt)	လိုက်သည်	lai' de
rastrear (~ al criminal)	ခြေရာခံသည်	chei ja gan de
arresto (m)	ဖမ်းဆီးခြင်း	hpan: zi: gjin:
arrestar (vt)	ဖမ်းဆီးသည်	hpan: zi: de
capturar (vt)	ဖမ်းမိသည်	hpan: mi. de
captura (f)	သိမ်းခြင်း	thain: gjin:
documento (m)	စာရွက်စာတမ်း	sajwe' zatan:
prueba (f)	သက်သေပြချက်	the' thei pja. gje'
probar (vt)	သက်သေပြသည်	the' thei pja. de
huella (f) (pisada)	ခြေရာ	chei ja
huellas (f pl) digitales	လက်ဗွေရာများ	lei' bwei ja mja:

elemento (m) de prueba	သဲလွန်စ	the: lun za.
coartada (f)	ဆင်ခြေ	hsin gjei
inocente (no culpable)	အပြစ်ကင်းသော	apja' kin: de.
injusticia (f)	မတရားမှု	ma. daja: hmu.
injusto (adj)	မတရားသော	ma. daja: de.
criminal (adj)	ပြုမှုကျူးလွန်သော	pju. hmu. gju: lun de.
confiscar (vt)	သိမ်းယူသည်	thein: ju de
narcótico (m)	မူးယစ်ဆေးဝါး	mu: ji' hsei: wa:
arma (f)	လက်နက်	le' ne'
desarmar (vt)	လက်နက်သိမ်းသည်	le' ne' thain de
ordenar (vt)	အမိန့်ပေးသည်	amin. bei: de
desaparecer (vi)	ပျောက်ကွယ်သည်	pjau' kwe de
ley (f)	ဥပဒေ	u. ba. dei
legal (adj)	ဥပဒေနှင့် ညီညွတ်သော	u. ba. dei hnin. nji nju' te.
ilegal (adj)	ဥပဒေနှင့်မညီညွတ်သော	u. ba. dei hnin. ma. nji nju' te.
responsabilidad (f)	တာဝန်ယူခြင်း	ta wun ju gjin:
responsable (adj)	တာဝန်ရှိသော	ta wun shi. de.

LA NATURALEZA

La tierra. Unidad 1

195. El espacio

cosmos (m)	အာကာသ	akatha.
espacial, cósmico (adj)	အာကာသနှင့်ဆိုင်သော	akatha. hnin zain dho:
espacio (m) cósmico	အာကာသဟင်းလင်းပြင်	akatha. hin: lin: bjin
mundo (m)	ကမ္ဘာ	ga ba
universo (m)	စကြာဝဠာ	sa kja wa. la
galaxia (f)	ကြယ်စုတန်း	kje zu. dan:
estrella (f)	ကြယ်	kje
constelación (f)	ကြယ်နက္ခတ်စု	kje ne' kha' zu.
planeta (m)	ဂြိုဟ်	gjou
satélite (m)	ဂြိုဟ်ငယ်	gjou nge
meteorito (m)	ဥက္ကာခဲ	ou' ka ge:
cometa (m)	ကြယ်တံခွန်	kje dagun
asteroide (m)	ဂြိုဟ်သိမ်ဂြိုဟ်မွှား	gjou dhein gjou hmwa:
órbita (f)	ပတ်လမ်း	pa' lan:
girar (vi)	လည်သည်	le de
atmósfera (f)	လေထု	lei du.
Sol (m)	နေ	nei
sistema (m) solar	နေစကြာဝဠာ	nei ze kja. wala
eclipse (m) de Sol	နေကြတ်ခြင်း	nei gja' chin:
Tierra (f)	ကမ္ဘာလုံး	ga ba loun:
Luna (f)	လ	la.
Marte (m)	အင်္ဂါဂြိုဟ်	in ga gjou
Venus (f)	သောကြာဂြိုဟ်	thau' kja gjou'
Júpiter (m)	ကြာသပတေးဂြိုဟ်	kja dha ba. dei: gjou'
Saturno (m)	စနေဂြိုဟ်	sanei gjou'
Mercurio (m)	ဗုဒ္ဓဟူးဂြိုဟ်	bou' da. gjou'
Urano (m)	ယူရေးနတ်ဂြိုဟ်	ju rei: na' gjou
Neptuno (m)	နက်ပကျွန်းဂြိုဟ်	ne' pa. gjun: gjou
Plutón (m)	ပလူတိုဂြိုဟ်	pa lu tou gjou '
la Vía Láctea	နဂါးငွေ့ကြယ်စုတန်း	na. ga: ngwe. gje zu dan:
la Osa Mayor	မြောက်ပိုင်းဂရိတ်ဘဲး၏ကြယ်စု	mjau' pain: gajei' be:j gje zu.
la Estrella Polar	ဓူဝံကြယ်	du wan gje
marciano (m)	အင်္ဂါဂြိုဟ်သား	in ga gjou dha:
extraterrestre (m)	အခြားကမ္ဘာဂြိုဟ်သား	apja: ga ba gjou dha

planetícola (m)	ဂြိုဟ်သား	gjou dha:
platillo (m) volante	ပန်းကန်ပြားပျံ	bagan: bja: bjan
nave (f) espacial	အာကာသယာဉ်	akatha. jin
estación (f) orbital	အာကာသစခန်း	akatha. za khan:
despegue (m)	လွှတ်တင်ခြင်း	hlu' tin gjin:
motor (m)	အင်ဂျင်	in gjin
tobera (f)	နော်ဇယ်	no ze
combustible (m)	လောင်စာ	laun za
carlinga (f)	လေယာဉ်မောင်းအခန်း	lei jan maun akhan:
antena (f)	အင်တန်နာတိုင်	in tan na tain
ventana (f)	ပြတင်း	badin:
batería (f) solar	နေရောင်ခြည်သုံးဘတ်ထရီ	nei jaun gje dhoun: ba' hta ji
escafandra (f)	အာကာသဝတ်စုံ	akatha. wu' soun
ingravidez (f)	အလေးချိန်ကင်းမဲ့ခြင်း	alei: gjein gin: me. gjin:
oxígeno (m)	အောက်ဆီဂျင်	au' hsi gjin
atraque (m)	အာကာသထဲချိတ်ဆက်ခြင်း	akatha. hte: chei' hse' chin:
realizar el atraque	အာကာသထဲချိတ်ဆက်သည်	akatha. hte: chei' hse' te
observatorio (m)	နက္ခတ်မျှော်စင်	ne' kha' ta. mjo zin
telescopio (m)	အဝေးကြည့်မှန်ပြောင်း	awei: gji. hman bjaun:
observar (vt)	လေ့လာကြည့်ရှုသည်	lei. la kji. hju. de
explorar (~ el universo)	သုတေသနပြုသည်	thu. tei thana bjou de

196. La tierra

Tierra (f)	ကမ္ဘာမြေကြီး	ga ba mjei kji:
globo (m) terrestre	ကမ္ဘာလုံး	ga ba loun:
planeta (m)	ဂြိုဟ်	gjou
atmósfera (f)	လေထု	lei du.
geografía (f)	ပထဝီဝင်	pahtawi win
naturaleza (f)	သဘာဝ	tha. bawa
globo (m) terráqueo	ကမ္ဘာလုံး	ga ba loun:
mapa (m)	မြေပုံ	mjei boun
atlas (m)	မြေပုံစာအုပ်	mjei boun za ou'
Europa (f)	ဥရောပ	u. jo: pa
Asia (f)	အာရှ	a sha.
África (f)	အာဖရိက	apha. ri. ka.
Australia (f)	ဩစတြေးလျ	thja za djei: lja
América (f)	အမေရိက	amei ji ka
América (f) del Norte	မြောက်အမေရိက	mjau' amei ri. ka.
América (f) del Sur	တောင်အမေရိက	taun amei ri. ka.
Antártida (f)	အန္တာတိတ်	anta di'
Ártico (m)	အာတိတ်	a tei'

197. Los puntos cardinales

norte (m)	မြောက်အရပ်	mjau' aja'
al norte	မြောက်ဘက်သို့	mjau' be' thou.
en el norte	မြောက်ဘက်မှာ	mjau' be' hma
del norte (adj)	မြောက်အရပ်နှင့်ဆိုင်သော	mjau' aja' hnin. zain de.
sur (m)	တောင်အရပ်	taun aja'
al sur	တောင်ဘက်သို့	taun be' thou.
en el sur	တောင်ဘက်မှာ	taun be' hma
del sur (adj)	တောင်အရပ်နှင့်ဆိုင်သော	taun aja' hnin. zain de.
oeste (m)	အနောက်အရပ်	anau' aja'
al oeste	အနောက်ဘက်သို့	anau' be' thou.
en el oeste	အနောက်ဘက်မှာ	anau' be' hma
del oeste (adj)	အနောက်အရပ်နှင့်ဆိုင်သော	anau' aja' hnin. zain dho:
este (m)	အရှေ့အရပ်	ashei. aja'
al este	အရှေ့ဘက်သို့	ashei. be' hma
en el este	အရှေ့ဘက်မှာ	ashei. be' hma
del este (adj)	အရှေ့အရပ်နှင့်ဆိုင်သော	ashei. aja' hnin. zain de.

198. El mar. El océano

mar (m)	ပင်လယ်	pin le
océano (m)	သမုဒ္ဒရာ	thamou' daja
golfo (m)	ပင်လယ်ကွေ့	pin le gwe.
estrecho (m)	ရေလက်ကြား	jei le' kja:
tierra (f) firme	ကုန်းမြေ	koun: mei
continente (m)	တိုက်	tai'
isla (f)	ကျွန်း	kjun:
península (f)	ကျွန်းဆွယ်	kjun: zwe
archipiélago (m)	ကျွန်းစု	kjun: zu.
bahía (f)	အော်	o
ensenada, bahía (f)	သင်္ဘောဆိပ်ကမ်း	thin: bo: zei' kan:
laguna (f)	ပင်လယ်ထုံးအိုင်	pin le doun: ain
cabo (m)	အငူ	angu
atolón (m)	သန္တာကျောက်တန်းကျွန်းငယ်	than da gjau' tan: gjun: nge
arrecife (m)	ကျောက်တန်း	kjau' tan:
coral (m)	သန္တာကောင်	than da gaun
arrecife (m) de coral	သန္တာကျောက်တန်း	than da gjau' tan:
profundo (adj)	နက်သော	ne' te.
profundidad (f)	အနက်	ane'
abismo (m)	ချောက်နက်ကြီး	chau' ne' kji:
fosa (f) oceánica	မြောင်း	mjaun:
corriente (f)	စီးကြောင်း	si: gaun:
bañar (rodear)	ဝိုင်းသည်	wain: de

orilla (f)	ကမ်းစပ်	kan: za'
costa (f)	ကမ်းခြေ	kan: gjei
flujo (m)	ရေတက်	jei de'
reflujo (m)	ရေကျ	jei gja.
banco (m) de arena	သောင်စွယ်	thaun zwe
fondo (m)	ကြမ်းပြင်	kan: pjin
ola (f)	လှိုင်း	hlain:
cresta (f) de la ola	လှိုင်းခေါင်းဖြူ	hlain: gaun: bju.
espuma (f)	အမြှုပ်	a hmjou'
tempestad (f)	မုန်တိုင်း	moun dain:
huracán (m)	ဟာရီကိန်းမုန်တိုင်း	ha ji gain: moun dain:
tsunami (m)	ဆူနာမီ	hsu na mi
bonanza (f)	ရေသေ	jei dhei
calmo, tranquilo	ငြိမ်သက်အေးဆေးသော	njein dhe' ei: zei: de.
polo (m)	ဝင်ရိုးစွန်း	win jou: zun
polar (adj)	ဝင်ရိုးစွန်းနှင့်ဆိုင်သော	win jou: zun hnin. zain de.
latitud (f)	လတ္တီတွဒ်	la' ti. tu'
longitud (f)	လောင်ဂျီတွဒ်	laun gji twa'
paralelo (m)	လတ္တီတွဒ်မျဉ်း	la' ti. tu' mjin:
ecuador (m)	အီကွေတာ	i kwei: da
cielo (m)	ကောင်းကင်	kaun: gin
horizonte (m)	မိုးကုပ်စက်ဝိုင်း	mou kou' se' wain:
aire (m)	လေထု	lei du.
faro (m)	မီးပြတိုက်	mi: bja dai'
bucear (vi)	ရေငုပ်သည်	jei ngou' te
hundirse (vr)	ရေမြုပ်သည်	jei mjou' te
tesoros (m pl)	ရတနာ	jadana

199. Los nombres de los mares y los océanos

océano (m) Atlántico	အတ္တလန္တိတ် သမုဒ္ဒရာ	a' ta. lan ti' thamou' daja
océano (m) Índico	အိန္ဒိယ သမုဒ္ဒရာ	indi. ja thamou. daja
océano (m) Pacífico	ပစိဖိတ် သမုဒ္ဒရာ	pa. si. hpi' thamou' daja
océano (m) Glacial Ártico	အာတိတ် သမုဒ္ဒရာ	a tei' thamou' daja
mar (m) Negro	ပင်လယ်နက်	pin le ne'
mar (m) Rojo	ပင်လယ်နီ	pin le ni
mar (m) Amarillo	ပင်လယ်ဝါ	pin le wa
mar (m) Blanco	ပင်လယ်ဖြူ	pin le bju
mar (m) Caspio	ကက်စပီယန် ပင်လယ်	ke' za. pi jan pin le
mar (m) Muerto	ပင်လယ်သေ	pin le dhe:
mar (m) Mediterráneo	မြေထဲပင်လယ်	mjei hte: bin le
mar (m) Egeo	အေဂီယန်းပင်လယ်	ei gi jan: bin le
mar (m) Adriático	အဒရိယာတစ်ပင်လယ်	a da yi ya ti' pin le
mar (m) Arábigo	အာရေဘီးယန်း ပင်လယ်	a ra bi: an: bin le

mar (m) del Japón	ဂျပန် ပင်လယ်	gja pan pin le
mar (m) de Bering	ဘယ်ရင်း ပင်လယ်	be jin: bin le
mar (m) de la China Meridional	တောင်တရုတ်ပင်လယ်	taun dajou' pinle
mar (m) del Coral	ကော်ရယ်လ်ပင်လယ်	ko je l pin le
mar (m) de Tasmania	တက်စမန်းပင်လယ်	te' sa. man: bin le
mar (m) Caribe	ကာရေးဘီးယန်းပင်လယ်	ka rei: bi: jan: bin le
mar (m) de Barents	ဘာရန့်စ် ပင်လယ်	ba jan's bin le
mar (m) de Kara	ကာရာ ပင်လယ်	kara bin le
mar (m) del Norte	မြောက်ပင်လယ်	mjau' pin le
mar (m) Báltico	ဘောလ်တစ်ပင်လယ်	bo' l ti' pin le
mar (m) de Noruega	နော်ဝေးဂျီယန်း ပင်လယ်	no wei: bin le

200. Las montañas

montaña (f)	တောင်	taun
cadena (f) de montañas	တောင်တန်း	taun dan:
cresta (f) de montañas	တောင်ကြော	taun gjo:
cima (f)	ထိပ်	htei'
pico (m)	တောင်ထွတ်	taun htu'
pie (m)	တောင်ခြေ	taun gjei
cuesta (f)	တောင်စောင်း	taun zaun:
volcán (m)	မီးတောင်	mi: daun
volcán (m) activo	မီးတောင်ရှင်	mi: daun shin
volcán (m) apagado	မီးငြိမ်းတောင်	mi: njein: daun
erupción (f)	မီးတောင်ပေါက်ကွဲခြင်း	mi: daun pau' kwe: gjin:
cráter (m)	မီးတောင်ဝ	mi: daun wa.
magma (m)	ကျောက်ရည်ပူ	kjau' ji bu
lava (f)	ချော်ရည်	cho ji
fundido (lava ~a)	အရမ်းပူသော	ajam: bu de.
cañón (m)	တောင်ကြားချိုင့်ဝှမ်းနက်	taun gja: gjain. hwan: ne'
desfiladero (m)	တောင်ကြား	taun gja:
grieta (f)	အက်ကွဲကြောင်း	e' kwe: gjaun:
precipicio (m)	ချောက်ကမ်းပါး	chau' kan: ba:
puerto (m) (paso)	တောင်ကြားလမ်း	taun gja: lan:
meseta (f)	ကုန်းပြင်မြင့်	koun: bjin mjin:
roca (f)	ကျောက်ဆောင်	kjau' hsain
colina (f)	တောင်ကုန်း	taun goun:
glaciar (m)	ရေခဲမြစ်	jei ge: mji'
cascada (f)	ရေတံခွန်	jei dan khun
geiser (m)	ရေပူစမ်း	jei bu zan:
lago (m)	ရေကန်	jei gan
llanura (f)	မြေပြန့်	mjei bjan:
paisaje (m)	ရှုခင်း	shu. gin:

eco (m)	ပဲ့တင်သံ	pe. din than
alpinista (m)	တောင်တက်သမား	taun de' thama:
escalador (m)	ကျောက်တောင်တက်သမား	kjau' taun de dha ma:
conquistar (vt)	အောင်နိုင်သူ	aun nain dhu
ascensión (f)	တောင်တက်ခြင်း	taun de' chin:

201. Los nombres de las montañas

Alpes (m pl)	အဲ့လ်ပ်တောင်	e.lp daun
Montblanc (m)	မောင့်ဘလန့်စ်တောင်	maun. ba. lan. s taun
Pirineos (m pl)	ပီရန်းနီးစ်တောင်	pi jan: ni:s taun
Cárpatos (m pl)	ကာပသီယန်စ်တောင်	ka pa. dhi jan s taun
Urales (m pl)	ယူရယ်တောင်တန်း	ju re daun dan:
Cáucaso (m)	ကော့ကေးဆပ်တောင်တန်း	ko: kei: zi' taun dan:
Elbrus (m)	အယ်ဘရုတ်စ်တောင်	e ba. ja's daun
Altai (m)	အယ်လတိုင်တောင်	e la. tain daun
Tian-Shan (m)	တိုင်ယန်ရှန်းတောင်	tain jan shin: daun
Pamir (m)	ပါမီယာတောင်တန်း	pa mi ja daun dan:
Himalayos (m pl)	ဟိမဝန္တာတောင်တန်း	hi. ma. wan da daun dan:
Everest (m)	ဧဝရတ်တောင်	ei wa. ja' taun
Andes (m pl)	အန်းဒီးတောင်တန်း	an: di daun dan:
Kilimanjaro (m)	ကီလီမန်ဂျာရိုတောင်	ki li man gja gou daun

202. Los ríos

río (m)	မြစ်	mji'
manantial (m)	စမ်း	san:
lecho (m) (curso de agua)	ရေကြောစီးကြောင်း	jei gjo: zi: gjaun:
cuenca (f) fluvial	မြစ်ချိုင့်ဝှမ်း	mji' chain. hwan:
desembocar en …	စီးဝင်သည်	si: win de
afluente (m)	မြစ်လက်တက်	mji' le' te'
ribera (f)	ကမ်း	kan:
corriente (f)	စီးကြောင်း	si: gaun:
río abajo (adv)	ရေစုန်	jei zoun
río arriba (adv)	ရေဆန်	jei zan
inundación (f)	ရေကြီးမှု	jei gji: hmu.
riada (f)	ရေလျှံခြင်း	jei shan gjin:
desbordarse (vr)	လျှံသည်	shan de
inundar (vt)	ရေလွှမ်းသည်	jei hlwan: de
bajo (m) arenoso	ရေတိမ်ပိုင်း	jei dein bain:
rápido (m)	ရေအောက်ကျောက်ဆောင်	jei au' kjau' hsaun
presa (f)	ဆည်	hse
canal (m)	တူးမြောင်း	tu: mjaun:
lago (m) artificiale	ရေလှောင်ကန်	jei hlaun gan

esclusa (f)	ရေလွှဲပေါက်	jei hlwe: bau'
cuerpo (m) de agua	ရေထု	jei du.
pantano (m)	ရွှံ့ညွန်	shwan njun
ciénaga (f)	စိမ့်မြေ	sein. mjei
remolino (m)	ရေဝဲ	jei we:
arroyo (m)	ချောင်းကလေး	chaun: galei:
potable (adj)	သောက်ရေ	thau' jei
dulce (agua ~)	ရေချို	jei gjou
hielo (m)	ရေခဲ	jei ge:
helarse (el lago, etc.)	ရေခဲသည်	jei ge: de

203. Los nombres de los ríos

Sena (m)	စိန်မြစ်	sein mji'
Loira (m)	လော်ရီမြစ်	lo ji mji'
Támesis (m)	သိမ်းမြစ်	thain: mji'
Rin (m)	ရိုင်းမြစ်	rain: mji'
Danubio (m)	ဒင်နယူမြစ်	din na. ju mji'
Volga (m)	ဗော်လဂါမြစ်	bo la. ga mja'
Don (m)	ဒွန်မြစ်	dun mja'
Lena (m)	လီနာမြစ်	li na mji'
Río (m) Amarillo	မြစ်ဝါ	mji' wa
Río (m) Azul	ရမ်ဇီးမြစ်	jan zi: mji'
Mekong (m)	မဲခေါင်မြစ်	me: gaun mji'
Ganges (m)	ဂင်္ဂါမြစ်	gan ga. mji'
Nilo (m)	နိုင်းမြစ်	nain: mji'
Congo (m)	ကွန်ဂိုမြစ်	kun gou mji'
Okavango (m)	အိုကာဗန်ဂိုမြစ်	ai' hou ban
Zambeze (m)	ဇမ်ဘီဇီးမြစ်	zan bi zi: mji'
Limpopo (m)	လင်ပိုပိုမြစ်	lin po pou mji'
Misisipi (m)	မစ်စစ္စပီမြစ်	mi' si. si. pi. mji'

204. El bosque

bosque (m)	သစ်တော	thi' to:
de bosque (adj)	သစ်တောနှင့်ဆိုင်သော	thi' to: hnin. zain de.
espesura (f)	ထူထပ်သောတော	htu da' te. do:
bosquecillo (m)	သစ်ပင်အုပ်	thi' pin ou'
claro (m)	တောတွင်းလဟာပြင်	to: dwin: la. ha bjin
maleza (f)	ချုံပိတ်ပေါင်း	choun bei' paun:
matorral (m)	ချုံထနောင်းတော	choun hta naun: de.
senda (f)	လူသွားလမ်းကလေး	lu dhwa: lan: ga. lei:
barranco (m)	လျှို	shou

árbol (m)	သစ်ပင်	thi' pin
hoja (f)	သစ်ရွက်	thi' jwe'
follaje (m)	သစ်ရွက်များ	thi' jwe' mja:
caída (f) de hojas	သစ်ရွက်ကြွေခြင်း	thi' jwe' kjwei gjin:
caer (las hojas)	သစ်ရွက်ကြွေသည်	thi' jwe' kjwei de
cima (f)	အဖျား	ahpja:
rama (f)	အကိုင်းခွဲ	akain: khwe:
rama (f) (gruesa)	ပင်မကိုင်း	pin ma. gain:
brote (m)	အဖူး	ahpu:
aguja (f)	အပ်နှင့်တူသောအရွက်	a' hnin. bu de. ajwe'
piña (f)	ထင်းရှူးသီး	htin: shu: dhi:
agujero (m)	အခေါင်းပေါက်	akhaun: bau'
nido (m)	ငှက်သိုက်	hnge' thai'
tronco (m)	ပင်စည်	pin ze
raíz (f)	အမြစ်	amji'
corteza (f)	သစ်ခေါက်	thi' khau'
musgo (m)	ရေညှိ	jei hnji.
extirpar (vt)	အမြစ်မှဆွဲနှုတ်သည်	amji' hma zwe: hna' te
talar (vt)	ခုတ်သည်	khou' te
deforestar (vt)	တောပြုန်းစေသည်	to: bjoun: zei de
tocón (m)	သစ်ငုတ်တို	thi' ngou' tou
hoguera (f)	မီးပုံ	mi: boun
incendio (m) forestal	မီးလောင်ခြင်း	mi: laun gjin:
apagar (~ el incendio)	မီးသတ်သည်	mi: tha' de
guarda (m) forestal	တောခေါင်း	to: gaun:
protección (f)	သစ်တောဝန်ထမ်း	thi' to: wun dan:
proteger (vt)	ထိန်းသိမ်းစောင့်ရှောက်သည်	htein: dhein: zaun. shau' te
cazador (m) furtivo	ခိုးယူသူ	khou: ju dhu
cepo (m)	သံမဏိထောင်ချောက်	than mani. daun gjau'
recoger (setas)	ဆွတ်သည်	hsu' te
recoger (bayas)	ခူးသည်	khu: de
perderse (vr)	လမ်းပျောက်သည်	lan: bjau' de

205. Los recursos naturales

recursos (m pl) naturales	သယံဇာတ	thajan za da.
recursos (m pl) subterráneos	တွင်းထွက်ပစ္စည်း	twin: htwe' pji' si:
depósitos (m pl)	နုန်း	noun:
yacimiento (m)	ဓာတ်သတ္တုထွက်ရာမြေ	da' tha' tu dwe' ja mjei
extraer (vt)	တူးဖော်သည်	tu: hpo de
extracción (f)	တူးဖော်ခြင်း	tu: hpo gjin:
mena (f)	သတ္တုရိုင်း	tha' tu. jain:
mina (f)	သတ္တုတွင်း	tha' tu. dwin:
pozo (m) de mina	မိုင်းတွင်း	main: dwin:
minero (m)	သတ္တုတွင်း အလုပ်သမား	tha' tu. dwin: alou' thama:

gas (m)	ဓာတ်ငွေ့	da' ngwei.
gasoducto (m)	ဓါတ်ငွေ့ပိုက်လိုင်း	da' ngwei. bou' lain:
petróleo (m)	ရေနံ	jei nan
oleoducto (m)	ရေနံပိုက်လိုင်း	jei nan bou' lain:
pozo (m) de petróleo	ရေနံတွင်း	jei nan dwin:
torre (f) de sondeo	ရေနံစင်	jei nan zin
petrolero (m)	လောင်စာတင်သင်္ဘော	laun za din dhin bo:
arena (f)	သဲ	the:
caliza (f)	ထုံးကျောက်	htoun: gjau'
grava (f)	ကျောက်စရစ်	kjau' sa. ji'
turba (f)	မြေဆွေးခဲ	mjei zwei: ge:
arcilla (f)	မြေစေး	mjei zei:
carbón (m)	ကျောက်မီးသွေး	kjau' mi dhwei:
hierro (m)	သံ	than
oro (m)	ရွှေ	shwei
plata (f)	ငွေ	ngwei
níquel (m)	နီကယ်	ni ke
cobre (m)	ကြေးနီ	kjei: ni
zinc (m)	သွပ်	thu'
manganeso (m)	မဂ္ဂနီးစ်	ma' ga. ni:s
mercurio (m)	ပြဒါး	bada:
plomo (m)	ခဲ	khe:
mineral (m)	သတ္တုဈား	tha' tu. za:
cristal (m)	သလင်းကျောက်	thalin: gjau'
mármol (m)	စကျင်ကျောက်	zagjin kjau'
uranio (m)	ယူရေနီယမ်	ju rei ni jan

La tierra. Unidad 2

206. El tiempo

tiempo (m)	ရာသီဥတု	ja dhi nja. tu.
previsión (f) del tiempo	မိုးလေဝသခန့်မှန်းချက်	mou: lei wa. dha. gan. hman: gje'
temperatura (f)	အပူချိန်	apu gjein
termómetro (m)	သာမိုမီတာ	tha mou mi ta
barómetro (m)	လေဖိအားတိုင်းကိရိယာ	lei bi. a: dain: gi. ji. ja
húmedo (adj)	စိုထိုင်းသော	sou htain: de
humedad (f)	စိုထိုင်းမှု	sou htain: hmu.
bochorno (m)	အပူရှိန်	apu shein
tórrido (adj)	ပူလောင်သော	pu laun de.
hace mucho calor	ပူလောင်ခြင်း	pu laun gjin:
hace calor (templado)	နွေးခြင်း	nwei: chin:
templado (adj)	နွေးသော	nwei: de.
hace frío	အေးခြင်း	ei: gjin:
frío (adj)	အေးသော	ei: de.
sol (m)	နေ	nei
brillar (vi)	သာသည်	tha de
soleado (un día ~)	နေသာသော	nei dha de.
elevarse (el sol)	နေထွက်သည်	nei dwe' te
ponerse (vr)	နေဝင်သည်	nei win de
nube (f)	တိမ်	tein
nuboso (adj)	တိမ်ထူသော	tein du de
nubarrón (m)	မိုးတိမ်	mou: dain
nublado (adj)	ညို့မှိုင်းသော	njou. hmain: de.
lluvia (f)	မိုး	mou:
está lloviendo	မိုးရွာသည်	mou: jwa de.
lluvioso (adj)	မိုးရွာသော	mou: jwa de.
lloviznar (vi)	မိုးဖွဲဖွဲရွာသည်	mou: bwe: bwe: jwa de
aguacero (m)	သည်းထန်စွာရွာသောမိုး	thi: dan zwa jwa dho: mou:
chaparrón (m)	မိုးပုဆိန်	mou: bu. zain
fuerte (la lluvia ~)	မိုးသည်းသော	mou: de: de.
charco (m)	ရေအိုင်	jei ain
mojarse (vr)	မိုးမိသည်	mou: mi de
niebla (f)	မြူ	mju
nebuloso (adj)	မြူထူထပ်သော	mju htu hta' te.
nieve (f)	နှင်း	hnin:
está nevando	နှင်းကျသည်	hnin: gja. de

207. Los eventos climáticos severos. Los desastres naturales

tormenta (f)	မိုးသက်မုန်တိုင်း	mou: dhe' moun dain:
relámpago (m)	လျှပ်စီး	hlja' si:
relampaguear (vi)	လျှပ်ပြက်သည်	hlja' pje' te
trueno (m)	မိုးကြိုး	mou: kjou:
tronar (vi)	မိုးကြိုးပစ်သည်	mou: gjou: pi' te
está tronando	မိုးကြိုးပစ်သည်	mou: gjou: pi' te
granizo (m)	မိုးသီး	mou: dhi:
está granizando	မိုးသီးကြွေသည်	mou: dhi: gjwei de
inundar (vt)	ရေကြီးသည်	jei gji: de
inundación (f)	ရေကြီးမှု	jei gji: hmu.
terremoto (m)	ငလျင်	nga ljin
sacudida (f)	တုန်ခါခြင်း	toun ga gjin:
epicentro (m)	ငလျင်ဗဟိုချက်	nga ljin ba hou che'
erupción (f)	မီးတောင်ပေါက်ကွဲခြင်း	mi: daun pau' kwe: gjin:
lava (f)	ချော်ရည်	cho ji
torbellino (m)	လေဆင်နှာမောင်း	lei zin hna maun:
tornado (m)	လေဆင်နှာမောင်း	lei zin hna maun:
tifón (m)	တိုင်ဖွန်းမုန်တိုင်း	tain hpun moun dain:
huracán (m)	ဟာရီကိန်းမုန်တိုင်း	ha ji gain: moun dain:
tempestad (f)	မုန်တိုင်း	moun dain:
tsunami (m)	ဆူနာမီ	hsu na mi
ciclón (m)	ဆိုင်ကလုန်းမုန်တိုင်း	hsain ga. loun: moun dain:
mal tiempo (m)	ဆိုးရွားသောရာသီဥတု	hsou: jwa: de. ja dhi u. tu.
incendio (m)	မီးလောင်ခြင်း	mi: laun gjin:
catástrofe (f)	ဘေးအန္တရာယ်	bei: an daje
meteorito (m)	ဥက္ကာခဲ	ou' ka ge:
avalancha (f)	ရေခဲနှင့်ကျောက်တုံး များထိုးကျခြင်း	jei ge: hnin kjau' toun: mja: htou: gja. gjin:
alud (m) de nieve	လေတိုက်ပြီးဖြစ်နေ သောနှင်းပုံ	lei dou' hpji: bi' nei dho: hnin: boun
ventisca (f)	နှင်းမုန်တိုင်း	hnin: moun dain:
nevasca (f)	နှင်းမုန်တိုင်း	hnin: moun dain:

208. Los ruidos. Los sonidos

silencio (m)	တိတ်ဆိတ်မှု	tei' hsei' hmu.
sonido (m)	အသံ	athan
ruido (m)	ဆူညံသံ	hsu. njan dhan.
hacer ruido	ဆူညံသည်	hsu. njan de
ruidoso (adj)	ဆူညံသော	hsu. njan de.
alto (adv)	ကျယ်လောင်စွာ	kje laun zwa
fuerte (~ voz)	ကျယ်လောင်သော	kje laun de

constante (ruido, etc.)	ဆက်တိုင်ဖြစ်သော	hse' dain bja' de.
grito (m)	အော်သံ	o dhan
gritar (vi)	အော်သည်	o de
susurro (m)	တီးတိုးပြောသံ	ti: dou: bjo dhan
susurrar (vi, vt)	တီးတိုးပြောသည်	ti: dou: bjo de
ladrido (m)	ဟောင်သံ	han dhan
ladrar (vi)	ဟောင်သည်	han de
gemido (m)	တကျွိကျွိမြည်သံ	ta kjwi. kjwi. mji dhan
gemir (vi)	တကျွိကျွိမြည်သည်	ta kjwi. kjwi. mji de
tos (f)	ချောင်းဆိုးခြင်း	gaun: zou: gjin:
toser (vi)	ချောင်းဆိုးသည်	gaun: zou: de
silbido (m)	လေချွန်သံ	lei gjun dhan
silbar (vi)	လေချွန်သည်	lei gjun de
toque (m) en la puerta	တံခါးခေါက်သံ	daga: khau' than
golpear (la puerta)	တံခါးခေါက်သည်	daga: khau' te
crepitar (vi)	တိုက်သည်	tai' te
crepitación (f)	ဒိုင်းခနဲမြည်သံ	dein: ga. ne: mji dhan.
sirena (f)	အချက်ပေးဥသြသံ	ache' pei: ou' o: dhan
pito (m) (de la fábrica)	ဥသြဆွဲသံ	udhja zwe: dhan
pitar (un tren, etc.)	ဥသြဆွဲသည်	udhja zwe: de
bocinazo (m)	ဟွန်းသံ	hwun: dhan
tocar la bocina	ဟွန်းတီးသည်	hwun: di: de

209. El invierno

invierno (m)	ဆောင်းရာသီ	hsaun: ja dhi
de invierno (adj)	ဆောင်းရာသီနှင့်ဆိုင်သော	hsaun: ja dhi hnin. zain de.
en invierno	ဆောင်းရာသီမှာ	hsaun: ja dhi hma
nieve (f)	နှင်း	hnin:
está nevando	နှင်းကျသည်	hnin: gja. de
nevada (f)	ဆီးနှင်းကျခြင်း	hsi: hnin: gja gjin:
montón (m) de nieve	နှင်းခဲပုံ	hnin: ge: boun
copo (m) de nieve	ဆီးနှင်းပွင့်	hsi: hnin: bwin.
bola (f) de nieve	နှင်းဆုပ်လုံး	hnin: zou' loun:
monigote (m) de nieve	နှင်းခဲလူရုပ်	hnin: ge: lu jou'
carámbano (m)	ရေခဲပန်းဆွဲ	jei ge: ban: zwe:
diciembre (m)	ဒီဇင်ဘာလ	di zin ba la.
enero (m)	ဇန်နဝါရီလ	zan na. wa ji la.
febrero (m)	ဖေဖော်ဝါရီလ	hpei bo wa ji la
helada (f)	နှင်းခဲခြင်း	hnin: ge: gjin:
helado (~a noche)	နှင်းခဲသော	hnin: ge: de.
bajo cero (adv)	သုညအောက်	thoun nja. au'
primeras heladas (f pl)	နှင်းခါး	hnin: ga:
escarcha (f)	နှင်းပေါက်ခဲဖြူ	hnin: bau' khe: bju

frío (m)	အေးခြင်း	ei: gjin:
hace frío	အေးသည်	ei: de
abrigo (m) de piel	သားမွေးအနွေးထည်	tha: mwei: anwei: de
manoplas (f pl)	နှစ်ကန့်လက်အိတ်	hni' kan. le' ei'
enfermarse (vr)	အဖျားဝင်သည်	ahpja: win de
resfriado (m)	အအေးမိခြင်း	aei: mi. gjin:
resfriarse (vr)	အအေးမိသည်	aei: mi. de
hielo (m)	ရေခဲ	jei ge:
hielo (m) negro	ရေခဲပြင်ပါး	jei ge: bjin ba:
helarse (el lago, etc.)	ရေခဲသည်	jei ge: de
bloque (m) de hielo	ရေခဲမျော	jei ge: mjo:
esquís (m pl)	နှင်းလျှောစီးစကိတ်	hnin: sho: zi: zakei'
esquiador (m)	နှင်းလျှောစီးစကိတ်သမား	hnin: sho: zi: zakei' dhama:
esquiar (vi)	နှင်းလျှောစီးသည်	hnin: sho: zi: de
patinar (vi)	ရေခဲပြင်စကိတ်စီးသည်	jei ge: bjin za. gei' si: de

La fauna

210. Los mamíferos. Los predadores

carnívoro (m)	သားရဲ	tha: je:
tigre (m)	ကျား	kja:
león (m)	ခြင်္သေ့	chin dhei.
lobo (m)	ဝံပုလွေ	wun bu. lwei
zorro (m)	မြေခွေး	mjei gwei:
jaguar (m)	ဂျာကွာကျားသစ်မျိုး	gja gwa gja: dhi' mjou:
leopardo (m)	ကျားသစ်	kja: dhi'
guepardo (m)	သစ်ကျုတ်	thi' kjou'
pantera (f)	ကျားသစ်နက်	kja: dhi' ne'
puma (f)	ပျူမားတောင်ခြင်္သေ့	pju. ma: daun gjin dhei.
leopardo (m) de las nieves	ရေခဲတောင်ကျားသစ်	jei ge: daun gja: dhi'
lince (m)	လင့်ကြောင်မြီးတို	lin. gjaun mji: dou
coyote (m)	ဝံပုလွေငယ်တစ်မျိုး	wun bu. lwei nge di' mjou:
chacal (m)	ခွေးအ	khwei: a.
hiena (f)	ဟိုင်းအီးနား	hain i: na:

211. Los animales salvajes

animal (m)	တိရစ္ဆာန်	tharei' hsan
bestia (f)	ခြေလေးချောင်းသတ္တဝါ	chei lei: gjaun: dhadawa
ardilla (f)	ရှဉ့်	shin.
erizo (m)	ဖြူကောင်	hpju gaun
liebre (f)	တောယုန်ကြီး	to: joun gji:
conejo (m)	ယုန်	joun
tejón (m)	ခွေးတူဝက်တူကောင်	khwei: du we' tu gaun
mapache (m)	ရက်ကွန်းဝံ	je' kwan: wan
hámster (m)	မြီးတိုပါးတွဲကြွက်	mji: dou ba: dwe: gjwe'
marmota (f)	မားမို့တ်ကောင်	ma: mou. t gaun
topo (m)	ပွေး	pwei:
ratón (m)	ကြွက်	kjwe'
rata (f)	မြေကြွက်	mjei gjwe'
murciélago (m)	လင်းနို့	lin: nou.
armiño (m)	အားမင်ကောင်	a: min gaun
cebellina (f)	ဆေဘယ်	hsei be
marta (f)	အသားစားအကောင်ငယ်	atha: za: akaun nge
comadreja (f)	သားစားဖျံ	tha: za: bjan
visón (m)	မင့်ခ်မြွေပါ	min kh mjwei ba

castor (m)	ဖျံကြီးတစ်မျိုး	hpjan gji: da' mjou:
nutria (f)	ဖျံ	hpjan
caballo (m)	မြင်း	mjin:
alce (m)	ဦးချိုပြားသော သမင်ကြီး	u: gjou bja: dho: thamin gji:
ciervo (m)	သမင်	thamin
camello (m)	ကုလားအုတ်	kala: ou'
bisonte (m)	အမေရိကန်ပြောင်	amei ji kan pjaun
uro (m)	အောရက်စ်	o: re' s
búfalo (m)	ကျွဲ	kjwe:
cebra (f)	မြင်းကျား	mjin: gja:
antílope (m)	အပြေးမြန်သော တောဆိတ်	apjei: mjan de. hto: zei'
corzo (m)	ဒရယ်ငယ်တစ်မျိုး	da. je nge da' mjou:
gamo (m)	ဒရယ်	da. je
gamuza (f)	တောင်ဆိတ်	taun zei'
jabalí (m)	တောဝက်ထီး	to: we' hti:
ballena (f)	ဝေလငါး	wei la. nga:
foca (f)	ပင်လယ်ဖျံ	pin le bjan
morsa (f)	ဝေါရပ်စ်ဖျံ	wo: ra's hpjan
oso (m) marino	အမွေးပါသောပင် လယ်ဖျံ	amwei: pa dho: bin le hpjan
delfín (m)	လင်းပိုင်	lin: bain
oso (m)	ဝက်ဝံ	we' wun
oso (m) blanco	ပိုလာဝက်ဝံ	pou la we' wan
panda (f)	ပန်ဒါဝက်ဝံ	pan da we' wan
mono (m)	မျောက်	mjau'
chimpancé (m)	ချင်ပင်ဇီမျောက်ဝံ	chin pin zi mjau' wan
orangután (m)	အော်ရန်အူတန်လူဝံ	o ran u tan lu wun
gorila (m)	ဂေါ်ရီလာမျောက်ဝံ	go ji la mjau' wun
macaco (m)	မာကာကွေမျောက်	ma ga gwei mjau'
gibón (m)	မျောက်လွှဲကျော်	mjau' hlwe: gjo
elefante (m)	ဆင်	hsin
rinoceronte (m)	ကြံ့	kjan.
jirafa (f)	သစ်ကုလားအုတ်	thi' ku. la ou'
hipopótamo (m)	ရေမြင်း	jei mjin:
canguro (m)	သားပိုက်ကောင်	tha: bai' kaun
koala (f)	ကိုအာလာဝက်ဝံ	kou a la we' wun
mangosta (f)	မြွေပါ	mwei ba
chinchilla (f)	ချင်းချီလာ	chin: chi la
mofeta (f)	စကန့်ခ်ဖျံ	sakan. kh hpjan
espín (m)	ဖြူ	hpju

212. Los animales domésticos

gata (f)	ကြောင်	kjaun
gato (m)	ကြောင်ထီး	kjaun di:
perro (m)	ခွေး	khwei:

caballo (m)	မြင်း	mjin:
garañón (m)	မြင်းထီး	mjin: di:
yegua (f)	မြင်းမ	mjin: ma.
vaca (f)	နွား	nwa:
toro (m)	နွားထီး	nwa: di:
buey (m)	နွားထီး	nwa: di:
oveja (f)	သိုး	thou:
carnero (m)	သိုးထီး	thou: hti:
cabra (f)	ဆိတ်	hsei'
cabrón (m)	ဆိတ်ထီး	hsei' hti:
asno (m)	မြည်း	mji:
mulo (m)	လား	la:
cerdo (m)	ဝက်	we'
cerdito (m)	ဝက်ကလေး	we' ka lei:
conejo (m)	ယုန်	joun
gallina (f)	ကြက်	kje'
gallo (m)	ကြက်ဖ	kje' pha.
pato (m)	ဘဲ	be:
ánade (m)	ဘဲထီး	be: di:
ganso (m)	ဘဲငန်း	be: ngan:
pavo (m)	ကြက်ဆင်	kje' hsin
pava (f)	ကြက်ဆင်	kje' hsin
animales (m pl) domésticos	အိမ်မွေးတိရစ္ဆာန်များ	ein mwei: ti. ji. swan mja:
domesticado (adj)	ယဉ်ပါးသော	jin ba: de.
domesticar (vt)	ယဉ်ပါးစေသည်	jin ba: zei de
criar (vt)	သားပေါက်သည်	tha: bau' te
granja (f)	စိုက်ပျိုးမွေးမြူရေးခြံ	sai' pjou: mwei: mju jei: gjan
aves (f pl) de corral	ကြက်ငှက်တိရစ္ဆာန်	kje' ti ji za hsan
ganado (m)	ကျွဲနွားတိရစ္ဆာန်	kjwe: nwa: tarei. zan
rebaño (m)	အုပ်	ou'
caballeriza (f)	မြင်းဇောင်း	mjin: zaun:
porqueriza (f)	ဝက်ခြံ	we' khan
vaquería (f)	နွားတင်းကုပ်	nwa: din: gou'
conejal (m)	ယုန်အိမ်	joun ein
gallinero (m)	ကြက်လှောင်အိမ်	kje' hlaun ein

213. Los perros. Las razas de perros

perro (m)	ခွေး	khwei:
perro (m) pastor	သိုးကျောင်းခွေး	thou: kjaun: gwei:
pastor (m) alemán	ဂျာမနီသိုးကျောင်းခွေး	gja ma. ni hnin. gjaun: gwei:
caniche (m)	ပူဒယ်လ်ခွေး	pu de l gwei:
teckel (m)	ဒတ်ရှန်းခွေး	da' shan: gwei:
bulldog (m)	ခွေးဘီလူး	khwei: bi lu:

bóxer (m)	ဘောက်ဆာခွေး	bo' hsa gwei:
mastín (m) inglés	အိမ်စောင့်ခွေးကြီးတစ်မျိုး	ein zaun. gwei: gji: di' mjou:
rottweiler (m)	ရော့ဝီလာခွေး	ro. wi la gwei:
doberman (m)	ဒိုဘာမင်န်းခွေး	dou ba min: gwei:
basset hound (m)	ခြေတံတိုအမဲလိုက်ခွေး	chei dan dou ame: lai' gwei:
bobtail (m)	ခွေးပုတစ်မျိုး	khwei: bu di' mjou:
dálmata (m)	ဒယ်မေးရှင်းခွေး	de mei: shin gwe:
cocker spaniel (m)	ကိုကာစပန်နီရယ်ခွေး	kou ka sa. pan ni je khwei:
terranova (m)	နယူးဖောင်လန်ခွေး	na. ju: hpaun lan gwe:
san bernardo (m)	ကြက်ခြေနီခွေး	kje' chei ni khwei:
husky (m)	စွတ်ဖားဆွဲခွေး	su' hpa: zwe: gwei:
chow chow (m)	တရုတ်ပြည်ပေါက် အမွေးထူခွေး	tajou' pji bau' amwei: htu gwei:
pomerania (m)	စပစ်ဇ်ခွေး	sapi's khwei:
pug (m), carlino (m)	ပဂ်ခွေး	pa' gwei:

214. Los sonidos de los animales

ladrido (m)	ဟောင်သံ	han dhan
ladrar (vi)	ဟောင်သည်	han de
maullar (vi)	ကြောင်အော်သည်	kjaun o de
ronronear (vi)	ညိမ့်ညိမ့်လေးမြည်သံပေးသည်	njein. njein. le: mje dhan bei: de
mugir (vi)	နွားအော်သည်	nwa: o de
bramar (toro)	တိရစ္ဆာန်အော်သည်	tharei' hsan o de
rugir (vi)	မာန်ဖီသည်	man bi de
aullido (m)	အူသံ	u dhan
aullar (vi)	အူသည်	u de
gañir (vi)	ရှည်လျားစူးရှစွာအော်သည်	shei lja: zu: sha. zwa o de
balar (vi)	သိုးအော်သည်	thou: o de
gruñir (cerdo)	တအီအီမြည်သည်	ta. i i mji de
chillar (vi)	တစီစီအော်မြည်သည်	ta. zi. zi. jo mje de
croar (vi)	ဖားအော်သည်	hpa: o de
zumbar (vi)	တဝီဝီအော်သည်	ta. wi wi o de
chirriar (vi)	ကျည်ကျည်ကျာကျာအော်သည်	kji kji kja kja o de

215. Los animales jóvenes

cría (f)	သားပေါက်	tha: bau'
gatito (m)	ကြောင်ပေါက်ကလေး	kjaun bau' ka. lei:
ratoncillo (m)	ကြွက်ပေါက်ကလေး	kjwe' bau' ka. lei:
cachorro (m)	ခွေးကလေး	khwei: galei:
lebrato (m)	ယုန်ပေါက်ကလေး	joun bau' kalei:
gazapo (m)	ယုန်ကလေး	joun galei:

lobato (m)	ဝံပုလွေပေါက်ကလေး	wun lwei bau' ka. lei:
cachorro (m) de zorro	မြေခွေးပေါက်ကလေး	mjei gwei: bau' kalei:
osito (m)	ဝက်ဝံပေါက်ကလေး	we' wun bau' ka. lei:
cachorro (m) de león	ခြင်္သေ့ပေါက်ကလေး	chin dhei. bau' kalei:
cachorro (m) de tigre	ကျားပေါက်ကလေး	kja: bau' ka. lei:
elefante bebé (m)	ဆင်ပေါက်ကလေး	hsin bau' ka. lei:
cerdito (m)	ဝက်ကလေး	we' ka lei:
ternero (m)	နွားပေါက်ကလေး	nwa: bau' ka. lei:
cabrito (m)	ဆိတ်ပေါက်ကလေး	hsei' pau' ka. lei:
cordero (m)	သိုးပေါက်ကလေး	thou: bau' kalei:
cervato (m)	သမင်ပေါက်ကလေး	thamin bau' kalei:
cría (f) de camello	မြင်းပေါက်ကလေး	mjin: bau' kalei:
serpiente (f) joven	မြွေပေါက်ကလေး	mwei bau' kalei:
rana (f) juvenil	ဖားပေါက်ကလေး	hpa: bau' ka. lei:
polluelo (m)	ငှက်ပေါက်ကလေး	hnge' pau' ka. lei:
pollito (m)	ကြက်ပေါက်ကလေး	kje' pau' ka. lei:
patito (m)	ပဲပေါက်ကလေး	pe: bau' ga. lei:

216. Los pájaros

pájaro (m)	ငှက်	hnge'
paloma (f)	ခို	khou
gorrión (m)	စာကလေး	sa ga. lei:
carbonero (m)	စာဝတီးငှက်	sa wadi: hnge'
urraca (f)	ငှက်ကျား	hnge' kja:
cuervo (m)	ကျီးနက်	kji: ne'
corneja (f)	ကျီးကန်း	kji: kan:
chova (f)	ဥရောပကျီးတစ်မျိုး	u. jo: pa gji: di' mjou:
grajo (m)	ကျီးအ	kji: a.
pato (m)	ဘဲ	be:
ganso (m)	ဘဲငန်း	be: ngan:
faisán (m)	ရစ်ငှက်	ji' hnge'
águila (f)	လင်းယုန်	lin: joun
azor (m)	သိမ်းငှက်	thain: hnge'
halcón (m)	အမဲလိုက်သိမ်းငှက်တစ်မျိုး	ame: lai' thein: hnge' ti' mjou:
buitre (m)	လင်းတ	lin: da.
cóndor (m)	တောင်အမေရိကလင်းတ	taun amei ri. ka. lin: da.
cisne (m)	ငန်း	ngan:
grulla (f)	ငှက်ကုလား	hnge' ku. la:
cigüeña (f)	ချည်ခင်စွပ်ငှက်	che gin zu' hnge'
loro (m), papagayo (m)	ကြက်တူရွေး	kje' tu jwei:
colibrí (m)	ငှက်ပိတုန်း	hnge' pi. doun:
pavo (m) real	ဥဒေါင်း	u. daun:
avestruz (m)	ငှက်ကုလားအုတ်	hnge' ku. la: ou'
garza (f)	ငဟစ်ငှက်	nga hi' hnge'

flamenco (m)	ကြိုးကြာနီ	kjou: kja: ni
pelícano (m)	ငှက်ကြီးဝန်ပို	hnge' kji: wun bou
ruiseñor (m)	တေးဆိုငှက်	tei: hsou hnge'
golondrina (f)	ပျံလွှား	pjan hlwa:
tordo (m)	မြေလူးငှက်	mjei lu: hnge'
zorzal (m)	တေးဆိုမြေလူးငှက်	tei: hsou mjei lu: hnge'
mirlo (m)	ငှက်မည်း	hnge' mji:
vencejo (m)	ပျံလွှားတစ်မျိုး	pjan hlwa: di' mjou:
alondra (f)	ဘီလုံးငှက်	bi loun: hnge'
codorniz (f)	ငုံး	ngoun:
pájaro carpintero (m)	သစ်တောက်ငှက်	thi' tau' hnge'
cuco (m)	ဥဩငှက်	udhja hnge'
lechuza (f)	ဇီးကွက်	zi: gwe
búho (m)	သိမ်းငှက်အနွယ်ဝင်ဇီးကွက်	thain: hnge' anwe win zi: gwe'
urogallo (m)	ရစ်	ji'
gallo lira (m)	ရစ်နက်	ji' ne'
perdiz (f)	ခါ	kha
estornino (m)	ကျွဲဆက်ရက်	kjwe: hse' je'
canario (m)	စာဝါငှက်	sa wa hnge'
ortega (f)	ရစ်ညို	ji' njou
pinzón (m)	စာကျွဲခေါင်း	sa gjwe: gaun:
camachuelo (m)	စာကျွဲခေါင်းငှက်	sa gjwe: gaun: hngwe'
gaviota (f)	စင်ရော်	sin jo
albatros (m)	ပင်လယ်စင်ရော်ကြီး	pin le zin jo gji:
pingüino (m)	ပင်ဂွင်း	pin gwin:

217. Los pájaros. El canto y los sonidos

cantar (vi)	ငှက်တေးဆိုသည်	hnge' tei: zou de
gritar, llamar (vi)	အော်သည်	o de
cantar (el gallo)	တွန်သည်	tun de
quiquiriquí (m)	ကြက်တွန်သံ	kje' twan dhan
cloquear (vi)	ကြက်မကတော်သည်	kje' ma. ka. do de
graznar (vi)	ကျီးအာသည်	kji: a de
graznar, parpar (vi)	တဂတ်ဂတ်အောင်သည်	ta. ge' ge' aun de
piar (vi)	ကျည်ကျည်ကျာကျာမြည်သည်	kji kji kja kja mji de
gorjear (vi)	တွတ်ထိုးသည်	tu' htou: de

218. Los peces. Los animales marinos

brema (f)	ငါးကြင်းတစ်မျိုး	nga: gjin: di' mjou
carpa (f)	ငါးကြင်း	nga gjin:
perca (f)	ငါးပြေမတစ်မျိုး	nga: bjei ma. di' mjou:
siluro (m)	ငါးရှူ	nga: gu
lucio (m)	ပိုက်ငါး	pai' nga

salmón (m)	ဆော်လမွန်ငါး	hso: la. mun nga:
esturión (m)	စတာဂျင်ငါးကြီးမျိုး	sata gjin nga: gji: mjou:
arenque (m)	ငါးသလောက်	nga: dha. lau'
salmón (m) del Atlántico	ဆော်လမွန်ငါး	hso: la. mun nga:
caballa (f)	မက်ကရယ်ငါး	me' ka. je nga:
lenguado (m)	ဥရောပ ငါးခွေး လျှာတစ်မျိုး	u. jo: pa nga: gwe: sha di' mjou:
lucioperca (f)	ငါးပြေမအနွယ် ဝင်ငါးတစ်မျိုး	nga: bjei ma. anwe win nga: di' mjou:
bacalao (m)	ငါးကြီးဆီထုတ်သောငါး	nga: gji: zi dou' de. nga:
atún (m)	တူနာငါး	tu na nga:
trucha (f)	ထရောက်ငါး	hta. jau' nga:
anguila (f)	ငါးရှဉ့်	nga: shin.
raya (f) eléctrica	ငါးလက်ထုံ	nga: le' htoun
morena (f)	ငါးရှဉ့်ကြီးတစ်မျိုး	nga: shin. gji: da' mjou:
piraña (f)	အသားစားငါးငယ်တစ်မျိုး	atha: za: nga: nge ti' mjou:
tiburón (m)	ငါးမန်း	nga: man:
delfín (m)	လင်းပိုင်	lin: bain
ballena (f)	ဝေလငါး	wei la. nga:
centolla (f)	ကဏန်း	kanan:
medusa (f)	ငါးဖန်ခွက်	nga: hpan gwe'
pulpo (m)	ရေဘဝဲ	jei ba. we:
estrella (f) de mar	ကြယ်ငါး	kje nga:
erizo (m) de mar	သံပချိုပ်	than ba. gjou'
caballito (m) de mar	ရေနဂါး	jei naga:
ostra (f)	ကမာကောင်	kama kaun
camarón (m)	ပုစွန်	bazun
bogavante (m)	ကျောက်ပုစွန်	kjau' pu. zun
langosta (f)	ကျောက်ပုစွန်	kjau' pu. zun

219. Los anfibios. Los reptiles

serpiente (f)	မြွေ	mwei
venenoso (adj)	အဆိပ်ရှိသော	ahsei' shi. de.
víbora (f)	မြွေပွေး	mwei bwei:
cobra (f)	မြွေဟောက်	mwei hau'
pitón (m)	စပါးအုံးမြွေ	saba: oun: mwei
boa (f)	စပါးကြီးမြွေ	saba: gji: mwei
culebra (f)	မြက်လျှောမြွေ	mje' sho: mwei
serpiente (m) de cascabel	ခလောက်ဆွဲမြွေ	kha. lau' hswe: mwei
anaconda (f)	အနာကွန်ဒါမြွေ	ana kun da mwei
lagarto (m)	တွားသွားသတ္တဝါ	twa: dhwa: tha' tawa
iguana (f)	ဖွတ်	hpu'
varano (m)	ပုတ်သင်	pou' thin

salamandra (f)	ရေပုတ်သင်	jei bou' thin
camaleón (m)	ပုတ်သင်ညို	pou' thin njou
escorpión (m)	ကင်းမြီးကောက်	kin: mji: kau'
tortuga (f)	လိပ်	lei'
rana (f)	ဖား	hpa:
sapo (m)	ဖားပြုပ်	hpa: bju'
cocodrilo (m)	မိကျောင်း	mi. kjaun:

220. Los insectos

insecto (m)	ပိုးမွှား	pou: hmwa:
mariposa (f)	လိပ်ပြာ	lei' pja
hormiga (f)	ပုရွက်ဆိတ်	pu. jwe' hsei'
mosca (f)	ယင်ကောင်	jin gaun
mosquito (m) (picadura de ~)	ခြင်	chin
escarabajo (m)	ပိုးတောင်မာ	pou: daun ma
avispa (f)	နကျယ်ကောင်	na. gje gaun
abeja (f)	ပျား	pja:
abejorro (m)	ပိတုန်း	pi. doun:
moscardón (m)	မှက်	hme'
araña (f)	ပင့်ကူ	pjin. gu
telaraña (f)	ပင့်ကူအိမ်	pjin gu ein
libélula (f)	ပုစဉ်း	bazin
saltamontes (m)	နှံကောင်	hnan gaun
mariposa (f) nocturna	ပိုးဖလံ	pou: ba. lan
cucaracha (f)	ပိုးဟပ်	pou: ha'
garrapata (f)	မွှား	hmwa:
pulga (f)	သန်း	than:
mosca (f) negra	မှက်အသေးစား	hme' athei: za:
langosta (f)	ကျိုင်းကောင်	kjain: kaun
caracol (m)	ခရု	khaju.
grillo (m)	ပုရစ်	paji'
luciérnaga (f)	ပိုးစုန်းကြူး	pou: zoun: gju:
mariquita (f)	လေဒီဘတ်ပိုးတောင်မာ	lei di ba' pou: daun ma
sanjuanero (m)	အုန်းပိုး	oun: bou:
sanguijuela (f)	မျှော့	hmjo.
oruga (f)	ပေါက်ဖက်	pau' hpe'
lombriz (m) de tierra	တီကောင်	ti gaun
larva (f)	ပိုးတုံးလုံး	pou: doun: loun:

221. Los animales. Las partes del cuerpo

pico (m)	ငှက်နှုတ်သီး	hnge' hnou' thi:
alas (f pl)	တောင်ပံ	taun pan
pata (f)	ခြေထောက်	chei htau'

plumaje (m)	အမွေး	ahmwei
pluma (f)	ငှက်မွေး	hnge' hmwei:
penacho (m)	အမောက်	amou'
branquias (f pl)	ပါးဟက်	pa: he'
huevas (f pl)	ငါးဥ	nga: u.
larva (f)	ပိုးလောက်လန်း	pou: lau' lan:
aleta (f)	ဆူးတောင်	hsu: daun
escamas (f pl)	ကြေးခွံ	kjei: gwan
colmillo (m)	အစွယ်	aswe
garra (f), pata (f)	ခြေသည်းရှည်ပါသောဖဝါး	chei dhi: shi ba dho: ba. wa:
hocico (m)	နှုတ်သီး	hnou' thi:
boca (f)	ပါးစပ်	pa: zi'
cola (f)	အမြီး	ami:
bigotes (m pl)	နှုတ်ခမ်းမွေး	hnou' khan: hmwei:
casco (m) (pezuña)	ခွါ	khwa
cuerno (m)	ဦးချို	u: gjou
caparazón (m)	လိပ်ကျောခွံ	lei' kjo: ghwan
concha (f) (de moluscos)	အခွံ	akhun
cáscara (f) (de huevo)	ဥခွံ	u. gun
pelo (m) (de perro)	အမွေး	ahmwei
piel (f) (de vaca, etc.)	သားရေ	tha: ei

222. Los animales. Acciones. Conducta.

volar (vi)	ပျံသည်	pjan de
dar vueltas	ဝဲသည်	we: de
echar a volar	ပျံထွက်သွားသည်	pjan dwe' dwa: de
batir las alas	အတောင်ခတ်သည်	ataun khai' te
picotear (vt)	နှုတ်သီးဖြင့်ဆိတ်သည်	hnou' thi: bjin. zei' te
empollar (vt)	ဝပ်သည်	wu' te
salir del cascarón	ဥမှသားပေါက်သည်	u. hma. dha: bau' te
hacer el nido	အသိုက်ပြုလုပ်သည်	athai' pju. lou' dhe
reptar (serpiente)	တွားသွားသည်	twa: dhwa: de
picar (vt)	တုပ်သည်	tou' te
morder (animal)	ကိုက်သည်	kou' de
olfatear (vt)	အနံ့ခံနှာရှုံ့သည်	anan. khan hna shun. de
ladrar (vi)	ဟောင်သည်	han de
sisear (culebra)	ရှူးရှူးရှဲရှဲ အသံပြုသည်	shu: shu: she: she: athan bju. de
asustar (vt)	ခြောက်လှန့်သည်	chau' hlan. de
atacar (vt)	တိုက်ခိုက်သည်	tai' khai' te
roer (vt)	ကိုက်ဖြတ်သည်	kou' hpja' te
arañar (vt)	ကုတ်သည်	kou' te
esconderse (vr)	ပုန်းသည်	poun: de
jugar (gatitos, etc.)	ကစားသည်	gaza: de

cazar (vi, vt)	အမဲလိုက်သည်	ame: lai' de
hibernar (vi)	ဆောင်းခိုသည်	hsaun: gou de
extinguirse (vr)	မျိုးသုဉ်းသည်	mjou: dhou: de

223. Los animales. El hábitat

hábitat (m)	ကျက်စားရာဒေသ	kje' za: ja dei dha.
migración (f)	ပြောင်းရွှေ့နေထိုင်ခြင်း	pjaun: shwei nei dain gjin:
montaña (f)	တောင်	taun
arrecife (m)	ကျောက်တန်း	kjau' tan:
roca (f)	ကျောက်ဆောင်	kjau' hsain
bosque (m)	သစ်တော	thi' to:
jungla (f)	တောရိုင်း	to: jain:
sabana (f)	အပူပိုင်းမြင်ခင်းလွင်ပြင်	apu bain: gjin gin: lwin pjin
tundra (f)	တန်ဒြာ-ကျတ်တီးမြေ	tun dra kje' bi: mjei
estepa (f)	မြက်ခင်းလွင်ပြင်	mje' khin: lwin bjin
desierto (m)	သဲကန္တာရ	the: gan da ja.
oasis (m)	အိုအေစစ်	ou ei zi'
mar (m)	ပင်လယ်	pin le
lago (m)	ရေကန်	jei gan
océano (m)	သမုဒ္ဒရာ	thamou' daja
pantano (m)	ရွှံ့ ညွန်	shwan njun
de agua dulce (adj)	ရေချို	jei gjou
estanque (m)	ရေကန်ငယ်	jei gan nge
río (m)	မြစ်	mji'
cubil (m)	သားရဲလှောင်အိမ်တွင်း	tha: je: hlaun ein twin:
nido (m)	ငှက်သိုက်	hnge' thai'
agujero (m)	အခေါင်းပေါက်	akhaun: bau'
madriguera (f)	မြေတွင်း	mjei dwin:
hormiguero (m)	ခြတောင်ပို့	cha. daun bou.

224. El cuidado de los animales

zoológico (m)	တိရိစ္ဆာန်ဥယျာဉ်	tharei' hsan u. jin
reserva (f) natural	စားကျက်	sa: gja'
criadero (m)	တိရစ္ဆာန်မျိုးဖောက်သူ	tharei' hsan mjou: hpau' thu
jaula (f) al aire libre	လှောင်အိမ်	hlaun ein
jaula (f)	လှောင်အိမ်	hlaun ein
perrera (f)	ခွေးအိမ်	khwei: ein
palomar (m)	ခိုအိမ်	khou ein
acuario (m)	အလှမွေးငါးကန်	ahla. mwei: nga: gan
delfinario (m)	လင်းပိုင်မွေးကန်	lin: bain mwei kan
criar (~ animales)	သားပေါက်သည်	tha: bau' te
crías (f pl)	သားပေါက်အုပ်စု	tha: bau' ou' zu.

domesticar (vt)	ယဉ်ပါးစေသည်	jin ba: zei de
adiestrar (~ animales)	လေ့ကျင့်ပေးသည်	lei. kjin. bei: de
pienso (m), comida (f)	အစာ	asa
dar de comer	အစာကျွေးသည်	asa gjwei: de.
tienda (f) de animales	အိမ်မွေးတိရိစ္ဆာန်ဆိုင်	ein mwei: ti. ji. swan zain
bozal (m) de perro	နှုတ်သီးစွပ်	hnou' thi: zu'
collar (m)	လည်ပတ်	le ba'
nombre (m) (de perro, etc.)	အမည်	amji
pedigrí (m)	ခွေးမျိုးရိုးမှတ်တမ်း	khwei: mjou: jou: hma' tan:

225. Los animales. Miscelánea

manada (f) (de lobos)	အုပ်	ou'
bandada (f) (de pájaros)	အုပ်	ou'
banco (m) de peces	အုပ်	ou'
caballada (f)	အုပ်	ou'
macho (m)	အထီး	a hti:
hembra (f)	အမ	ama.
hambriento (adj)	ဆာလောင်သော	hsa laun de.
salvaje (adj)	တောရိုင်း	to: jain:
peligroso (adj)	အန္တရာယ်ရှိသော	an dare shi. de.

226. Los caballos

caballo (m)	မြင်း	mjin:
raza (f)	အမျိုးအစားကောင်းသောမြင်း	amjou: asa: gaun: dho: mjin:
potro (m)	မြင်းပေါက်	mjin: bau'
yegua (f)	မြင်းမ	mjin: ma.
mustang (m)	မာစတန်မြင်း	ma za. dan mjin:
poni (m)	မြင်းပု	mjin: bu.
caballo (m) de tiro	ခိုင်းမြင်း	khain: mjin:
crin (f)	လည်ဆံမွှေး	le zan hmwei:
cola (f)	အမြီး	ami:
casco (m) (pezuña)	ခွါ	khwa
herradura (f)	မြင်းသံခွါ	mjin: dhan gwa
herrar (vt)	မြင်းသံခွါရိုက်သည်	mjin: dhan gwa jai' te
herrero (m)	ပန်းပဲသမား	pan: be: dhama:
silla (f)	မြင်းကုန်းနှီး	mjin: goun: ni:
estribo (m)	ခြေနင်းကွင်း	chei nin: gwin:
bridón (m)	မြင်းဇက်ကြိုး	mjin: ze' kjou:
riendas (f pl)	မြင်းထိန်းကြိုး	mjin: dein: gjou:
fusta (f)	ကြာပွတ်	kja bu'
jinete (m)	မြင်းစီးသူ	mjin: zi: dhu
ensillar (vt)	မြင်းကုန်းနှီးချုပ်သည်	mjin: goun: ni: gjou' te

montar al caballo	မြင်းပေါ်တက်သည်	mjin: bo da' te
galope (m)	မြင်းဒုန်းစိုင်းစီးခြင်း	mjin: oun: zain: zi: gjin:
ir al galope	မြင်းဒုန်းစိုင်းစီးသည်	mjin: oun: zain: zi: de
trote (m)	ရွရွပြေးသည်	jwa. jwa. bjei: de
al trote (adv)	ရွရွပြေးသည့်ခြေလှမ်း	jwa. jwa. bjei: de. gjei hlan:
ir al trote, trotar (vi)	ရွရွစီးသည်	jwa. jwa. zi: de
caballo (m) de carreras	ပြိုင်မြင်း	pjain mjin:
carreras (f pl)	မြင်းပြိုင်ခြင်း	mjin: bjain gjin:
caballeriza (f)	မြင်းဇောင်း	mjin: zaun:
dar de comer	အစာကျွေးသည်	asa gjwei: de.
heno (m)	မြက်ခြောက်	mje' khau'
dar de beber	ရေတိုက်သည်	jei dai' te
limpiar (el caballo)	ရေချိုးပေးသည်	jei gjou bei: de
carro (m)	မြင်းသည်လှည်း	mjin: de hli:
pastar (vi)	စားကျက်တွင်လွှတ်ထားသည်	sa: gja' twin hlu' hta' de
relinchar (vi)	မြင်းဟီသည်	mjin: hi de
cocear (vi)	မြင်းကန်သည်	mjin: gan de

La flora

227. Los árboles

árbol (m)	သစ်ပင်	thi' pin
foliáceo (adj)	ရွက်ပြတ်	jwe' pja'
conífero (adj)	ထင်းရှူးပင်နှင့်ဆိုင်သော	htin: shu: bin hnin. zain de.
de hoja perenne	အဲဗားဂရင်းပင်	e ba: ga rin: bin
manzano (m)	ပန်းသီးပင်	pan: dhi: bin
peral (m)	သစ်တော်ပင်	thi' to bin
cerezo (m)	ချယ်ရီသီးအချိုပင်	che ji dhi: akjou bin
guindo (m)	ချယ်ရီသီးအချဉ်ပင်	che ji dhi: akjin bin
ciruelo (m)	ဆီးပင်	hsi: bin
abedul (m)	ဘုဇပတ်ပင်	bu. za. ba' pin
roble (m)	ဝက်သစ်ချပင်	we' thi' cha. bin
tilo (m)	လင်ဒန်ပင်	lin dan pin
pobo (m)	ပေါ့ပလာပင်တစ်မျိုး	po. pa. la bin di' mjou:
arce (m)	မေပယ်ပင်	mei pe bin
pícea (f)	ထင်းရှူးပင်တစ်မျိုး	htin: shu: bin ti' mjou:
pino (m)	ထင်းရှူးပင်	htin: shu: bin
alerce (m)	ကတော့ပုံထင်းရှူးပင်	ka dau. boun din: shu: pin
abeto (m)	ထင်းရှူးပင်တစ်မျိုး	htin: shu: bin ti' mjou:
cedro (m)	သစ်ကတိုးပင်	thi' gadou: bin
álamo (m)	ပေါ့ပလာပင်	po. pa. la bin
serbal (m)	ရာအန်ပင်	ra an bin
sauce (m)	မိုးမခပင်	mou: ma. ga. bin
aliso (m)	အိုလ်ဒါပင်	oun da bin
haya (f)	ယင်းသစ်	jin: dhi'
olmo (m)	အမ်ပင်	an bin
fresno (m)	အက်ရှ်အပင်	e' sh apin
castaño (m)	သစ်အယ်ပင်	thi' e
magnolia (f)	တတိုင်းမွှေးပင်	ta tain: hmwei: bin
palmera (f)	ထန်းပင်	htan: bin
ciprés (m)	စိုက်ပရက်စ်ပင်	sai' pa. je's pin
mangle (m)	လမုပင်	la. mu. bin
baobab (m)	ကန္တာရပေါက်ပင်တစ်မျိုး	kan ta ja. bau' bin di' chju:
eucalipto (m)	ယူကလစ်ပင်	ju kali' pin
secoya (f)	ဆီကွိုလာပင်	hsi gwou la pin

228. Los arbustos

mata (f)	ချုံပုတ်	choun bou'
arbusto (m)	ချုံ	choun

vid (f)	စပျစ်	zabji'
viñedo (m)	စပျစ်ခြံ	zabji' chan
frambueso (m)	ရတ်စဘယ်ရီ	re' sa be ji
grosellero (m) negro	ဘလက်ကားရန့်	ba. le' ka: jan.
grosellero (m) rojo	အနီရောင်ဘယ်ရီသီး	ani jaun be ji dhi:
grosellero (m) espinoso	ကုလားဆီးဖြူပင်	kala: zi: hpju pin
acacia (f)	အကေရှားပင်	akei sha: bin:
berberís (m)	ဘားဘယ်ရီပင်	ba: be' ji bin
jazmín (m)	စံပယ်ပင်	san be bin
enebro (m)	ဂျူနီပါပင်	gju ni ba bin
rosal (m)	နှင်းဆီချုံ	hnin: zi gjun
escaramujo (m)	တောရိုင်းနှင်းဆီပင်	to: ein: hnin: zi bin

229. Los hongos

seta (f)	မှို	hmou
seta (f) comestible	စားသုံးနိုင်သောမှို	sa: dhoun: nein dho: hmou
seta (f) venenosa	အဆိပ်ရှိသောမှို	ahsei shi. de. hmou
sombrerete (m)	မှိုပွင့်	hmou bwin.
estipe (m)	မှိုခြေထောက်	hmou gjei dau'
seta calabaza (f)	မှိုခြင်ထောင်	hmou gjin daun
boleto (m) castaño	ထိပ်အဝါရောင်ရှိသောမှို	htei' awa jaun shi. de. hmou
boleto (m) áspero	ခြေထောက်ရှည်မှိုတစ်မျိုး	chei htau' shi hmou di' mjou:
rebozuelo (m)	ချန်တရယ်မှို	chan ta. je hmou
rúsula (f)	ရှုဆယ်လာမှို	ja. ze la hmou
colmenilla (f)	ထိပ်လုံးသောမှို တစ်မျိုး	htei' loun: dho: hmou di' mjou:
matamoscas (m)	အနီရောင်ရှိသော မှိုတစ်မျိုး	ani jaun shi. dho: hmou di' mjou:
oronja (f) verde	ဒက်ကဲ့ပ်မှို	de' ke. p hmou

230. Las frutas. Las bayas

fruto (m)	အသီး	athi:
frutos (m pl)	အသီးများ	athi: mja:
manzana (f)	ပန်းသီး	pan: dhi:
pera (f)	သစ်တော်သီး	thi' to dhi:
ciruela (f)	ဆီးသီး	hsi: dhi:
fresa (f)	စတော်ဘယ်ရီသီး	sato be ri dhi:
guinda (f)	ချယ်ရီချဉ်သီး	che ji gjin dhi:
cereza (f)	ချယ်ရီချိုသီး	che ji gjou dhi:
uva (f)	စပျစ်သီး	zabji' thi:
frambuesa (f)	ရတ်စဘယ်ရီ	re' sa be ji
grosella (f) negra	ဘလက်ကားရန့်	ba. le' ka: jan.

grosella (f) roja	အနီရောင်ဘယ်ရီသီး	ani jaun be ji dhi:
grosella (f) espinosa	ကလားဆီးဖြူ	ka. la: his: hpju
arándano (m) agrio	ကရမ်ဘယ်ရီ	ka. jan be ji
naranja (f)	လိမ္မော်သီး	limmo dhi:
mandarina (f)	ပျားလိမ္မော်သီး	pja: lein mo dhi:
piña (f)	နာနတ်သီး	na na' dhi:
banana (f)	ငှက်ပျောသီး	hnge' pjo: dhi:
dátil (m)	စွန်ပလွံသီး	sun palun dhi:
limón (m)	သံပုယိုသီး	than bu. jou dhi:
albaricoque (m)	တရုတ်ဆီးသီး	jau' hsi: dhi:
melocotón (m)	မက်မွန်သီး	me' mwan dhi:
kiwi (m)	ကီဝီသီး	ki wi dhi
toronja (f)	ဂရိတ်ဖရုသီး	ga. ri' hpa. ju dhi:
baya (f)	ဘယ်ရီသီး	be ji dhi:
bayas (f pl)	ဘယ်ရီသီးများ	be ji dhi: mja:
arándano (m) rojo	အနီရောင်ဘယ်ရီသီးတစ်မျိုး	ani jaun be ji dhi: di: mjou:
fresa (f) silvestre	စတော်ဘယ်ရီရိုင်း	sato be ri jain:
arándano (m)	ဘီလ်ဘယ်ရီအသီး	bi' l be ji athi:

231. Las flores. Las plantas

flor (f)	ပန်း	pan:
ramo (m) de flores	ပန်းစည်း	pan: ze:
rosa (f)	နှင်းဆီပန်း	hnin: zi ban:
tulipán (m)	ကျူးလစ်ပန်း	kju: li' pan:
clavel (m)	ဇော်မွှားပန်း	zo hmwa: bin:
gladiolo (m)	သစ္စာပန်း	thi' sa ban:
aciano (m)	အပြာရောင်တောပန်းတစ်မျိုး	apja jaun dho ban: da' mjou:
campanilla (f)	ခေါင်းရန်းအပြာပန်း	gaun: jan: apja ban:
diente (m) de león	တောပန်းအဝါတစ်မျိုး	to: ban: awa ti' mjou:
manzanilla (f)	မေမြို့ပန်း	mei. mjou. ban:
áloe (m)	ရှားစောင်းလက်ပတ်ပင်	sha: zaun: le' pa' pin
cacto (m)	ရှားစောင်းပင်	sha: zaun: bin
ficus (m)	ရော်ဘာပင်	jo ba bin
azucena (f)	နှင်းပန်း	hnin: ban:
geranio (m)	ကြွေပန်းတစ်မျိုး	kjwei ban: da' mjou:
jacinto (m)	ဗေဒါပန်း	bei da ba:
mimosa (f)	ထိကရုံးကြီးပင်	hti. ga. joun: gji: bin
narciso (m)	နားစီဆက်စ်ပင်	na: zi ze's pin
capuchina (f)	တောင်ကြာကလေး	taun gja galei:
orquídea (f)	သစ်ခွပင်	thi' khwa. bin
peonía (f)	စန္ဒပန်း	san dapan:
violeta (f)	ပိုင်းအိုးလက်	bain: ou le'
trinitaria (f)	ပေါင်ဒါပန်း	paun da ban:
nomeolvides (f)	ခင်မမေ့ပန်း	khin ma. mei. pan:

margarita (f)	ဒေစီပန်း	dei zi bin
amapola (f)	ဘိန်းပင်	bin: bin
cáñamo (m)	ဆေးခြောက်ပင်	hsei: chau' pin
menta (f)	ပူစီနံ	pu zi nan
muguete (m)	နှင်းပန်းတစ်မျိုး	hnin: ban: di' mjou:
campanilla (f) de las nieves	နှင်းခေါင်းလောင်းပန်း	hnin: gaun: laun: ban:
ortiga (f)	ဖက်ယားပင်	hpe' ja: bin
acedera (f)	မှော်ချဉ်ပင်	hmjo gji bin
nenúfar (m)	ကြာ	kja
helecho (m)	ဖန်းပင်	hpan: bin
liquen (m)	သစ်ကပ်မှော်	thi' ka' hmo
invernadero (m) tropical	ဖန်လုံအိမ်	hpan ain
césped (m)	မြက်ခင်း	mje' khin:
macizo (m) de flores	ပန်းစိုက်ခင်း	pan: zai' khan:
planta (f)	အပင်	apin
hierba (f)	မြက်	mje'
hoja (f) de hierba	ရွက်ချွန်း	jwe' chun:
hoja (f)	အရွက်	ajwa'
pétalo (m)	ပွင့်ချပ်	pwin: gja'
tallo (m)	ပင်စည်	pin ze
tubérculo (m)	ဥမြစ်	u. mi'
retoño (m)	အစို့၊အညှောက်	asou./a hnjau'
espina (f)	ဆူး	hsu:
florecer (vi)	ပွင့်သည်	pwin: de
marchitarse (vr)	ညှိုးနွမ်းသည်	hnjou: nun: de
olor (m)	အနံ့	anan.
cortar (vt)	ရိတ်သည်	jei' te
coger (una flor)	ခူးသည်	khu: de

232. Los cereales, los granos

grano (m)	နှံစားပင်တို့၏ အစေ့အဆန်	hnan za: bin dou. i. asei. ahsan
cereales (m pl) (plantas)	ကောက်ပဲသီးနှံ	kau' pe: dhi: nan
espiga (f)	အနှံ	ahnan
trigo (m)	ဂျုံ	gja. mei: ka:
centeno (m)	ဂျုံရိုင်း	gjoun jain:
avena (f)	မြင်းစားဂျုံ	mjin: za: gjoun
mijo (m)	ကောက်ပဲသီးနှံပင်	kau' pe: dhi: nan bin
cebada (f)	မုယောစပါး	mu. jo za. ba:
maíz (m)	ပြောင်းဖူး	pjaun: bu:
arroz (m)	ဆန်စပါး	hsan zaba
alforfón (m)	ပန်းဂျုံ	pan: gjun
guisante (m)	ပဲစေ့	pe: zei.
fréjol (m)	ဗိုလ်စားပဲ	bou za: be:

soya (f)	ပဲပုပ်ပဲ	pe: bou' pe
lenteja (f)	ပဲနီကလေး	pe: ni ga. lei:
habas (f pl)	ပဲအမျိုးမျိုး	pe: amjou: mjou:

233. Los vegetales. Las verduras

legumbres (f pl)	ဟင်းသီးဟင်းရွက်	hin: dhi: hin: jwe'
verduras (f pl)	ဟင်းခတ်အမွှေးရွက်	hin: ga' ahmwei: jwe'
tomate (m)	ခရမ်းချဉ်သီး	khajan: chan dhi:
pepino (m)	သခွါးသီး	thakhwa: dhi:
zanahoria (f)	မုန်လာဥနီ	moun la u. ni
patata (f)	အာလူး	a lu:
cebolla (f)	ကြက်သွန်နီ	kje' thwan ni
ajo (m)	ကြက်သွန်ဖြူ	kje' thwan bju
col (f)	ဂေါ်ဖီ	go bi
coliflor (f)	ပန်းဂေါ်ဖီ	pan: gozi
col (f) de Bruselas	ဂေါ်ဖီထုပ်အသေးစား	go bi dou' athei: za:
brócoli (m)	ပန်းဂေါ်ဖီအစိမ်း	pan: gozi asein:
remolacha (f)	မုန်လာဥနီလုံး	moun la u. ni loun:
berenjena (f)	ခရမ်းသီး	khajan: dhi:
calabacín (m)	ဘူးသီး	bu: dhi:
calabaza (f)	ဖရုံသီး	hpa joun dhi:
nabo (m)	တရုတ်မုန်လာဥ	tajou' moun la u.
perejil (m)	တရုတ်နံနံပင်	tajou' nan nan bin
eneldo (m)	စမြိတ်ပင်	samjei' pin
lechuga (f)	ဆလပ်ရွက်	hsa. la' jwe'
apio (m)	တရုတ်နံနံကြီး	tajou' nan nan gji:
espárrago (m)	ကညွတ်မာပင်	ka. nju' ma bin
espinaca (f)	ဒေါက်ခွ	dau' khwa.
guisante (m)	ပဲပင်	pe: bin
habas (f pl)	ပဲအမျိုးမျိုး	pe: amjou: mjou:
maíz (m)	ပြောင်းဖူး	pjaun: bu:
fréjol (m)	ဗိုလ်စားပဲ	bou za: be:
pimentón (m)	ငရုတ်သီး	nga jou' thi:
rábano (m)	မုန်လာဥသေး	moun la u. dhei:
alcachofa (f)	အာတီချော့	a ti cho.

GEOGRAFÍA REGIONAL

234. Europa occidental

Europa (f)	ဥရောပ	u. jo: pa
Unión (f) Europea	ဥရောပသမဂ္ဂ	u. jo: pa dha: me' ga.
europeo (m)	ဥရောပသား	u. jo: pa dha:
europeo (adj)	ဥရောပနှင့်ဆိုင်သော	u. jo: pa hnin. zain de
Austria (f)	ဩစတြီးယား	o. sa. tji: ja:
austriaco (m)	ဩစတြီးယန်းအမျိုးသား	o. sa. tji: jan: amjou: dha:
austriaca (f)	ဩစတြီးယန်းအမျိုးသမီး	o. sa. tji: jan: amjou: dhami:
austriaco (adj)	ဩစတြီးယားနှင့်ဆိုင်သော	o. sa. tji: ja: hnin. zain de.
Gran Bretaña (f)	အင်္ဂလန်	angga. lan
Inglaterra (f)	အင်္ဂလန်	angga. lan
inglés (m)	အင်္ဂလန်နိုင်ငံသား	angga. lan nain ngan dha:
inglesa (f)	အင်္ဂလန်နိုင်ငံသူ	angga. lan nain ngan dhu
inglés (adj)	အင်္ဂလန်နှင့်ဆိုင်သော	angga. lan hnin. zein dho:
Bélgica (f)	ဘယ်လ်ဂျီယံ	be l gji jan
belga (m)	ဘယ်လ်ဂျီယံအမျိုးသား	be l gji jan dha:
belga (f)	ဘယ်လ်ဂျီယံအမျိုးသမီး	be l gji jan dhami:
belga (adj)	ဘယ်လ်ဂျီယံနှင့်ဆိုင်သော	be l gji jan hnin. zain de.
Alemania (f)	ဂျာမန်	gja man
alemán (m)	ဂျာမန်အမျိုးသား	gja man amjou: dha:
alemana (f)	ဂျာမန်အမျိုးသမီး	gja man amjou: dhami:
alemán (adj)	ဂျာမန်နှင့်ဆိုင်သော	gja man hnin. zain de.
Países Bajos (m pl)	နယ်သာလန်	ne dha lan
Holanda (f)	ဟော်လန်	ho lan
holandés (m)	ဒတ်ချ်အမျိုးသား	da' ch amjou: dha:
holandesa (f)	ဒတ်ချ်အမျိုးသမီး	da' ch amjou: dhami:
holandés (adj)	ဒတ်ချ်နှင့်ဆိုင်သော	da' ch hnin. zain de
Grecia (f)	ဂရိ	ga. ri.
griego (m)	ဂရိအမျိုးသား	ga. ri. amjou: dha:
griega (f)	ဂရိအမျိုးသမီး	ga. ri. amjou: dhami:
griego (adj)	ဂရိနှင့်ဆိုင်သော	ga. ri. hnin. zain de.
Dinamarca (f)	ဒိန်းမတ်	dein: ma'
danés (m)	ဒိန်းမတ်သား	dein: ma' dha:
danesa (f)	ဒိန်းမတ်သူ	dein: ma' dhu
danés (adj)	ဒိန်းမတ်နှင့်ဆိုင်သော	dein: ma' hnin. zain de.
Irlanda (f)	အိုင်ယာလန်	ain ja lan
irlandés (m)	အိုင်ယာလန်အမျိုးသား	ain ja lan amjou: dha:
irlandesa (f)	အိုင်ယာလန်အမျိုးသမီး	ain ja lan amjou: dha. mi:
irlandés (adj)	အိုင်ယာလန်နှင့်ဆိုင်သော	ain ja lan hnin. zain de.

Islandia (f)	အိုက်စလန်း	ai' sa lan:
islandés (m)	အိုက်စလန်းသား	ai' sa lan: dha:
islandesa (f)	အိုက်စလန်းသူ	ai' sa lan: dhu
islandés (adj)	အိုက်စလန်းနှင့်ဆိုင်သော	ai' sa lan: hnin. hsain de.
España (f)	စပိန်	sapein
español (m)	စပိန်အမျိုးသား	sapein mjou: dha:
española (f)	စပိန်အမျိုးသမီး	sapein mjou: dhami:
español (adj)	စပိန်နှင့်ဆိုင်သော	sapein hnin. zain de.
Italia (f)	အီတလီ	ita. li
italiano (m)	အီတလီအမျိုးသား	ita. li amjou: dha:
italiana (f)	အီတလီအမျိုးသမီး	ita. li amjou: dhami:
italiano (adj)	အီတလီနှင့်ဆိုင်သော	ita. li hnin. zain de.
Chipre (m)	ဆူးပရက်စ်	hsu: pa. je' s te.
chipriota (m)	ဆူးပရက်စ်သား	hsu: pa. je' s tha:
chipriota (f)	ဆူးပရက်စ်သူ	hsu: pa. je' s thu
chipriota (adj)	ဆူးပရက်စ်နှင့်ဆိုင်သော	hsu: pa. je' s hnin. zain de.
Malta (f)	မာတာ	ma ta
maltés (m)	မာတာသား	ma ta dha:
maltesa (f)	မာတာသူ	ma ta dhami:
maltés (adj)	မာတာနှင့်ဆိုင်သော	ma ta hnin. zain de.
Noruega (f)	နော်ဝေး	no wei:
noruego (m)	နော်ဝေးအမျိုးသား	no wei: amjou: dha:
noruega (f)	နော်ဝေးအမျိုးသမီး	no wei: amjou: dhami:
noruego (adj)	နော်ဝေးနှင့်ဆိုင်သော	no wei: hnin. zain de.
Portugal (m)	ပေါ်တူဂီ	po tu gi
portugués (m)	ပေါ်တူဂီအမျိုးသား	po tu gi amjou: dha:
portuguesa (f)	ပေါ်တူဂီအမျိုးသမီး	po tu gi amjou: dhami:
portugués (adj)	ပေါ်တူဂီနှင့်ဆိုင်သော	po tu gi hnin. zain de.
Finlandia (f)	ဖင်လန်	hpin lan
finlandés (m)	ဖင်လန်အမျိုးသား	hpin lan dha:
finlandesa (f)	ဖင်လန်အမျိုးသမီး	hpin lan dhami:
finlandés (adj)	ဖင်လန်နှင့်ဆိုင်သော	hpin lan hnin. zain de.
Francia (f)	ပြင်သစ်	pjin dhi'
francés (m)	ပြင်သစ်အမျိုးသား	pjin dhi' amjou: dha:
francesa (f)	ပြင်သစ်အမျိုးသမီး	pjin dhi' amjou: dhami:
francés (adj)	ပြင်သစ်နှင့်ဆိုင်သော	pjin dhi' hnin. zain de.
Suecia (f)	ဆွီဒင်	hswi din
sueco (m)	ဆွီဒင်အမျိုးသား	hswi din amjou: dha:
sueca (f)	ဆွီဒင်အမျိုးသမီး	hswi din amjou: dhami:
sueco (adj)	ဆွီဒင်နှင့်ဆိုင်သော	hswi din hnin. zain de.
Suiza (f)	ဆွစ်ဇာလန်	hswa' za lan
suizo (m)	ဆွစ်ဇာလန်အမျိုးသား	hswa' za lan amjou: dha:
suiza (f)	ဆွစ်ဇာလန်အမျိုးသမီး	hswa' za lan amjou: dhami:
suizo (adj)	ဆွစ်ဇာလန်နှင့်ဆိုင်သော	hswa' za lan hnin. zain de.
Escocia (f)	စကော့တလန်	sa. ko: talan
escocés (m)	စကော့တလန်အမျိုးသား	sa. ko: talan mjou: dha:

escocesa (f)	စကော့တလန်အမျိုးသမီး	sa. ko: talan mjou: dha:
escocés (adj)	စကော့တလန်နှင့်ဆိုင်သော	sa. ko: talan hnin. zain de.
Vaticano (m)	ဗာတီကန်	ba di gan
Liechtenstein (m)	ဗာတီကန်လူမျိုး	ba di gan dhu mjo:
Luxemburgo (m)	လျူဆန်ဘော့	lju hsan bo.
Mónaco (m)	မိုနာကို	mou na kou

235. Europa central y oriental

Albania (f)	အယ်လ်ဘေးနီးယား	e l bei: ni: ja:
albanés (m)	အယ်လ်ဘေးနီးယားအမျိုးသား	e l bei: ni: ja amjou: dha:
albanesa (f)	အယ်လ်ဘေးနီးယားအမျိုးသမီး	e l bei: ni: ja: amjou: dhami:
albanés (adj)	အယ်လ်ဘေးနီးယားနှင့်ဆိုင်သော	e l bei: ni: ja: hnin. zain de.
Bulgaria (f)	ဘူလ်ဂေးရီးယား	bou gei: ji: ja
búlgaro (m)	ဘူလ်ဂေးရီးယားအမျိုးသား	bou gei: ji: ja amjou: dha:
búlgara (f)	ဘူလ်ဂေးရီးယားအမျိုးသမီး	bou gei: ji: ja amjou: dhami:
búlgaro (adj)	ဘူလ်ဂေးရီးယားနှင့်ဆိုင်သော	bou gei: ji: ja hnin. zain de.
Hungría (f)	ဟန်ဂေရီ	han gei ji
húngaro (m)	ဟန်ဂေရီအမျိုးသား	han gei ji amjou: dha:
húngara (f)	ဟန်ဂေရီအမျိုးသမီး	han gei ji amjou: dhami:
húngaro (adj)	ဟန်ဂေရီနှင့်ဆိုင်သော	han gei ji hnin. zain de.
Letonia (f)	လတ်ဗီယန်	la' bi jan
letón (m)	လတ်ဗီယန်အမျိုးသား	la' bi jan amjou: dha:
letona (f)	လတ်ဗီယန်အမျိုးသမီး	la' bi jan amjou: dhami:
letón (adj)	လတ်ဗီယန်နှင့်ဆိုင်သော	la' bi jan hnin. zein de.
Lituania (f)	လစ်သူနီယံ	li' thu ni jan
lituano (m)	လစ်သူနီယံအမျိုးသား	li' thu ni jan amjou: dha:
lituana (f)	လစ်သူနီယံအမျိုးသမီး	li' thu ni jan amjou: dhami:
lituano (adj)	လစ်သူနီယံနှင့်ဆိုင်သော	li' thu ni jan hnin. zain de.
Polonia (f)	ပိုလန်	pou lan
polaco (m)	ပိုလန်အမျိုးသား	pou lan amjou: dha:
polaca (f)	ပိုလန်အမျိုးသမီး	pou lan amjou: dhami:
polaco (adj)	ပိုလန်နှင့်ဆိုင်သော	pou lan hnin. zain de.
Rumania (f)	ရုမေးနီးယား	ru mei: ni: ja:
rumano (m)	ရုမေးနီးယားအမျိုးသား	ru mei: ni: ja: amjou: dha:
rumana (f)	ရုမေးနီးယားအမျိုးသမီး	ru mei: ni: ja: amjou: dha:
rumano (adj)	ရုမေးနီးယားနှင့်ဆိုင်သော	ru mei: ni: ja: hnin. zain de.
Serbia (f)	ဆယ်ဗီယံ	hse bi jan.
serbio (m)	ဆာဗီယံအမျိုးသား	hsa bi jan amjou: dha:
serbia (f)	ဆာဗီယံအမျိုးသမီး	hsa bi jan amjou: dhami:
serbio (adj)	ဆာဗီယံနှင့်ဆိုင်သော	hsa bi jan hnin. zain de.
Eslovaquia (f)	ဆလိုဗာကီယာ	hsa. lou ba ki ja
eslovaco (m)	ဆလိုဗာကီယာအမျိုးသား	hsa. lou ba ki ja amjou: dha:
eslovaca (f)	ဆလိုဗာကီယာ အမျိုးသမီး	hsa. lou ba ki ja amjou: dhami:

eslovaco (adj)	ဆလိုဗာကီယာနှင့်ဆိုင်သော	hsa. lou ba ki ja hnin. zain de.
Croacia (f)	ခရိုအေးရှား	kha. jou ei: sha:
croata (m)	ခရိုအေးရှားအမျိုးသား	kha. jou ei: sha: amjou: dha:
croata (f)	ခရိုအေးရှား အမျိုးသမီး	kha. jou ei: sha: amjou: dhami:
croata (adj)	ခရိုအေးရှား နှင့်ဆိုင်သော	kha. jou ei: sha: hnin. zain de.
Chequia (f)	ချက်	che'
checo (m)	ချက်အမျိုးသား	che' amjou: dha:
checa (f)	ချက်အမျိုးသမီး	che' amjou: dhami:
checo (adj)	ချက်နှင့်ဆိုင်သော	che' hnin. zain de.
Estonia (f)	အက်စ်တိုးနီးယား	e's to' ni: ja:
estonio (m)	အက်စ်တိုးနီးယံအမျိုးသား	e's to' ni: ja: dha:
estonia (f)	အက်စ်တိုးနီးယံအမျိုးသမီး	e's to' ni: ja: dhami:
estonio (adj)	အက်စ်တိုးနီးယားနှင့်ဆိုင်သော	e's to' ni: ja: hnin. zain de
Bosnia y Herzegovina	ဘော့စ်နီးယားနှင့်ဟာ ဇီဂိုဗီနာ	bo'. ni: ja: hnin. ha zi gou bi na
Macedonia	မက်ဆီဒိုးနီးယား	me' hsi: dou: ni: ja:
Eslovenia	ဆလိုဗီနီးယား	hsa. lou bi ni: ja:
Montenegro (m)	မွန်တန်နီဂရို	mun dan ni ga. jou

236. Los países de la antes Unión Soviética

Azerbaiyán (m)	အာဇာဘိုင်ဂျန်း	a za bain gjin:
azerbaiyano (m)	အာဇာဘိုင်ဂျန်းအမျိုးသား	a za bain gjin: dha:
azerbaiyana (f)	အာဇာဘိုင်ဂျန်းအမျိုးသမီး	a za bain gjin: dhami:
azerbaiyano (adj)	အာဇာဘိုင်ဂျန်းနှင့်ဆိုင်သော	a za bain gjin: hnin. zain de.
Armenia (f)	အာမေးနီးယား	a me: ni: ja:
armenio (m)	အာမေးနီးယားအမျိုးသမီး	a me: ni: ja: amjou: dhami:
armenia (f)	အာမေးနီးယားအမျိုးသမီး	a me: ni: ja: amjou: dhami:
armenio (adj)	အာမေးနီးယားနှင့်ဆိုင်သော	a me: ni: ja: hnin. zain de.
Bielorrusia (f)	ဘီလာရုစ်	bi la ju'
bielorruso (m)	ဘီလာရုစ်အမျိုးသား	bi la ju' amjou: dha:
bielorrusa (f)	ဘီလာရုစ်အမျိုးသမီး	bi la ju' amjou: dhami:
bielorruso (adj)	ဘီလာရုစ်နှင့်ဆိုင်သော	bi la ju' hnin. zain de.
Georgia (f)	ဂျော်ဂျီယာ	gjo gji ja
georgiano (m)	ဂျော်ဂျီယာအမျိုးသား	gjo gji ja amjou: dhami:
georgiana (f)	ဂျော်ဂျီယာအမျိုးသမီး	gjo gji ja amjou: dha:
georgiano (adj)	ဂျော်ဂျီယာနှင့်ဆိုင်သော	gjo gji ja hnin. zain de.
Kazajstán (m)	ကာဇက်စတန်	ka ze' satan
kazajo (m)	ကာဇက်စတန်အမျိုးသမီး	ka ze' satan amjou: dhami:
kazaja (f)	ကာဇက်စတန်အမျိုးသမီး	ka ze' satan amjou: dhami:
kazajo (adj)	ကာဇက်စတန်နှင့်ဆိုင်သော	ka ze' satan hnin. zain de.
Kirguizistán (m)	ကစ်ရီကစ္စတန်	ki' ji ki' za. tan
kirguís (m)	ကစ်ရီကစ္စတန်အမျိုးသား	ki' ji ki' za. tan amjou: dha:
kirguisa (f)	ကစ်ရီကစ္စတန်အမျိုးသမီး	ki' ji ki' za. tan amjou: dhami:

kirguís (adj)	ကစ်ရှိကစ္စတန်နှင့်ဆိုင်သော	ki' ji ki' za. tan hnin. zain de.
Moldavia (f)	မိုဒိုရာ	mou dou ja
moldavo (m)	မိုဒိုရာအမျိုးသား	mou dou ja amjou: dha:
moldava (f)	မိုဒိုရာအမျိုးသမီး	mou dou ja amjou: dhami:
moldavo (adj)	မိုဒိုရာနှင့်ဆိုင်သော	mou dou ja hnin. zain de.
Rusia (f)	ရုရှား	ru. sha:
ruso (m)	ရုရှားအမျိုးသား	ru sha: amjou: dha:
rusa (f)	ရုရှားအမျိုးသမီး	ru. sha: amjou: dhami:
ruso (adj)	ရုရှားနှင့်ဆိုင်သော	ru. sha: hnin. zain de.
Tayikistán (m)	တာဂျစ်ကစ္စတန်	ta gji' ki' sa. tan
tayiko (m)	တာဂျစ်အမျိုးသား	ta gji' amjou: dha:
tayika (f)	တာဂျစ်အမျိုးသမီး	ta gji' amjou: dhami:
tayiko (adj)	တာဂျစ်နှင့်ဆိုင်သော	ta gji' hnin. zain de.
Turkmenistán (m)	တပ်မင်နစ္စတန်	ta' min ni' sa. tan
turkmeno (m)	တပ်မင်နစ္စတန်အမျိုးသား	ta' min ni' sa. tan amjou: dha:
turkmena (f)	တပ်မင်နစ္စတန် အမျိုးသမီး	ta' min ni' sa. tan amjou: dhami:
turkmeno (adj)	တပ်မင်နစ္စတန် နှင့်ဆိုင်သော	ta' min ni' sa. tan hnin. zain de.
Uzbekistán (m)	ဥဇဘက်ကစ္စတန်	u. za. be' ki' sa. tan
uzbeko (m)	ဥဇဘက်အမျိုးသား	u. za. be' amjou: dha:
uzbeka (f)	ဥဇဘက်အမျိုးသမီး	u. za. be' amjou: dha:
uzbeko (adj)	ဥဇဘက်ကစ္စတန် နှင့်ဆိုင်သော	u. za. be' ki' sa. tan hnin. zain de.
Ucrania (f)	ယူကရိန်း	ju ka. jein:
ucraniano (m)	ယူကရိန်းအမျိုးသား	ju ka. jein: amjou: dha:
ucraniana (f)	ယူကရိန်းအမျိုးသမီး	ju ka. jein: amjou: dhami:
ucraniano (adj)	ယူကရိန်းနှင့်ဆိုင်သော	ju ka. jein: hnin. zain de.:

237. Asia

Asia (f)	အာရှ	a sha.
asiático (adj)	အာရှနှင့်ဆိုင်သော	a sha. hnin. zain de.
Vietnam (m)	ဗီယက်နမ်	bi je' nan
vietnamita (m)	ဗီယက်နမ်အမျိုးသား	bi ja' nan amjou: dha:
vietnamita (f)	ဗီယက်နမ်အမျိုးသမီး	bi je' nan amjou dha mi:
vietnamita (adj)	ဗီယက်နမ်နှင့်ဆိုင်သော	bi je' nan hnin. zain de.
India (f)	အိန္ဒိယ	indi. ja
indio (m)	အိန္ဒိယအမျိုးသား	indi. ja amjou: dha:
india (f)	အိန္ဒိယအမျိုးသမီး	indi. ja amjou: dhami:
indio (adj)	အိန္ဒိယနှင့်ဆိုင်သော	indi. ja hnin. zain de.
Israel (m)	အစ္စရေး	a' sa. jei:
israelí (m)	အစ္စရေးအမျိုးသား	a' sa. jei: amjou: dha:
israelí (f)	အစ္စရေးအမျိုးသမီး	a' sa. jei: amjou: dhami:
israelí (adj)	အစ္စရေးနှင့်ဆိုင်သော	a' sa. jei: hnin. zain de.
hebreo (m)	ဂျူး	gju:

hebrea (f)	ဂျူးအမျိုးသမီး	gju: amjou: dhami:
hebreo (adj)	ဂျူးအမျိုးသား	gju: amjou: dha:
China (f)	တရုတ်	tajou'
chino (m)	တရုတ်အမျိုးသား	tajou' amjou: dha:
china (f)	တရုတ်အမျိုးသမီး	tajou' amjou: dhami:
chino (adj)	တရုတ်နှင့်ဆိုင်သော	tajou' hnin. zain de.
Corea (f) del Sur	တောင်ကိုရီးယား	taun kou ri: ja:
Corea (f) del Norte	မြောက်ကိုရီးယား	mjau' kou ji: ja:
coreano (m)	ကိုးရီးယားအမျိုးသား	kou: ji: ja: amjou: dha:
coreana (f)	ကိုးရီးယားအမျိုးသမီး	kou: ji: ja: amjou: dhami:
coreano (adj)	ကိုးရီးယားနှင့်ဆိုင်သော	kou: ji: ja: hnin. zain de.
Líbano (m)	လက်ဘနွန်	le' ba. nun
libanés (m)	လက်ဘနွန်အမျိုးသား	le' ba. nun amjou: dha:
libanesa (f)	လက်ဘနွန်အမျိုးသမီး	le' ba. nun amjou: dhami:
libanés (adj)	လက်ဘနွန်နှင်ဆိုင်သော	le' ba. nun hnin zain de
Mongolia (f)	မွန်ဂိုလီးယား	mun gou li: ja:
mongol (m)	မွန်ဂိုလီးယားအမျိုးသား	mun gou li: ja: amjou: dha:
mongola (f)	မွန်ဂိုလီးယားအမျိုးသမီး	mun gou li: ja: amjou: dhami:
mongol (adj)	မွန်ဂိုလီးယားနှင့်ဆိုင်သော	mun gou li: ja: hnin. zain de.
Malasia (f)	မလေးရှား	ma. lei: sha:
malayo (m)	မလေးရှားအမျိုးသား	ma. lei: sha: amjou: dha:
malaya (f)	မလေးရှားအမျိုးသမီး	ma. lei: sha: amjou: dhami:
malayo (adj)	မလေးရှားနှင့်ဆိုင်သော	ma. lei: sha: hnin. zain de.
Pakistán (m)	ပါကစ္စတန်	pa ki' sa. tan
pakistaní (m)	ပါကစ္စတန်အမျိုးသား	pa ki' sa. tan dha:
pakistaní (f)	ပါကစ္စတန်အမျိုးသမီး	pa ki' sa. tan dhami:
pakistaní (adj)	ပါကစ္စတန်နှင့်ဆိုင်သော	pa ki' sa. tan hnin. zain de
Arabia (f) Saudita	ဆော်ဒီအာရေ့ဗီးယား	hso: di a jei. bi: ja:
árabe (m)	အာရပ်အမျိုးသား	a ra' amjou: dha:
árabe (f)	အာရပ်အမျိုးသမီး	a ra' amjou: dhami:
árabe (adj)	အာရပ်နှင့်ဆိုင်သော	a ra' hnin. zain de.
Tailandia (f)	ထိုင်း	htain:
tailandés (m)	ထိုင်းအမျိုးသား	htain: amjou: dha:
tailandesa (f)	ထိုင်းအမျိုးသမီး	htain: amjou: dhami:
tailandés (adj)	ထိုင်းနှင့်ဆိုင်သော	htain: hnin. zain de.
Taiwán (m)	ထိုင်ဝမ်	htain wan
taiwanés (m)	ထိုင်ဝမ်အမျိုးသား	htain wan amjou: dha:
taiwanesa (f)	ထိုင်ဝမ်အမျိုးသမီး	htain wan amjou: dhami:
taiwanés (adj)	ထိုင်ဝမ်နှင့်ဆိုင်သော	htain wan hnin. zain de.
Turquía (f)	တူရကီ	tu ra. ki
turco (m)	တူရကီအမျိုးသား	tu ra. ki amjou: dha:
turca (f)	တူရကီအမျိုးသမီး	tu ra. ki amjou: dhami:
turco (adj)	တူရကီနှင့်ဆိုင်သော	tu ra. ki hnin. zain de
Japón (m)	ဂျပန်	gja pan
japonés (m)	ဂျပန်အမျိုးသား	gja pan amjou: dha:

japonesa (f)	ဂျပန်အမျိုးသမီး	gja pan amjou: dhami:
japonés (adj)	ဂျပန်နှင့်ဆိုင်သော	gja pan hnin. zain de
Afganistán (m)	အာဖဂန်နစ္စတန်	apha. gan na' tan
Bangladesh (m)	ဘင်္ဂလားဒေ့ရှ်	bang la: dei. sh
Indonesia (f)	အင်ဒိုနီးရှား	in do ni: sha:
Jordania (f)	ဂျော်ဒန်	gjo dan
Irak (m)	အီရတ်	ira'
Irán (m)	အီရန်	iran
Camboya (f)	ကမ္ဘောဒီးယား	ga khan ba di: ja:
Kuwait (m)	ကူဝိတ်	ku wi'
Laos (m)	လာအို	la ou
Myanmar (m)	မြန်မာ	mjan ma
Nepal (m)	နီပေါ	ni po:
Emiratos (m pl) Árabes Unidos	အာရပ်နိုင်ငံများ	a ra' nain ngan mja:
Siria (f)	ဆီးရီးယား	hsi: ji: ja:
Palestina (f)	ပါလက်စတိုင်း	pa le' sa tain:

238. América del Norte

Estados Unidos de América (m pl)	အမေရိကန် ပြည်ထောင်စု	amei ji kan pji htaun zu
americano (m)	အမေရိကန်အမျိုးသား	amei ji kan amjou: dha:
americana (f)	အမေရိကန်အမျိုးသမီး	amei ji kan amjou: dhami:
americano (adj)	အမေရိကန်	amei ji kan
Canadá (f)	ကနေဒါနိုင်ငံ	ka. nei da nain gan
canadiense (m)	ကနေဒါအမျိုးသား	ka. nei da amjou: dha:
canadiense (f)	ကနေဒါအမျိုးသမီး	ka. nei da amjou: dhami:
canadiense (adj)	ကနေဒါနိုင်ငံ နှင့် ဆိုင်သော	ka. nei da nain gan hnin. zain de.
Méjico (m)	မက္ကဆီကိုနိုင်ငံ	me' ka. hsi kou nain ngan
mejicano (m)	မက္ကဆီကို အမျိုးသား	me' ka. hsi kou amjou: dha:
mejicana (f)	မက္ကဆီကို အမျိုးသမီး	me' ka. hsi kou amjou: dhami:
mejicano (adj)	မက္ကဆီကိုနိုင်ငံနှင့်ဆိုင်သော	me' ka. hsi kou hnin. zain de.

239. Centroamérica y Sudamérica

Argentina (f)	အာဂျင်တီးနား	agin ti: na:
argentino (m)	အာဂျင်တီးနားအမျိုးသား	agin ti: na: amjou: dha:
argentina (f)	အာဂျင်တီးနားအမျိုးသမီး	agin ti: na: amjou: dhami:
argentino (adj)	အာဂျင်တီးနားနှင့်ဆိုင်သော	agin ti: na: hnin. zain de.
Brasil (m)	ဘရာဇီလ်	ba. ra zi'l
brasileño (m)	ဘရာဇီလီယံအမျိုးသား	ba. ra zi'l amjou: dha:
brasileña (f)	ဘရာဇီလီယံအမျိုးသမီး	ba. ra zi'l amjou: dhami:

brasileño (adj)	ဘရာဇီလ်နှင့်ဆိုင်သော	ba. ra zi'l hnin. zain de.
Colombia (f)	ကိုလမ်ဘီယား	kou lan: bi: ja:
colombiano (m)	ကိုလမ်ဘီယားအမျိုးသား	kou lan: bi: ja: amjou: dha:
colombiana (f)	ကိုလမ်ဘီယားအမျိုးသမီး	kou lan: bi: ja: amjou: dhami:
colombiano (adj)	ကိုလမ်ဘီယားနှင့်ဆိုင်သော	kou lan: bi: ja: hnin. lain de.
Cuba (f)	ကျူးဘား	kju: ba:
cubano (m)	ကျူးဘားအမျိုးသား	kju: ba: amjou: dha:
cubana (f)	ကျူးဘားအမျိုးသမီး	kju: ba: amjou: dhami:
cubano (adj)	ကျူးဘားနှင့်ဆိုင်သော	kju: ba: hnin. zain de.
Chile (m)	ချီလီ	chi li
chileno (m)	ချီလီအမျိုးသား	chi li amjou: dha:
chilena (f)	ချီလီအမျိုးသမီး	chi li amjou: dhami:
chileno (adj)	ချီလီနှင့်ဆိုင်သော	chi li hnin. zain de.
Bolivia (f)	ဘိုလစ်ဗီးယား	bou la' bi: ja:
Venezuela (f)	ဗယ်နီဇွဲလား	be ni zwe: la:
Paraguay (m)	ပါရာဂွေး	pa ja gwei:
Perú (m)	ပီရူး	pi ju:
Surinam (m)	ဆူရီနိမ်း	hsu. ji nei:
Uruguay (m)	အုရုဂွေး	ou. ju gwei:
Ecuador (m)	အီကွေဒေါ	i kwei: do:
Islas (f pl) Bahamas	ဘာဟာမက်	ba ha me'
Haití (m)	ဟိုင်တီ	hain ti
República (f) Dominicana	ဒိုမီနီကန်	dou mi ni kan
Panamá (f)	ပနားမား	pa. na: ma:
Jamaica (f)	ဂျမေးကား	g'me:kaa:

240. África

Egipto (m)	အီဂျစ်	igji'
egipcio (m)	အီဂျစ်အမျိုးသား	igji' amjou: dha:
egipcia (f)	အီဂျစ်အမျိုးသမီး	igji' amjou: dhami:
egipcio (adj)	အီဂျစ်နှင့်ဆိုင်သော	igji' hnin. zain de.
Marruecos (m)	မော်ရိုကို	mo jou gou
marroquí (m)	မော်ရိုကိုအမျိုးသား	mou jou gou amjou: dha:
marroquí (f)	မော်ရိုကိုအမျိုးသမီး	mou jou gou amjou: dhami:
marroquí (adj)	မော်ရိုကိုနှင့်ဆိုင်သော	mou jou gou hnin. zain de.
Túnez (m)	တူနစ်ရှား	tu ni' sha:
tunecino (m)	တူနစ်ရှားအမျိုးသား	tu ni' sha: amjou: dha:
tunecina (f)	တူနစ်ရှာအမျိုးသမီး	tu ni' sha: amjou: dhami:
tunecino (adj)	တူနစ်ရှားနှင့်ဆိုင်သော	tu ni' sha: hnin. zain de.
Ghana (f)	ဂါနာ	ga na
Zanzíbar (m)	ဇန်ဇီဘာ	zan zi ba
Kenia (f)	ကင်ညာ	kin nja
Libia (f)	လီဗီယာ	li bi ja
Madagascar (m)	မာဒဂ်ကာစကာ	ma de' ka za ga
Namibia (f)	နမ်မီးဘီးယား	nami: bi: ja:

Senegal (m)	ဆယ်နီဂေါ်	hse ni go
Tanzania (f)	တန်ဇားနီးယား	tan za: ni: ja:
República (f) Sudafricana	တောင်အာဖရိက	taun a hpa. ji. ka.
africano (m)	အာဖရိကတိုက်သား	apha. ri. ka. dhai' tha:
africana (f)	အာဖရိကသူ	apha. ri. ka. dhu
africano (adj)	အာဖရိကန်နှင့်ဆိုင်သော	apha. ri. kan hnin. zain de.

241. Australia. Oceanía

Australia (f)	ဩစတြေးလျ	thja za djei: lja
australiano (m)	ဩစတြေးလျားအမျိုးသား	o. sa. tjei: lja: amjou: dha:
australiana (f)	ဩစတြေးလျားအမျိုးသမီး	o. sa. tjei: lja: amjou: dhami:
australiano (adj)	ဩစတြေးလျနှင့်ဆိုင်သော	o. sa. tjei: lja: hnin. zain de.
Nueva Zelanda (f)	နယူးဇီလန်	na. ju: zi lan
neocelandés (m)	နယူးဇီလန်အမျိုးသား	na. ju: zi lan dha:
neocelandesa (f)	နယူးဇီလန်အမျိုးသမီး	na. ju: zi lan dhami:
neocelandés (adj)	နယားဇီလန်နှင့်ဆိုင်သော	na. ja: zi lan hnin. zain de
Tasmania (f)	တာ့စ်မေးနီးယား	ta. s mei: ni: ja:
Polinesia (f) Francesa	ပြင်သစ် ပေါ်လီးနီးရှား	pjin dhi' po li: ni: sha:

242. Las ciudades

Ámsterdam	အမ်စတာဒမ်မြို့	an za ta dan mjou.
Ankara	အမ်ကာရာမြို့	an ga ja mjou.
Atenas	အေသင်မြို့	e thin mjou.
Bagdad	ဘဂ္ဂဒတ်မြို့	ba' ga. da mjou.
Bangkok	ဘန်ကောက်မြို့	ban gou' mjou.
Barcelona	ဘာစီလိုနာမြို့	ba zi lou na mjou.
Beirut	ဘီရာရုမြို့	bi ja ju. mjou.
Berlín	ဘာလင်မြို့	ba lin mjou.
Mumbai	မွန်ဘိုင်းမြို့	mun bain mjou.
Bonn	ဘွန်းမြို့	bwun: mjou.
Bratislava	ဘရာတစ်ဆလာဗာမြို့	ba. ra ta' hsa. la ba mjou.
Bruselas	ဘရပ်ဆဲလ်မြို့	ba. ja' hse:' mjou.
Bucarest	ပူးခရက်မြို့	bu: ga. ja' mjou.
Budapest	ဘူဒါပတ်စ်မြို့	bu da pa' s mjou.
Burdeos	ဘော်ဒိုးမြို့	bo dou: mjou.
El Cairo	ကိုင်ရိုမြို့	kain jou mjou.
Calcuta	ကာလကတ္တားမြို့	ka la ka' ta mjou.
Chicago	ရှီကာဂိုမြို့	chi ka gou mjou.
Copenhague	ကိုပင်ဟေးဂန်မြို့	kou pin hei: gin mjou.
Dar-es-Salam	ဒါရူစလမ်မြို့	da ju za. lan mjou.
Delhi	ဒေလီမြို့	dei li mjou.
Dubai	ဒူဘိုင်းမြို့	du bain mjou.
Dublín	ဒပ်ဗလင်မြို့	da' ba lin mjou.

Dusseldorf	ဂျူဆက်ဒေါ့ဖ်မြို့	gju hse' do. hp mjou.
Estambul	အစ္စတန်ဘူလ်မြို့	a' sa. tan bun mjou.
Estocolmo	စတော့ဟုမ်းမြို့	sato. houn: mjou.
Florencia	ဖလောရန့်စ်မြို့	hpa. lau jan s mjou.
Fráncfort del Meno	ဖရန့်ဖာ့တ့်မြို့	hpa. jan. hpa. t. mjou.
Ginebra	ဂျနီဗာမြို့	gja. ni ba mjou.
La Habana	ဟာဗားနားမြို့	ha ba: na: mjou.
Hamburgo	ဟန်းဘာ့ဂ်မြို့	han: ba. k mjou.
Hanói	ဟနွိုင်းမြို့	ha. noin: mjou.
La Haya	ဒဟာဂူးမြို့	da. ha gu: mjou.
Helsinki	ဟယ်လ်ဆင်ကီမြို့	he l hsin ki mjou.
Hiroshima	ဟီရိုရှီးမားမြို့	hi jou si: ma: mjou.
Hong Kong	ဟောင်ကောင်မြို့	haun: gaun: mjou.
Jerusalén	ဂျေရုဆလင်မြို့	gjei jou hsa. lin mjou.
Kiev	ကီးယဗ်မြို့	ki: je' mjou.
Kuala Lumpur	ကွာလာလမ်ပူမြို့	kwa lan pu mjou.
Lisboa	လစ်စဘွန်းမြို့	li' sa bun: mjou.
Londres	လန်ဒန်မြို့	lan dan mjou.
Los Ángeles	လော့အိန်ဂျလီမြို့	lau in gja. li mjou.
Lyon	လိုင်ယွန်မြို့	lain jun mjou.
Madrid	မတ်ဒရစ်မြို့	ma' da. ji' mjou.
Marsella	မာရ်ဆေးမြို့	ma zei: mjou.
Ciudad de México	မက္ကဆီကိုမြို့	me' ka. hsi kou mjou.
Miami	မီရာမီမြို့	mi ja mi mjou.
Montreal	မွန်ထရီရယ်မြို့	mun da. ji je mjou.
Moscú	မော်စကိုမြို့	ma sa. kou mjou.
Múnich	မြူးနစ်မြို့	mju: ni' mjou.
Nairobi	နိုင်ရိုဘီမြို့	nain jou bi mjo.
Nápoles	နီပေါမြို့	ni po: mjou.
Niza	နိုက်စ်မြို့	nai's mjou.
Nueva York	နယူးယောက်မြို့	na. ju: jau' mjou.
Oslo	အော်စလိုမြို့	o sa lou mjou.
Ottawa	အော့တဝါမြို့	o. ta wa mjou.
París	ပဲရစ်မြို့	pe: ji' mjou.
Pekín	ပီကင်းမြို့	pi gin: mjou.
Praga	ပရဂ်မြို့	pa. ra' mjou.
Río de Janeiro	ရီရိုဒေးဂျန်နီရိုမြို့	ri jou dei: gjan ni jou mjou.
Roma	ရောမမြို့	ro: ma. mjou.
San Petersburgo	စိန့်ပီတာစဘတ်မြို့	sein. pi ta za ba' mjou.
Seúl	ဆိုးလ်မြို့	hsou: l mjou.
Shanghái	ရှန်ဟိုင်းမြို့	shan hain: mjou.
Singapur	စင်္ကာပူ	sin ga pu
Sydney	စစ်ဒနေမြို့	si' danei mjou.
Taipei	တိုင်ပေမြို့	tain bei mjou.
Tokio	တိုကျိုမြို့	tou gjou mjou.
Toronto	တိုရွန်တိုမြို့	tou run tou mjou.
Varsovia	ဝါဆောမြို့	wa so mjou.
Venecia	ဗင်းနစ်စ်မြို့	bin: na' s mjou.

Viena	ဗီယင်နာမြို့	bi jin na mjou.
Washington	ဝါရှင်တန်မြို့	wa shin tan mjou.

243. La política. El gobierno. Unidad 1

política (f)	နိုင်ငံရေး	nain ngan jei:
político (adj)	နိုင်ငံရေးနှင့်ဆိုင်သော	nain ngan jei: hnin. zain de
político (m)	နိုင်ငံရေးသမား	nain ngan jei: dhama:
estado (m)	နိုင်ငံ	nain ngan
ciudadano (m)	နိုင်ငံသား	nain ngan dha:
ciudadanía (f)	နိုင်ငံသားအဖြစ်	nain ngan dha: ahpji'
escudo (m) nacional	နိုင်ငံတော်တံဆိပ်	nain ngan da dan zei'
himno (m) nacional	နိုင်ငံတော်သီချင်း	nain ngan do dhi gjin:
gobierno (m)	အစိုးရ	asou: ja. hpja' te.
jefe (m) de estado	နိုင်ငံခေါင်းဆောင်	nain ngan gaun zaun
parlamento (m)	ပါလီမန်	pa li man
partido (m)	ပါတီ	pa ti
capitalismo (m)	အရင်းရှင်ဝါဒ	ajin: hjin wa da.
capitalista (adj)	အရင်းရှင်	ajin: shin
socialismo (m)	ဆိုရှယ်လစ်ဝါဒ	hsou she la' wa da.
socialista (adj)	ဆိုရှယ်လစ်	hsou she la'
comunismo (m)	ကွန်မြူနစ်ဝါဒ	kun mu ni' wa da.
comunista (adj)	ကွန်မြူနစ်	kun mu ni'
comunista (m)	ကွန်မြူနစ်ဝါဒယုံကြည်သူ	kun mu ni' wa da. joun kji dhu
democracia (f)	ဒီမိုကရေစီဝါဒ	di mou ka jei zi wa da.
demócrata (m)	ဒီမိုကရေစီယုံကြည်သူ	di mou ka jei zi joun gji dhu
democrático (adj)	ဒီမိုကရေစီနှင့်ဆိုင်သော	di mou ka jei zi hnin zain de.
Partido (m) Democrático	ဒီမိုကရေစီပါတီ	di mou ka jei zi pa ti
liberal (m)	လစ်ဘရယ်	li' ba. je
liberal (adj)	လစ်ဘရယ်နှင့်ဆိုင်သော	li' ba. je hnin. zain de.
conservador (m)	ကွန်ဆာဗေးတစ်လိုလားသူ	kun sa bei: ti' lou la: dhu:
conservador (adj)	ကွန်ဆာဗေးတစ်နှင့်ဆိုင်သော	kun sa bei: ti' hnin. zain de.
república (f)	သမ္မတနိုင်ငံ	thamada. nain ngan
republicano (m)	သမ္မတစနစ်လိုလားသူ	thamada. zani' lou la: dhu
Partido (m) Republicano	သမ္မတစနစ်လိုလားသော	thamada. zani' lou la: de.
elecciones (f pl)	ရွေးကောက်ပွဲ	jwei: kau' pwe:
elegir (vi)	မဲပေးရွေးချယ်သည်	me: bei: jwei: gje de
elector (m)	မဲဆန္ဒရှင်	me: hsan da. shin
campaña (f) electoral	မဲဆွယ်ပွဲ	me: hswe bwe:
votación (f)	ဆန္ဒမဲပေးခြင်း	hsan da. me: pwei: gjin
votar (vi)	ဆန္ဒမဲပေးသည်	hsan da. me: pwei: de
derecho (m) a voto	ဆန္ဒမဲပေးခွင့်	hsan da. me: khwin.

candidato (m)	ကိုယ်စားလှယ်လောင်း	kou za: hle laun:
presentarse como candidato	ရွေးကောက်ပွဲဝင်သည်	jwei: kau' pwe: win de
campaña (f)	လှုပ်ဆောင်မှုများ	lou' zaun hmu. mja:
de oposición (adj)	အတိုက်အခံဖြစ်သော	atoi' akhan hpja' tho:
oposición (f)	အတိုက်အခံပါတီ	atoi' akhan ba di
visita (f)	အလည်အပတ်	ale apa'
visita (f) oficial	တရားဝင်အလည်အပတ်	taja: win alei apa'
internacional (adj)	အပြည်ပြည်ဆိုင်ရာဖြစ်သော	apji pji zain ja bja' de.
negociaciones (f pl)	ဆွေးနွေးပွဲ	hswe: nwe: bwe:
negociar (vi)	ဆွေးနွေးသည်	hswe: nwe: de

244. La política. El gobierno. Unidad 2

sociedad (f)	လူထု	lu du
constitución (f)	ဖွဲ့စည်းပုံအခြေခံဥပဒေ	hpwe. zi: boun akhei gan u. ba. dei
poder (m)	အာဏာ	a na
corrupción (f)	ခြစားမှု	cha. za: hmu.
ley (f)	ဥပဒေ	u. ba. dei
legal (adj)	တရားဥပဒေဘောင်တွင်းဖြစ်သော	taja: u ba dei baun twin: bji' te.
justicia (f)	တရားမျှတခြင်း	taja: hmja. ta. gjin:
justo (adj)	တရားမျှတသော	taja: hmja. ta. de.
comité (m)	ကော်မတီ	ko ma. din
proyecto (m) de ley	ဥပဒေကြမ်း	u. ba. dei gjan:
presupuesto (m)	ဘတ်ဂျက်	ba' gje'
política (f)	မူဝါဒ	mu wa da.
reforma (f)	ပြုပြင်ပြောင်းလဲမှု	pju. bjin bjaun: le: hmu.
radical (adj)	အစွန်းရောက်သော	aswan: jau' de.
potencia (f) (~ militar, etc.)	အား	a:
poderoso (adj)	အင်အားကြီးသော	in a: kji: de.
partidario (m)	ထောက်ခံအားပေးသူ	htau' khan a: bei: dhu
influencia (f)	သြဇာ	o: za
régimen (m)	အစိုးရစနစ်	asou: ja. za. na'
conflicto (m)	အငြင်းပွားမှု	anjin: bwa: hmu.
complot (m)	လျှို့ဝှက်ပူးပေါင်းကြံစည်ချက်	shou. hwe' pu: baun: kjan ze gje'
provocación (f)	ရန်စခြင်း	jan za gjin:
derrocar (al régimen)	ဖြုတ်ချသည်	hpjou' cha. de
derrocamiento (m)	ဖြုတ်ချခြင်း	hpjou' cha. chin:
revolución (f)	တော်လှန်ရေး	to hlan jei:
golpe (m) de estado	အာဏာသိမ်းခြင်း	a na thein: gjin:
golpe (m) militar	လက်နက်နှင့် အာဏာသိမ်းခြင်း	le' ne' hnin.a na dhain: gjin:
crisis (f)	အခက်အခဲကာလ	akhe' akhe: ga la.

recesión (f) económica	စီးပွါးရေးကျဆင်းခြင်း	si: bwa: jei: gja zin: gjin:
manifestante (m)	ဆန္ဒပြသူ	hsan da. bja dhu
manifestación (f)	ဆန္ဒပြပွဲ	hsan da. bja bwe:
ley (f) marcial	စစ်အခြေအနေ	si' achei anei
base (f) militar	စစ်စခန်း	si' sakhan
estabilidad (f)	တည်ငြိမ်မှု	ti njein hnu
estable (adj)	တည်ငြိမ်သော	ti njein de.
explotación (f)	ခေါင်းပုံဖြတ်ခြင်း	gaun: boun bja' chin:
explotar (vt)	ခေါင်းပုံဖြတ်သည်	gaun: boun bja' te
racismo (m)	လူမျိုးကြီးဝါဒ	lu mjou: gji: wa da.
racista (m)	လူမျိုးရေးခွဲခြားသူ	lu mjou: jei: gwe: gjal dhu
fascismo (m)	ဖက်ဆစ်ဝါဒ	hpe' hsi' wa da.
fascista (m)	ဖက်ဆစ်ဝါဒီ	hpe' hsi' wa di

245. Los países. Miscelánea

extranjero (m)	နိုင်ငံခြားသား	nain ngan gja: dha:
extranjero (adj)	နိုင်ငံခြားနှင့်ဆိုင်သော	nain ngan gja: hnin. zain de.
en el extranjero	နိုင်ငံရပ်ခြား	nain ngan ja' cha:
emigrante (m)	အခြားနိုင်ငံတွင် အခြေချသူ	apja: nain ngan dwin agjei gja dhu
emigración (f)	အခြားနိုင်ငံတွင် အခြေချခြင်း	apja: nain ngan dwin agjei gja gjin:
emigrar (vi)	အခြားနိုင်ငံတွင် အခြေချသည်	apja: nain ngan dwin agjei gja de
Oeste (m)	အနောက်အရပ်	anau' aja'
Oriente (m)	အရှေ့အရပ်	ashei. aja'
Extremo Oriente (m)	အရှေ့ဖျား	ashei. bja:
civilización (f)	လူ့နေမှုစနစ် ထွန်းကားခြင်း	lu nei hma za ni' htun: ga: gjin:
humanidad (f)	လူသားခြင်းစာနာမှု	lu dha: gjin: za na hmu
mundo (m)	ကမ္ဘာ	ga ba
paz (f)	ငြိမ်းချမ်းရေး	njein: gjan: jei:
mundial (adj)	ကမ္ဘာတခွင်ဖြစ်နေသော	ga ba ta khwin hpji' nei de.
patria (f)	မွေးရပ်မြေ	mwei: ja' mjei
pueblo (m)	ပြည်သူလူထု	pji dhu lu du.
población (f)	လူဦးရေ	lu u: ei
gente (f)	လူများ	lu mja:
nación (f)	လူမျိုး	lu mjou:
generación (f)	မျိုးဆက်	mjou: ze'
territorio (m)	နယ်မြေ	ne mjei
región (f)	အပိုင်း	apain:
estado (m) (parte de un país)	ပြည်နယ်	pji ne
tradición (f)	အစဉ်အလာ	asin ala
costumbre (f)	ဓလေ့	da lei.

ecología (f)	ဂေဟာဗေဒ	gei ha. bei da.
indio (m)	အိန္ဒိယလူမျိုး	indi. ja thu amjou:
gitano (m)	ဂျစ်ပစီ	gji' pa. si
gitana (f)	ဂျစ်ပစီမိန်းကလေး	gji' pa. si min: ga. lei
gitano (adj)	ဂျစ်ပစီနှင့်ဆိုင်သော	gji' pa. si hnin. zain de.
imperio (m)	အင်ပါယာ	in pa jaa
colonia (f)	ကိုလိုနီ	kou lou ni
esclavitud (f)	ကျွန်ဘဝ	kjun: ba. wa.
invasión (f)	ကျူးကျော်ခြင်း	kju: gjo gjin:
hambruna (f)	ငတ်မွတ်ခြင်းဘေး	nga' mwa' khin: dhei:

246. Grupos religiosos principales. Las confesiones

religión (f)	ဘာသာအယူဝါဒ	ba dha alu wa da.
religioso (adj)	ဘာသာရေးကိုင်းရှိုင်းသော	ba dha jei: gain: shin: de.
creencia (f)	ယုံကြည်ကိုးကွယ်မှု	joun kji gou: gwe hmu.
creer (en Dios)	ယုံကြည်ကိုးကွယ်သည်	joun kji gou: gwe de
creyente (m)	ယုံကြည်ကိုးကွယ်သူ	joun kji gou: gwe dhu
ateísmo (m)	ဖန်ဆင်းရှင်ဘုရား မဲ့ဝါဒ	hpan zin: shin bu ja: me. wa da.
ateo (m)	ဖန်ဆင်းရှင်ဘုရား မဲ့ဝါဒီ	hpan zin: shin bu ja: me. wa di
cristianismo (m)	ခရစ်ယာန်ဘာသာ	khari' jan ba dha
cristiano (m)	ခရစ်ယာန်	khari' jan
cristiano (adj)	ခရစ်ယာန်နှင့်ဆိုင်သော	khari' jan hnin. zain de
catolicismo (m)	ရိုမန်ကတ်သလစ်ဝါဒ	jou man ga' tha. li' wa da.
católico (m)	ကတ်သလစ်ဂိုဏ်းဝင်	ka' tha li' goun: win
católico (adj)	ကတ်သလစ်နှင့်ဆိုင်သော	ka' tha li' hnin zein de
protestantismo (m)	ပရိုတက်စတင့်ဝါဒ	pa. jou te' sa tin. wa da.
Iglesia (f) protestante	ပရိုတက်စတင့်အသင်းတော်	pa. jou te' sa tin athin: do
protestante (m)	ပရိုတက်စတင့်ဂိုဏ်းဝင်	pa. jou te' sa tin gain: win
ortodoxia (f)	အော်သိုဒေါ့ဝါဒ	o dhou do. athin wa da.
Iglesia (f) ortodoxa	အော်သိုဒေါ့အသင်းတော်	o dhou do. athin: do
ortodoxo (m)	အော်သိုဒေါ့နှင့်ဆိုင်သော	o dhou do. athin: de.
presbiterianismo (m)	ပရက်စ်ဘိုင်တီးရီးယန်းဝါဒ	pa. je's bain di: ji: jan: wa da.
Iglesia (f) presbiteriana	ပရက်စ်ဘိုင်တီးရီး ယန်အသင်းတော်	pa. je's bain di: ji: jan athin: do
presbiteriano (m)	ပရက်စ်ဘိုင်တီးရီး ယန်းဂိုဏ်းဝင်	pa. je's bain di: ji: jan: gain: win
Iglesia (f) luterana	လူသာရင်ဝါဒ	lu dha jin wa da.
luterano (m)	လူသာရင်ဂိုဏ်းဝင်	lu dha jin gain: win
Iglesia (f) bautista	နှစ်ခြင်းအသင်းတော်	hni' chin: a thin: do
bautista (m)	နှစ်ခြင်းဂိုဏ်းဝင်	hni' chin: gain: win
Iglesia (f) anglicana	အင်္ဂလိကန်အသင်းတော်	angga. li kan - athin: do

anglicano (m)	အင်္ဂလိကန်ဂိုဏ်းဝင်	angga. li kan gain win
mormonismo (m)	မောမောန်ဝါဒ	mo maun wa da.
mormón (m)	မော်မောန်ဂိုဏ်းဝင်	mo maun gain: win
judaísmo (m)	ဂျူးဘာသာ	gju: ba dha
judío (m)	ဂျူးဘာသာဝင်	gju: ba dha win
budismo (m)	ဗုဒ္ဓဘာသာ	bou' da. ba dha
budista (m)	ဗုဒ္ဓဘာသာဝင်	bou' da. ba dha win
hinduismo (m)	ဟိန္ဒူဘာသာ	hin du ba dha
hinduista (m)	ဟိန္ဒူဘာသာဝင်	hin du ba dha win
Islam (m)	အစ္စလမ်ဘာသာ	a' sa. lan ba dha
musulmán (m)	မွတ်စလင်ဘာသာဝင်	mu' sa lin ba dha win
musulmán (adj)	မွတ်စလင်နှင့်ဆိုင်သော	mu' sa lin hnin. zain de.
chiísmo (m)	ရှီးအိုက်အစ္စလာမ်ဂိုဏ်း	shi: ai' asa. lan gain:
chiita (m)	ရှီးအိုက်ထောက်ခံသူ	shi: ai' htau' khan dhu
sunismo (m)	စွန်နီအစ္စလာမ်ဂိုဏ်း	sun ni i' sa lan gain:
suní (m, f)	စွန်နီထောက်ခံသူ	sun ni dau' khan dhu

247. Las religiones. Los sacerdotes

sacerdote (m)	ခရစ်ယာန်ဘုန်းကြီး	khari' jan boun: gji:
Papa (m)	ပုပ်ရဟန်းမင်းကြီး	pou' ja. han: min: gji:
monje (m)	ဘုန်းကြီး	hpoun: gji:
monja (f)	သီလရှင်	thi la shin
pastor (m)	သင်းအုပ်ဆရာ	thin: ou' zaja
abad (m)	ကျောင်းထိုင်ဆရာတော်	kjaun: dain zaja do
vicario (m)	ဗီကာဘုန်းတော်ကြီး	bi ka boun: do kji:
obispo (m)	ဘစ်ရှော့ပ်ဘုန်းကြီး	ba' shau' hpoun: gja:
cardenal (m)	ကာဒီနယ်ဘုန်းကြီး	ka di ne boun: gji:
predicador (m)	ခရစ်ယာန်တရားဟောဆရာ	khari' jan da. ja ho: zaja
prédica (f)	တရားဟောခြင်း	taja ho: gjin:
parroquianos (pl)	အသင်းတော်နှင့်သက်ဆိုင်သူများ	athin: do hnin. dha' hsain: dhu mja:
creyente (m)	ယုံကြည်ကိုးကွယ်သူ	joun kji gou: gwe dhu
ateo (m)	ဖန်ဆင်းရှင်မရှိယုံကြည်သူ	hpan zin: shin ma. shi. joun gji dhu

248. La fe. El cristianismo. El islamismo

Adán	အာဒံ	adan
Eva	ဧဝ	ei wa.
Dios (m)	ဘုရား	hpaja:
Señor (m)	ဘုရားသခင်	hpaja: dha gin

el Todopoderoso	ထာဝရဘုရားသခင်	hta wa. ja. bu. ja: dha. gin
pecado (m)	အပြစ်	apja'
pecar (vi)	မကောင်းမှုပြုသည်	ma. gaun: hmu. bju. de
pecador (m)	မကောင်းမှုပြုလုပ်သူ	ma. gaun: hmu. bju. lou' thu
pecadora (f)	မကောင်းမှုပြုလုပ်သူ	ma. gaun: hmu. bju. lou' thu
infierno (m)	ငရဲ	nga. je:
paraíso (m)	ကောင်းကင်ဘုံ	kaun: gin boun
Jesús	ယေရှု	jei shu
Jesucristo (m)	ယေရှုခရစ်တော်	jei shu khari' to
el Espíritu Santo	သန့်ရှင်းသောဝိညာဉ်တော်	than. shin: dho: bein njin do
el Salvador	ကယ်တင်ရှင်သခင်	ke din shin dhakhin
la Virgen María	ဘုရားသခင်၏ မိခင်အပျိုစင်မာရီ	hpaja: dha gin i. amjou za' ma ji.
el Diablo	မကောင်းဆိုးဝါး	ma. gaun: zou: wa:
diabólico (adj)	မကောင်းဆိုးဝါး နှင့်ဆိုင်သော	ma. gaun: zou: wa: hnin. zain de.
Satán (m)	ဆာတန်မာရ်နတ်	hsa tan ma na'
satánico (adj)	စေတန်မာရ်နတ်ဖြစ်သော	sei tan man na' hpji' te.
ángel (m)	ဘုရားသခင်၏တမန်	hpaja: dha gin i. da man
ángel (m) custodio	ကိုယ်စောင့်ကောင်းကင်တမန်	kou zaun. kan: kin da. man
angelical (adj)	အပြစ်ကင်းစင်သော	apja' kin: zin de.
apóstol (m)	တမန်တော်	taman do
arcángel (m)	ကောင်းကင်တမန်မင်း	kaun: gin da. man min:
anticristo (m)	အန္တိခရစ်-ခရစ်တော် ကိုဆန့်ကျင်သူ	anti khari' - khari' to kou zin. kjin dhu
Iglesia (f)	အသင်းတော်	athin: do
Biblia (f)	ခရစ်ယာန်သမ္မာကျမ်းစာ	khari' jan dhan ma gjan: za
bíblico (adj)	သမ္မာကျမ်းလာ	than ma gjan: la
Antiguo Testamento (m)	ဓမ္မဟောင်းကျမ်း	dama. hain gjan:
Nuevo Testamento (m)	ဓမ္မသစ်ကျမ်း	dama. dha' kjan:
Evangelio (m)	ခရစ်ဝင်ကျမ်း	khari' win gjan:
Sagrada Escritura (f)	သန့်ရှင်းမြင့်မြတ် သောသမ္မာကျမ်းစာ	than. shin: mjin. mja' te. than ma gjan: za
cielo (m)	ကောင်းကင်ဘုံ	kaun: gin boun
mandamiento (m)	ကျင့်စောင့်ရမည့် ပညတ်တရား	kjin. zain. ja. mji. ba. nja' ta ja:
profeta (m)	ပရောဖက်	pa. jo. hpe'
profecía (f)	ကြိုတင်ဟောကိန်း	kjou din ho: kein:
Alá	အလ္လာဟ်	al la'
Mahoma	မိုဟာမက်	mou ha ma'
Corán, Korán (m)	ကိုရန်ကျမ်း	kou jan kjein:
mezquita (f)	ဗလီ	bali
mulá (m), mullah (m)	ဗလီဆရာ	bali zaja
oración (f)	ဆုတောင်းစကား	hsu. daun: zaga:
orar, rezar (vi)	ရှိခိုးသည်	shi. gou: de

peregrinación (f)	ဘုရားဖူးခရီး	hpaja: hpu: ga ji:
peregrino (m)	ဘုရားဖူး	hpaja: hpu:
La Meca	မက္ကာမြို့	me' ka mjou.
iglesia (f)	ခရစ်ယာန်ဘုရားကျောင်း	khari' jan bu. ja: gjaun:
templo (m)	ဘုရားကျောင်း	hpaja: gjaun:
catedral (f)	ဘုရားရှိခိုးကျောင်းတော်	hpaja: gjaun: do:
gótico (adj)	ဂေါ့သစ်ခ် ဗိသုကာဖြစ်သော	go. dhi' kh bi. dhou ka bji' de
sinagoga (f)	ဂျူးဘုရားရှိခိုးကျောင်း	gju: bou ja: shi. gou: kjaun:
mezquita (f)	ဗလီ	bali
capilla (f)	ဝတ်ပြုဆုတောင်းရာနေရာ	wa' pju. u. daun: ja nei ja
abadía (f)	ခရစ်ယာန်ကျောင်းတိုက်	khari' jan gjaun: dai'
convento (m)	သီလရှင်ကျောင်း	thi la shin kjaun:
monasterio (m)	ဘုန်းကြီးကျောင်း	hpoun: gji: gjaun:
campana (f)	ခေါင်းလောင်း	gaun: laun:
campanario (m)	ခေါင်းလောင်းစင်	gaun: laun: zin
sonar (vi)	တီးသည်	ti: de
cruz (f)	လက်ဝါးကပ်တိုင်	le' wa: ka' tain
cúpula (f)	လိပ်ခုံးပုံအမိုး	lei' khoun: boun amou:
icono (m)	ခရစ်ယာန်သူတော်စင်ပုံ	khari' jan dhu do zin boun
alma (f)	အသက်ဝိညာဉ်	athe'
destino (m)	ကံတရား	kan daja:
maldad (f)	အဆိုး	ahsou:
bien (m)	ကောင်းမှု	kaun: hma.
vampiro (m)	သွေးစုပ်ဖုတ်ကောင်	thwei: zou' hpou' kaun
bruja (f)	စုန်းမ	soun: ma.
demonio (m)	နတ်ဆိုး	na' hsou:
espíritu (m)	ဝိညာဉ်	wi. njan
redención (f)	အပြစ်မှကယ်နှုတ် ခံရခြင်း	apja' hma. ge hnou' knan ja. gjin:
redimir (vt)	အပြစ်မှကယ်နုတ်သည်	apja' hma. ge nou' te
culto (m), misa (f)	အသင်းတော်ဝတ်ပြုစည်းဝေး	athin: do wu' pju zi: wei:
decir misa	ဝတ်ပြုသည်	wa' pju. de
confesión (f)	ဝန်ခံခြင်း	wun khan gjin:
confesarse (vr)	အပြစ်ဝန်ခံသည်	apja' wun gan de
santo (m)	သူတော်စင်	thu do zin
sagrado (adj)	မြင့်မြတ်သော	mjin. mja' te.
agua (f) santa	သန့်ရှင်းမြင့်မြတ်သောရေ	than. shin: mjin. mja' te. jei
rito (m)	ထုံးတမ်းဓလေ့	htoun: dan: dalei.
ritual (adj)	ထုံးတမ်းဓလေ့ဖြစ်သော	htoun: dan: dalei. bji' te.
sacrificio (m)	ယဇ်ပူဇော်ခြင်း	ji' pu zo gjin:
superstición (f)	အယူသီးခြင်း	aju dhi: gjin:
supersticioso (adj)	အယူသီးသော	aju dhi: de
vida (f) de ultratumba	တမလွန်	tamalun
vida (f) eterna	ထာဝရ ရှင်သန် ခြင်းဘဝ	hta wa. ja. shin dhan gjin: ba. wa.

MISCELÁNEA

249. Varias palabras útiles

alto (m) (parada temporal)	ရပ်နားခြင်း	ja' na: gjin:
ayuda (f)	အကူအညီ	aku anji
balance (m)	ဟန်ချက်ညီမျှမှု	han gje' nji hma. hmu.
barrera (f)	အတားအဆီး	ata: ahsi:
base (f) (~ científica)	အခြေခံ	achei khan
categoría (f)	အမျိုးအစား	amjou: asa:
causa (f)	အကြောင်း	akjaun:
coincidencia (f)	တိုက်ဆိုင်မှု	tai' hsain hmu.
comienzo (m) (principio)	အစ	asa.
comparación (f)	နှိုင်းယှဉ်ခြင်း	hnain: shin gjin:
compensación (f)	လျော်ကြေး	jo kjei:
confortable (adj)	သက်သောင့်သက်သာရှိသော	the' thaun. dhe' tha shi. de
cosa (f) (objeto)	ပစ္စည်း	pji' si:
crecimiento (m)	ကြီးထွားမှု	kji: htwa: hmu.
desarrollo (m)	ဖွံ့ဖြိုးတိုးတက်မှု	hpjun. bjou: dou: de' hmu.
diferencia (f)	ကွာဟချက်	kwa ha. che'
efecto (m)	အကျိုးဆက်	akjou: amja' hse'
ejemplo (m)	နမူနာ	na. mu na
variedad (f) (selección)	ရွေးချယ်မှု	jwei: che hmu.
elemento (m)	အစိတ်အပိုင်း	asei' apain:
error (m)	အမှား	ahma:
esfuerzo (m)	အားထုတ်ကြိုးပမ်းမှု	a: htou' kjou: ban: hmu.
estándar (adj)	စံဖြစ်သော	san bji' te.
estándar (m)	စံ	san
estilo (m)	ပုံစံ	poun zan
fin (m)	အဆုံး	ahsoun:
fondo (m) (color de ~)	နောက်ခံ	nau' khan
forma (f) (contorno)	ပုံသဏ္ဍာန်	poun thadan
frecuente (adj)	မကြာခဏဖြစ်သော	ma. gja gan bji' de.
grado (m) (en mayor ~)	အတိုင်းအတာ	atain: ata
hecho (m)	အချက်အလက်	ache' ale'
ideal (m)	စံပြ	san bja.
laberinto (m)	ဝင်္ကပါ	win gaba
modo (m) (de otro ~)	နည်းလမ်း	ne: lan:
momento (m)	အခိုက်	akhai'
objeto (m)	အရာ	aja
obstáculo (m)	အဟန့်အတား	ahan. ata:
original (m)	မူရင်း	mu jin:
parte (f)	အပိုင်း	apain:

partícula (f)	အမှုန့်	ahmoun.
pausa (f)	ရပ်ခြင်း	ja' chin:
posición (f)	နေရာ	nei ja
principio (m) (tener por ~)	အခြေခံသဘောတရား	achei khan dha. bo da. ja:
problema (m)	ပြဿနာ	pjadhana
proceso (m)	ဖြစ်စဉ်	hpji' sin
progreso (m)	တိုးတက်မှု	tou: te'
propiedad (f) (cualidad)	အရည်အချင်း	aji achin:
reacción (f)	တုံ့ပြန်မှု	toun. bjan hmu
riesgo (m)	စွန့်စားခြင်း	sun. za: gjin:
secreto (m)	လျှို့ဝှက်ချက်	shou. hwe' che'
serie (f)	အစဉ်	asin
sistema (m)	စနစ်	sani'
situación (f)	အခြေအနေ	achei anei
solución (f)	ဖြေရှင်းချက်	hpjei shin: gje'
tabla (f) (~ de multiplicar)	ဇယား	za ja:
tempo (m) (ritmo)	အရှိန်	ashein
término (m)	ဝေါဟာရ	wo: ha ra.
tipo (m) (p.ej. ~ de deportes)	အမျိုးအစား	amjou: asa:
tipo (m) (no es mi ~)	အမျိုးအစား	amjou: asa:
turno (m) (esperar su ~)	အလှည့်	ahle.
urgente (adj)	အမြန်လိုသော	aman lou de.
urgentemente	အမြန်	aman
utilidad (f)	အကျိုး	akjou:
variante (f)	အမျိုးကွဲ	amjou: asa: gwe:
verdad (f)	အမှန်တရား	ahman da ja:
zona (f)	ဇုန်	zoun

250. Los adjetivos. Unidad 1

abierto (adj)	ဖွင့်ထားသော	hpwin. da: de.
adicional (adj)	ထပ်ဖြည့်သော	hta' hpi. de.
agradable (~ voz)	သာယာသော	tha ja de.
agradecido (adj)	ကျေးဇူးတင်သော	kjei: zu: din de.
agrio (sabor ~)	ချဉ်သော	q'useaa
agudo (adj)	ချွန်ထက်သော	chwan de' te.
alegre (adj)	ပျော်ရွှင်သော	pjo shwin de.
amargo (adj)	ခါးသော	kha: de.
amplio (~a habitación)	ကျယ်ဝန်းသော	kje wan de.
ancho (camino ~)	ကျယ်သော	kje de.
antiguo (adj)	ရှေးကျသော	shei: gja. de
apretado (falda ~a)	ကျပ်သော	kja' te.
arriesgado (adj)	အန္တရာယ်များသော	an dare mja: de.
artificial (adj)	သဘာဝအတိုင်းမဟုတ်သော	tha. bawa ahtain: ma. hou' te.
azucarado, dulce (adj)	ချိုသော	chou de.
bajo (voz ~a)	တိုးသော	tou: dho:

barato (adj)	ဈေးပေါသော	zei: po: de.
bello (hermoso)	လှပသော	hla. ba. de.
blando (adj)	နူးညံ့သော	nu: njan. de.
bronceado (adj)	အသားညိုသော	atha: njou de.
bueno (de buen corazón)	သဘောကောင်းသော	thabo: kaun: de.
bueno (un libro, etc.)	ကောင်းသော	kaun: de.
caliente (adj)	ပူသော	pu dho:
calmo, tranquilo	အေးဆေးသော	ei: hsei: de.
cansado (adj)	ပင်ပန်းသော	pin ban: de.
cariñoso (un padre ~)	ဂရုစိုက်သော	ga ju. sai' te.
caro (adj)	ဈေးကြီးသော	zei: kji: de.
central (adj)	အလယ်ဗဟိုဖြစ်သော	ale ba hou hpji' te.
cerrado (adj)	ပိတ်ထားသော	pei' ta: de.
ciego (adj)	မမြင်ရသော	ma. mjin ja. de.
civil (derecho ~)	အများပြည်သူနှင့်ဆိုင်သော	amja: pji dhu hnin. zain de.
clandestino (adj)	လျှို့ဝှက်စွာလုပ်သော	shou. hwe' swa lou' te.
claro (color)	ဖျော့သော	hpjo. de.
claro (explicación, etc.)	ရှင်းလင်းသော	shin: lin: de.
compatible (adj)	လိုက်ဘက်ညီသော	lai' be' nji de.
congelado (pescado ~)	အေးခဲနေသော	ei: khe: nei de.
conjunto (decisión ~a)	ပူးတွဲဖြစ်သော	pu: twe: bji' te.
considerable (adj)	အရာရောက်သော	aja jau' de.
contento (adj)	ကျေနပ်သော	kjei na' de.
continuo (adj)	ရှည်ကြာသော	shei gja de.
continuo (incesante)	နားရိုန်မရှိသော	na: gjein ma. shi. de.
conveniente (apto)	အသုံးဝင်သော	athoun: win de.
correcto (adj)	မှန်ကန်သော	hman gan de.
cortés (adj)	ယဉ်ကျေးသော	jin gjei: de.
corto (adj)	တိုသော	tou de.
crudo (huevos ~s)	အစိမ်းသက်သက်ဖြစ်သော	asain: dhe' dhe' hpja' te.
de atrás (adj)	နောက်ကျောဖြစ်သော	nau' kjo: bji' te.
de corta duración (adj)	တိုတောင်းသော	tou daun: de.
de segunda mano	သုံးပြီးသားဖြစ်သော	thoun: bji: dha: bji' te.
delgado (adj)	ပိန်သော	pein de.
flaco, delgado (adj)	ပိန်ကပ်ကပ်ဖြစ်သော	pein ga' ka' hpji' te.
denso (~a niebla)	ထူထပ်သော	htu da' te.
derecho (adj)	ညာဘက်	nja be'
diferente (adj)	ကွဲပြားခြားနားသော	kwe: bja: gja: na: de.
difícil (decisión)	ခက်ခဲသော	khe' khe: de.
difícil (problema ~)	ခက်ခဲသော	khe' khe: de.
distante (adj)	ဝေးကွာသော	wei: kwa de.
dulce (agua ~)	ရေချို	jei gjou
duro (material, etc.)	မာကြောသော	ma gjo: de.
el más alto	အမြင့်ဆုံးဖြစ်သော	amjin. zoun: bje' te.
el más importante	အရေးအကြီးဆုံးသော	ajei: akji: zoun: de.
el más próximo	အနီးဆုံး	ani: zoun:
enfermo (adj)	နေမကောင်းသော	nei ma. kaun: de.

enorme (adj)	အလွန်ကြီးမားသော	alun gji: ma: de.
entero (adj)	အားလုံးဖြစ်သော	a: loun: bji' te.
especial (adj)	အထူးဖြစ်သော	a htu: hpja' te.
espeso (niebla ~a)	ထူထပ်သော	htu da' te.
estrecho (calle, etc.)	ကျဉ်းသော	kjin de.
exacto (adj)	တိကျသော	ti. gja. de.
excelente (adj)	အလွန်ကောင်းသော	alun kaun: de.
excesivo (adj)	လွန်ကဲသော	lun ge: de.
exterior (adj)	အပြင်ပန်းဖြစ်သော	apjin ban hpja' te.
extranjero (adj)	နိုင်ငံခြားနှင့်ဆိုင်သော	nain ngan gja: hnin. zain de.
fácil (adj)	လွယ်ကူသော	lwe gu de.
fatigoso (adj)	ပင်ပန်းနေသော	pin ban: nei de
feliz (adj)	ပျော်ရွှင်သော	pjo shwin de.
fértil (la tierra ~)	အကျိုးဖြစ်ထွန်းသော	akjou: hpji' htun: de.
frágil (florero, etc.)	ကွဲလွယ်သော	kwe: lwe de.
fresco (está ~ hoy)	အေးမြသော	ei: mja. de.
fresco (pan, etc.)	လတ်ဆတ်သော	la' hsa' te.
frío (bebida ~a, etc.)	အေးသော	ei: de.
fuerte (~ voz)	ကျယ်လောင်သော	kje laun de
fuerte (adj)	သန်မာသော	than ma de.
grande (en dimensiones)	ကြီးသော	kji: de.
graso (alimento ~)	အဆီများသော	ahsi mja: de.
gratis (adj)	အခမဲ့	akha me.
grueso (muro, etc.)	ထူသော	htu de.
hambriento (adj)	ဆာလောင်သော	hsa laun de.
hermoso (~ palacio)	လှပသော	hla. ba. de.
hostil (adj)	ရန်လိုသော	jan lou de.
húmedo (adj)	စိုထိုင်းသော	sou htain: de
igual, idéntico (adj)	တူညီသော	tu nji de.
importante (adj)	အရေးကြီးသော	ajei: akji: de.
imposible (adj)	မဖြစ်နိုင်သော	ma. bji' nain de.
imprescindible (adj)	မရှိမဖြစ်သော	ma. shi ma. bji' te.
indescifrable (adj)	နားမလည်နိုင်သော	ma: ma. le nain de.
infantil (adj)	ကလေးများနှင့်ဆိုင်သော	kalei: mja: hnin.zain de.
inmóvil (adj)	လှုပ်ရှားမှုကင်းသော	hlou' sha: hmu. gin: de.
insignificante (adj)	အရေးမပါသော	ajei: ma. ba de.
inteligente (adj)	သွက်လက်ထက်မြက်သော	thwe' le' the' mja' te.
interior (adj)	အတွင်းပိုင်းဖြစ်သော	atwin: bain: bji' tho:
izquierdo (adj)	ဘယ်	be
joven (adj)	ငယ်ရွယ်သော	ngwe jwe de.

251. Los adjetivos. Unidad 2

largo (camino)	ရှည်လျားသော	shei lja: de.
legal (adj)	ဥပဒေနှင့် ညီညွတ်သော	u. ba. dei hnin. nji nju' te.
lejano (adj)	ဝေးသော	wei: de.

libre (acceso ~)	လွတ်လပ်သော	lu' la' de.
ligero (un metal ~)	ပေါ့ပါးသော	po. ba: de.
limitado (adj)	အကန့်အသတ်ရှိသော	akan. atha' shi. de.
limpio (camisa ~)	သန့်ရှင်းသော	than. shin: de.
líquido (adj)	အရည်ဖြစ်သော	aja hpja' te.
liso (piel, pelo, etc.)	ချောမွတ်သော	cho: mu' te.
lleno (adj)	ပြည့်သော	pjei. de.
maduro (fruto, etc.)	မှည့်သော	hme. de.
malo (adj)	ဆိုးသော	hsou: de.
mas próximo	အနီးအနားတွင်ရှိသော	ani: ana: dwin shi. de
mate (sin brillo)	မှိုင်းသော	main: dho:
meticuloso (adj)	စေ့စပ်သော	sei. sa' te.
miope (adj)	အဝေးမှုန်သော	awei: hmun de.
misterioso (adj)	လျှို့ဝှက်ဆန်းကြယ်သော	shou. hwe' hsan: gje de.
mojado (adj)	စိုစွတ်သော	sou zu' te.
moreno (adj)	ညိုသော	njou de.
muerto (adj)	သေနေသော	thei nei de.
natal (país ~)	မွေးရာဇာတိဖြစ်သော	mwei: ja za di. bji' te.
necesario (adj)	လိုအပ်သော	lou a' de.
negativo (adj)	ဆန့်ကျင်ဘက်ဖြစ်သော	hsan. gjin ba' hpja' te.
negligente (adj)	နမော်နမဲ့နိုင်သော	na. mo na. me nain de.
nervioso (adj)	စိတ်လှုပ်ရှားသော	sei' hlou' sha: de.
no difícil (adj)	မခက်ခဲသော	ma. ge' khe: de.
no muy grande (adj)	မကြီးသော	ma. gji: de.
normal (adj)	ပုံမှန်ဖြစ်သော	poun hman gji' te.
nuevo (adj)	အသစ်ဖြစ်သော	athi' hpji' te.
obligatorio (adj)	မလုပ်မနေဖြစ်သော	ma. lou' ma. nei bji' te.
opuesto (adj)	ဆန့်ကျင်ဘက်ဖြစ်သော	hsan. gjin ba' hpja' te.
ordinario (adj)	သာမန်ဖြစ်သော	tha man bji' te.
original (inusual)	မူရင်းဖြစ်သော	mu jin: bji' te.
oscuro (cuarto ~)	မှောင်သော	hmaun de.
pasado (tiempo ~)	အတိတ်ကဖြစ်သော	ati' ka. hpja' te.
peligroso (adj)	အန္တရာယ်ရှိသော	an dare shi. de.
pequeño (adj)	သေးသော	thei: de.
perfecto (adj)	ထိပ်တန်းဖြစ်သော	htei' tan: hpi' te.
permanente (adj)	အမြဲတမ်းဖြစ်သော	amje: dan: bji' te.
personal (adj)	ကိုယ်ပိုင်	kou bain
pesado (adj)	လေးလံသော	lei: lan de.
plano (pantalla ~a)	ညီညာပြန့်ပြူးသော	nji nja bjan. bju: de.
plano (superficie ~a)	ညီညာပြန့်ပြူးသော	nji nja bjan. bju: de.
pobre (adj)	ဆင်းရဲသော	hsin: je: de.
indigente (adj)	ခိုကိုးရာမဲ့သော	khou gou: ja me. de.
poco claro (adj)	မရှင်းလင်းသော	ma. shin: lin: de.
poco profundo (adj)	တိမ်သော	tein de
posible (adj)	ဖြစ်နိုင်သော	hpji' nein de.
precedente (adj)	အရင်ကဖြစ်သော	ajin ka. hpja' de.
presente (momento ~)	ပစ္စုပ္ပန်ဖြစ်သော	pji' sou' pan bji' te.

principal (~ idea)	အဓိက	adi. ka.
principal (la entrada ~)	အဓိက	adi. ka.
privado (avión ~)	ကိုယ်ပိုင်	kou bain
probable (adj)	ဖြစ်နိုင်ခြေရှိသော	hpji' nain gjei shi. de.
próximo (cercano)	နီးသော	ni: de.
público (adj)	အများပြည်သူနှင့်ဆိုင်သော	amja: pji dhu hnin. zain de.
puntual (adj)	အချိန်မှန်ကန်တိကျသော	achein hman kan ti. gja. de.
rápido (adj)	မြန်သော	mjan de.
raro (adj)	ရှားပါးသော	sha: ba: de.
recto (línea ~a)	ဖြောင့်တန်းသော	hpjaun. dan: de.
sabroso (adj)	အရသာရှိသော	aja. dha shi. de.
salado (adj)	ငန်သော	ngan de.
satisfecho (cliente)	အားရကျေနပ်သော	a: ei kjei nin de.
seco (adj)	ခြောက်သော	chau' de.
seguro (no peligroso)	လုံခြုံသော	loun gjoun de.
siguiente (avión, etc.)	နောက်ရောက်လာမည်ဖြစ်သော	nau' jau' la me bji' te.
similar (adj)	တူညီသော	tu nji de.
simpático, amable (adj)	ချစ်စရာကောင်းသော	chi' saja kaun: de.
simple (adj)	လွယ်ကူသော	lwe gu de.
sin experiencia (adj)	အတွေ့အကြုံမရှိသော	atwei. akjoun ma. shi. dho:
sin nubes (adj)	တိမ်ကင်းစင်သော	tain gin: dhin de.
soleado (un día ~)	နေသာသော	nei dha de.
sólido (~a pared)	အစိုင်အခဲဖြစ်သော	asoun akhe:
sombrío (adj)	မှုန်မှိုင်းနေသော	hmoun hmain: nei de.
sucio (no limpio)	ညစ်ပတ်သော	nji' pa' te.
templado (adj)	နွေးထွေးသော	nwei: dwei: de.
tenue (una ~ luz)	မှိန်ဖျသော	hmein bja de.
tierno (afectuoso)	ကြင်နာသနားတတ်သော	kjin na dha. na: da' de.
tonto (adj)	မိုက်မဲ ထုံထိုင်းသော	mai' me: doun dain: de.
tranquilo (adj)	တိတ်ဆိတ်သော	tei' hsei' te
transparente (adj)	ဖောက်ထွင်းမြင်နိုင်သော	hpau' htwin: mjin nain de.
triste (adj)	ဝမ်းနည်းသော	wan: ne: de.
triste (mirada ~)	ဝမ်းနည်းသော	wan: ne: de.
último (~a oportunidad)	နောက်ဆုံးဖြစ်သော	nau' hsoun: bji' te.
último (~a vez)	လွန်ခဲ့သော	lun ge. de.
único (excepcional)	ပြိုင်ဘက်ကင်းသော	pjain be' kin: de.
vacío (vaso medio ~)	ဘာမျှမရှိသော	ba hmja. ma. shi. de.
vario (adj)	အမျိုးစုံသော	amjou: zoun de.
vecino (casa ~a)	အိမ်နီးချင်းဖြစ်သော	ein ni: na: gjin: hpji' tho:
viejo (casa ~a)	ဟောင်းသော	haun: de.

LOS 500 VERBOS PRINCIPALES

252. Los verbos A-C

abandonar (vt)	ပစ်ထားသည်	pi' hta: de
abrazar (vt)	ဖက်သည်	hpe' te
abrir (vt)	ဖွင့်သည်	hpwin. de
aburrirse (vr)	ပျင်းသည်	pjin: de
acariciar (~ el cabello)	ပွတ်သပ်သည်	pu' tha' te
acercarse (vr)	ချဉ်းကပ်သည်	chan: ga' te
acompañar (vt)	လိုက်ပို့သည်	lai' pou. de
aconsejar (vt)	အကြံပေးသည်	akjan bei: de
actuar (vi)	ပြုလုပ်သည်	pju. lou' te
acusar (vt)	စွပ်စွဲသည်	su' swe: de
adiestrar (~ animales)	လေ့ကျင့်ပေးသည်	lei. kjin. bei: de
adivinar (vt)	မှန်းဆသည်	hman za de
admirar (vt)	ချီးကျူးသည်	chi: kju: de
adular (vt)	မြှောက်သည်	hmjau' de
advertir (avisar)	သတိပေးသည်	dhadi. pei: de
afeitarse (vr)	ရိတ်သည်	jei' te
afirmar (vt)	အခိုင်အမာပြောဆိုသည်	akhain ama pjo hsou de
agitar la mano	လက်ပြသည်	le' pja de
agradecer (vt)	ကျေးဇူးတင်သည်	kjei: zu: din de
ahogarse (vr)	ရေနစ်သည်	jei ni' te
aislar (al enfermo, etc.)	ခွဲခြားထားသည်	khwe: gja: da: de
alabarse (vr)	ကြွားသည်	kjwa: de
alimentar (vt)	အစာကျွေးသည်	asa gjwei: de.
almorzar (vi)	နေ့လယ်စာစားသည်	nei. le za za de
alquilar (~ una casa)	ငှားသည်	hnga: de
alquilar (barco, etc.)	ငှါးရမ်းသည်	hna: jan: de
aludir (vi)	စောင်းပြောသည်	saun: bjo: de
alumbrar (vt)	မီးထွန်းသည်	mi: dwan: de
amarrar (vt)	ဆိုက်ကပ်သည်	hseu' ka' de
amenazar (vt)	ခြိမ်းခြောက်သည်	chein: gjau' te
amputar (vt)	ဖြတ်တောက်ကုသသည်	hpja' tau' ku. dha de
añadir (vt)	ထည့်သည်	hte de.
anotar (vt)	ရေးမှတ်သည်	jei: hma' te
anular (vt)	ပယ်ဖျက်သည်	pe hpje' te
apagar (~ la luz)	မီးပိတ်သည်	mi: pi' te
aparecer (vi)	ပေါ်လာသည်	po la de
aplastar (insecto, etc.)	ဖိသတ်သည်	hpi. dha' te
aplaudir (vi, vt)	လက်ခုပ်သြဘာပေးသည်	le' khou' thja ba bei: de

apoyar (la decisión)	ထောက်ခံသည်	htau' khan de
apresurar (vt)	လောသည်	lo de
apuntar a ...	ချိန်သည်	chein de
arañar (vt)	ကုတ်သည်	kou' te
arrancar (vt)	ဆုတ်ဖြဲသည်	hsou' hpje: de
arrepentirse (vr)	နောင်တရသည်	naun da. ja. de
arriesgar (vt)	စွန့်စားသည်	sun. za: de
asistir (vt)	ကူညီသည်	ku nji de
aspirar (~ a algo)	ရည်မှန်းသည်	ji hman: de
atacar (mil.)	တိုက်ခိုက်သည်	tai' hsai' te
atar (cautivo)	တုတ်နှောင်သည်	tou' hnaun de
atar a ...	ချည်နှောင်သည်	che naun de
aumentar (vt)	မြှင့်တင်သည်	hmja. din de
aumentarse (vr)	မြင့်တက်သည်	mjin. da' te
autorizar (vt)	ခွင့်ပြုသည်	khwin bju. de
avanzarse (vr)	တိုးတက်သည်	tu: te' te
avistar (vt)	လျှပ်တပျက်မြင်သည်	lja' ta bje' mjin de
ayudar (vt)	ကူညီသည်	ku nji de
bajar (vt)	အောက်ချသည်	au' cha. de
bañar (~ al bebé)	ရေချိုးပေးသည်	jei gjou bei: de
bañarse (vr)	ရေကူးသည်	jei ku: de
beber (vi, vt)	သောက်သည်	thau' te
borrar (vt)	ဖျက်ပစ်သည်	hpje' pa' te
brillar (vi)	မီးရောင်ထွက်သည်	mi: jaun htwe' te
bromear (vi)	စနောက်သည်	sanau' te
bucear (vi)	ရေငုပ်သည်	jei ngou' te
burlarse (vr)	သရော်သည်	thajo: de
buscar (vt)	ရှာသည်	sha de
calentar (vt)	နွေးသည်	hnwei: de
callarse (no decir nada)	နှုတ်ဆိတ်သည်	hnou' hsei' te
calmar (vt)	ငြိမ်သက်စေသည်	njein dhe' sei de
cambiar (de opinión)	ပြောင်းလဲသည်	pjaun: le: de
cambiar (vt)	ပြောင်းလဲသည်	pjaun: le: de
cansar (vt)	ပင်ပန်းစေသည်	pin ban: zei de
cargar (camión, etc.)	ကုန်တင်သည်	koun din de
cargar (pistola)	ကျည်ထိုးသည်	kji dou: de
casarse (con una mujer)	မိန်းမယူသည်	mein: ma. ju de
castigar (vt)	အပြစ်ပေးသည်	apja' pei: de
cavar (fosa, etc.)	တူးသည်	tu: de
cazar (vi, vt)	အမဲလိုက်သည်	ame: lai' de
ceder (vi, vt)	အလျှော့ပေးသည်	asho. bei: de
cegar (deslumbrar)	ကန်းစေသည်	kan: zei de
cenar (vi)	ညစာစားသည်	nja. za za: de
cerrar (vt)	ပိတ်သည်	pei' te
cesar (vt)	ရပ်သည်	ja' te
citar (vt)	ကိုးကားသည်	kou: ga: de
coger (flores, etc.)	ခူးသည်	khu: de

coger (pelota, etc.)	ဖမ်းသည်	hpan: de
colaborar (vi)	ပူးပေါင်းဆောင်ရွက်သည်	pu: baun: zaun jwe' te
colgar (vt)	ချိတ်သည်	chei' te
colocar (poner)	နေရာချသည်	nei ja gja de
combatir (vi)	တိုက်သည်	tai' te
comenzar (vt)	စတင်သည်	sa. tin de
comer (vi, vt)	စားသည်	sa: de
comparar (vt)	နှိုင်းယှဉ်သည်	hnain: shin de
compensar (vt)	လျော်ကြေးပေးသည်	jo kjei: bei: de
competir (vi)	ပြိုင်ဆိုင်သည်	pjain zain de
compilar (~ una lista)	ရေးဆွဲသည်	jei: zwe: de
complicar (vt)	ခဲခက်စေသည်	khe: ga' sei de
componer (música)	ရေးဖွဲ့သီကုံးသည်	jei: bwe dhi goun: de
comportarse (vr)	ပြုမူဆက်ဆံသည်	pju. hmu. ze' hsan de
comprar (vt)	ဝယ်သည်	we de
comprender (vt)	နားလည်သည်	na: le de
comprometer (vt)	နာမည်ဖျက်သည်	na me bje' te
informar (~ a la policía)	အကြောင်းကြားသည်	akjaun: kja: de
concentrarse (vr)	အာရုံစူးစိုက်သည်	a joun su: zai' dhi
condecorar (vt)	ချီးမြှင့်သည်	chi: hmjin. de
conducir el coche	ကားမောင်းသည်	ka: maun: de
confesar (un crimen)	ဝန်ခံသည်	wun khan de
confiar (vt)	ယုံကြည်သည်	joun kji de
confundir (vt)	ရောထွေးသည်	jo: dwei: de
conocer (~ a alguien)	သိသည်	thi. de
consultar (a un médico)	တိုင်ပင်သည်	tain bin de
contagiar (vt)	ရောဂါကူးသည်	jo ga gu: de
contagiarse (de ...)	ကူးစက်သည်	ku: ze' te
contar (dinero, etc.)	ရေတွက်သည်	jei dwe' te
contar (una historia)	ပြောပြသည်	pjo: bja. de
contar con ...	အားကိုးသည်	a: kou: de
continuar (vt)	ဆက်လုပ်သည်	hse' lou' te
contratar (~ a un abogado)	လုပ်အားငှါးသည်	lou' a: hnga: de
controlar (vt)	ထိန်းချုပ်သည်	htein: gjou' te
convencer (vt)	လက်ခံယုံကြည်စေသည်	le' khan joun gji zei de
convencerse (vr)	လက်ခံယုံကြည်စေသည်	le' khan joun gji zei de
coordinar (vt)	ညှိနှိုင်းဆောင်ရွက်သည်	hnji. hnain: zaun jwe' te
corregir (un error)	အမှားပြင်သည်	ahma: pjin de
correr (vi)	ပြေးသည်	pjei: de
cortar (un dedo, etc.)	ဖြတ်သည်	hpja' te
costar (vt)	ကုန်ကျသည်	koun kja de
crear (vt)	ဖန်တီးသည်	hpan di: de
creer (vt)	ယုံကြည်သည်	joun kji de
cultivar (plantas)	စိုက်ပျိုးသည်	sai' pjou: de
curar (vt)	ကုသည်	ku. de

253. Los verbos D-E

dar (algo a alguien)	ပေးသည်	pei: de
darse prisa	အလျင်စလိုပြုသည်	aljin za lou pju. de
darse un baño	ရေချိုးသည်	jei gjou: de
datar de ...	ရက်စွဲတပ်သည်	je' swe: da' te
deber (v aux)	ရမည်	ja. me
decidir (vt)	ဆုံးဖြတ်သည်	hsoun: hpja' te
decir (vt)	ပြောသည်	pjo: de
decorar (para la fiesta)	အလှဆင်သည်	ahla. zin dhe
dedicar (vt)	ရည်ညွှန်းသည်	ji hman: de
defender (vt)	ကာကွယ်သည်	ka gwe de
defenderse (vr)	ခုခံသည်	khu. gan de
dejar caer	ဖြုတ်ချသည်	hpjou' cha. de
dejar de hablar	နှုတ်ဆိတ်သွားသည်	hnou' hsei' thwa: de
denunciar (vt)	လူသိရှင်ကြားစွပ်စွဲရှုတ်ချသည်	lu dhi shin gja: zu' swe: sha' khja. de
depender de ...	မူတည်သည်	mu de de
derramar (líquido)	ဖိတ်ကျသည်	hpi' kja de
desamarrar (vt)	စွန့်ပစ်သည်	sun. bi' de
desaparecer (vi)	ပျောက်ကွယ်သည်	pjau' kwe de
desatar (vt)	ဖြေသည်	hpjei de
desayunar (vi)	နံနက်စာစားသည်	nan ne' za za: de
descansar (vi)	အနားယူသည်	ana: ju de
descender (vi)	အောက်ဆင်းသည်	au' hsin: de
descubrir (tierras nuevas)	ရှာဖွေတွေ့ရှိသည်	sha hpwei dwei. shi. de
desear (vt)	လိုချင်သည်	lou gjin de
desparramarse (azúcar)	သွန်မိသည်	thun mi. de
emitir (~ un olor)	ပြန့်သည်	pjan. de
despegar (el avión)	ပျံတက်သည်	pjan de' te
despertar (vt)	နှိုးသည်	hnou: de
despreciar (vt)	အထင်သေးသည်	a htin dhei: de
destruir (~ las pruebas)	ဖျက်ဆီးသည်	hpje' hsi: de
devolver (paquete, etc.)	ပြန်ပို့သည်	pjan bou. de
diferenciarse (vr)	ခြားနားသည်	hpja: na: de
distribuir (~ folletos)	ဖြန့်ဝေသည်	hpjan. wei de
dirigir (administrar)	ညွှန်ကြားသည်	hnjun gja: de
dirigirse (~ al jurado)	အမည်တပ်သည်	amji din te
disculpar (vt)	ခွင့်လွှတ်သည်	khwin. hlu' te
disculparse (vr)	တောင်းပန်သည်	thaun: ban de
discutir (vt)	ဆွေးနွေးသည်	hswe: nwe: de
disminuir (vt)	လျှော့သည်	sho. de
distribuir (comida, agua)	ဝေငှသည်	wei hnga. de
divertirse (vr)	ပျော်ရွှင်သည်	pjo shwin de
dividir (~ 7 entre 5)	စားသည်	sa: de
doblar (p.ej. capital)	နှစ်ဆဖြစ်စေသည်	hni' has. bji' sei de

dudar (vt)	သံသယဖြစ်သည်	than thaja. bji' te
elevarse (alzarse)	မိုးနေသည်	mou: nei de
eliminar (obstáculo)	ဖယ်ရှားသည်	hpe sha: de
emerger (submarino)	ပေါ်လာသည်	po la de
empaquetar (vt)	ထုပ်သည်	htou' te
emplear (utilizar)	အသုံးပြုသည်	athoun: bju. de
emprender (~ acciones)	ပြုလုပ်ဆောင်ရွက်သည်	pju. lou' hsaun jwe' te
empujar (vt)	တွန်းသည်	tun: de
enamorarse (de ...)	ချစ်မိသည်	chi' mi. de
encabezar (vt)	ဦးဆောင်သည်	u: zaun de
encaminar (vt)	ဦးတည်သည်	u: te de
encender (hoguera)	မီးညှိသည်	mi: hnji de
encender (radio, etc.)	ဖွင့်သည်	hpwin. de
encontrar (hallar)	ရှာတွေ့သည်	sha dwei. de
enfadar (vt)	စိတ်ဆိုးအောင်လုပ်သည်	sei' hsou: aun lou' te
enfadarse (con ...)	စိတ်ဆိုးသည်	sei' hsou: de
engañar (vi, vt)	လိမ်ပြောသည်	lain bjo: de
enrojecer (vi)	မျက်နှာနီသည်	mje' hna ni de
enseñar (vi, vt)	သင်ပေးသည်	thin bei: de
ensuciarse (vr)	ညစ်ပေသွားသည်	nji' pei dhwa: de
entrar (vi)	ဝင်သည်	win de
entrenar (vt)	လေ့ကျင့်ပေးသည်	lei. kjin. bei: de
entrenarse (vr)	လေ့ကျင့်သည်	lei. kjin. de
entretener (vt)	ဖျော်ဖြေသည်	hpjo bjei de
enviar (carta, etc.)	ပို့သည်	pou. de
envidiar (vt)	မနာလိုဖြစ်သည်	ma. na lou bji' te
equipar (vt)	တပ်ဆင်သည်	ta' hsin de
equivocarse (vr)	မှားသည်	hma: de
escoger (vt)	ရွေးသည်	jwei: de
esconder (vt)	ဖုံးကွယ်သည်	hpoun: gwe de
escribir (vt)	ရေးသည်	jei: de
escuchar (vt)	နားထောင်သည်	na: daun de
escuchar a hurtadillas	ချောင်းပြီးနားထောင်သည်	gaun: bji: na: daun de
escupir (vi)	ထွေးသည်	htwei: de
esperar (aguardar)	စောင့်သည်	saun. de
esperar (anticipar)	မျှော်လင့်သည်	hmjo. lin. de
esperar (tener esperanza)	မျှော်လင့်သည်	hmjo. lin. de
estar (~ sobre la mesa)	တည်ရှိသည်	ti shi. de
estar (vi)	ဖြစ်နေသည်	hpji' nei de
estar acostado	လှဲသည်	hle: de
estar basado (en ...)	အခြေခံသည်	achei khan dhe
estar cansado	ပင်ပန်းသည်	pin ban: de
estar conservado	မပျက်မစီးဖြစ်နေသည်	ma. bje' ma. zi: bji' nei de
estar de acuerdo	သဘောတူသည်	dhabo: tu de
estar en guerra	စစ်ပွဲတွင်ပါဝင်ဆင်နွှဲသည်	si' pwe: dwin ba win zin hnwe: de

estar perplejo	စိတ်ရှုပ်ထွေးသည်	sei' shou' htwei: de
estar sentado	ထိုင်သည်	htain de
estremecerse (vr)	သိမ့်သိမ့်တုန်သည်	thein. dhein. doun de
estudiar (vt)	သင်ယူလေ့လာသည်	thin ju lei. la de
evitar (peligro, etc.)	ရှောင်သည်	shaun de
examinar (propuesta)	စဉ်းစားသည်	sin: za: de
excluir (vt)	ထုတ်သည်	tou' te
exigir (vt)	တိုက်တွန်းသည်	tai' tun: de
existir (vi)	တည်ရှိသည်	ti shi. de
explicar (vt)	ရှင်းပြသည်	shin: bja. de
expresar (vt)	ဖော်ပြသည်	hpjo bja. de
expulsar (ahuyentar)	မောင်းထုတ်သည်	maun: dou' te

254. Los verbos F-M

facilitar (vt)	လွယ်စေသည်	lwe zei de
faltar (a las clases)	ပျက်ကွက်သည်	pje' kwe' te
fascinar (vt)	ညှို့သည်	hnjou. de
felicitar (vt)	ဂုဏ်ပြုသည်	goun bju de
firmar (~ el contrato)	လက်မှတ်ထိုးသည်	le' hma' htou: de
formar (vt)	ဖွဲ့စည်းသည်	hpwe. zi: de
fortalecer (vt)	ခိုင်မာစေသည်	khain ma zei de
forzar (obligar)	အတင်းလုပ်ခိုင်းသည်	atin: lou' khain: dhe
fotografiar (vt)	ဓာတ်ပုံရိုက်သည်	da' poun jai' te
garantizar (vt)	အာမခံပေးသည်	a ma. gan bei: de
girar (~ a la izquierda)	ကွေ့သည်	kwei. de
golpear (la puerta)	တံခါးခေါက်သည်	daga: khau' te
gritar (vi)	အော်သည်	o de
guardar (cartas, etc.)	သိမ်းဆည်းသည်	thain: zain: de
gustar (el tenis, etc.)	ကြိုက်သည်	kjai' de
gustar (vi)	ကြိုက်သည်	kjai' de
habitar (vi, vt)	နေထိုင်သည်	nei dain de
hablar con ...	ပြောသည်	pjo: de
hacer (vt)	ပြုလုပ်သည်	pju. lou' te
hacer conocimiento	မိတ်ဆက်သည်	mi' hse' te
hacer copias	မိတ္တူကူးသည်	mi' tu gu: de
hacer la limpieza	သန့်ရှင်းရေးလုပ်သည်	than. shin: jei: lou' te
hacer una conclusión	ကောက်ချက်ချသည်	kau' che' cha. de
hacerse (vr)	ဖြစ်လာသည်	hpji' la de
hachear (vt)	ခုတ်ဖြတ်သည်	khou' bja' te
heredar (vt)	အမွေဆက်ခံသည်	amwei ze' khan de
imaginarse (vr)	စိတ်ကူးသည်	sei' ku: de
imitar (vt)	အတုလုပ်သည်	atu. lou' te
importar (vt)	တင်သွင်းသည်	tin dhwin: de
indignarse (vr)	မခံမရပ်နိုင်ဖြစ်သည်	ma. gan ma. ja' nain bji' te
influir (vt)	ဩဇာလွှမ်းသည်	o: za hlan: de

informar (vt)	အကြောင်းကြားသည်	akjaun: kja: de
informarse (vr)	စုံစမ်းသည်	soun zan: de
inquietar (vt)	စိတ်ပူအောင်လုပ်သည်	sei' pu aun lou' te
inquietarse (vr)	စိတ်ပူသည်	sei' pu de
inscribir (en la lista)	ထည့်သွင်းရေးထားသည်	hte dhwin: jei: da: de
insertar (~ la llave)	ထည့်သည်	hte de.
insistir (vi)	တိုက်တွန်းပြောဆိုသည်	tou' tun: bjo: zou de
inspirar (vt)	အားပေးသည်	a: bei: de
instruir (enseñar)	ညွှန်ကြားသည်	hnjun gja: de
insultar (vt)	စော်ကားသည်	so ga: de
intentar (vt)	စမ်းကြည့်သည်	san: kji. de
intercambiar (vt)	အပြန်အလှန်လဲသည်	apjan a hlan le: de
interesar (vt)	စိတ်ဝင်စားစေသည်	sei' win za: zei de
interesarse (vr)	စိတ်ဝင်စားသည်	sei' win za: de
interpretar (actuar)	သရုပ်ဆောင်သည်	thajou' hsaun de
intervenir (vi)	ကြားဝင်သည်	ka: win de
inventar (máquina, etc.)	တီထွင်သည်	ti htwin de
invitar (vt)	ဖိတ်သည်	hpi' de
ir (~ en taxi)	သွားသည်	thwa: de
ir (a pie)	သွားသည်	thwa: de
irritar (vt)	ဒေါသထွက်အောင်လုပ်သည်	do: dha. dwe' aun lou' te
irritarse (vr)	ဒေါသထွက်သည်	do: dha. dwe' de
irse a la cama	အိပ်ရာဝင်သည်	ei' ja win de
jugar (divertirse)	ကစားသည်	gaza: de
lanzar (comenzar)	စတင်သည်	sa. tin de
lavar (vt)	ဆေးသည်	hsei: de
lavar la ropa	လျှော်ဖွပ်သည်	sho ba' de
leer (vi, vt)	ဖတ်သည်	hpa' te
levantarse (de la cama)	အိပ်ရာထသည်	ei' ja hta. de
liberar (ciudad, etc.)	လွတ်မြောက်စေသည်	lu' mjau' sei de
librarse de ...	ရှင်းပစ်သည်	shin: ba' te
limitar (vt)	ချုပ်ချယ်သည်	chou' che de
limpiar (~ el horno)	သန့်ရှင်းအောင်လုပ်သည်	than. shin: aun: lou' te
limpiar (zapatos, etc.)	သန့်ရှင်းရေးလုပ်သည်	than. shin: jei: lou' te
llamar (le llamamos ...)	အမည်ပေးသည်	amji bei: de
llamar (por ayuda)	ခေါ်သည်	kho de
llamar (vt)	ခေါ်သည်	kho de
llegar (~ al Polo Norte)	ရောက်သည်	jau' te
llegar (tren)	လာရောက်သည်	la jau' te
llenar (p.ej. botella)	ဖြည့်သည်	hpjei. de
retirar (~ los platos)	ယူသွားသည်	ju dhwa: de
llorar (vi)	ငိုသည်	ngou de
lograr (un objetivo)	ရရှိသည်	ja. hji. de
luchar (combatir)	တိုက်ခိုက်သည်	tai' hsai' te
luchar (sport)	နပန်းလုံးသည်	naban: loun: de
mantener (la paz)	ထိန်းသည်	htein: de

marcar (en el mapa, etc.)	မှတ်သည်	hma' te
matar (vt)	သတ်သည်	tha' te
memorizar (vt)	မှတ်ထားသည်	hma' hta: de
mencionar (vt)	ဖော်ပြသည်	hpjo bja. de
mentir (vi)	လိမ်ပြောသည်	lain bjo: de
merecer (vt)	ထိုက်တန်သည်	htai' tan de
mezclar (vt)	ရောသည်	jo: de
mirar (vi, vt)	ကြည့်သည်	kji. de
mirar a hurtadillas	ချောင်းကြည့်သည်	chaun: gje. de
molestar (vt)	နှောင့်ယှက်သည်	hnaun. hje' te
mostrar (~ el camino)	ညွှန်ပြသည်	hnjun bja. de
mostrar (demostrar)	ပြသည်	pja. de
mover (el sofá, etc.)	ရွှေ့သည်	shwei. de
multiplicar (mat)	မြှောက်သည်	hmjau' de

255. Los verbos N-R

nadar (vi)	ရေကူးသည်	jei ku: de
negar (rechazar)	ငြင်းဆန်သည်	njin: zan de
negar (vt)	ငြင်းပယ်သည်	njin: be de
negociar (vi)	စေ့စပ်ညှိနှိုင်းသည်	sei. sa' njou hmain: de
nombrar (designar)	ခန့်အပ်သည်	khan. a' te
notar (divisar)	သတိထားမိသည်	dhadi. da: mi. de
obedecer (vi, vt)	လိုက်နာသည်	lai' na de
objetar (vt)	ငြင်းသည်	njin: de
observar (vt)	စောင့်ကြည့်သည်	saun. gji. de
ofender (vt)	စိတ်ထိခိုက်စေသည်	sei' hti. gai' sei de
oír (vt)	ကြားသည်	ka: de
oler (despedir olores)	အနံ့ထွက်သည်	anan. htwei de
oler (percibir olores)	ရှူကြည့်သည်	shu gjei. de
olvidar (dejar)	ချန်သည်	chan de
olvidar (vt)	မေ့သည်	mei. de
omitir (vt)	ပယ်သည်	pe de
orar (vi)	ရှိခိုးသည်	shi. gou: de
ordenar (mil.)	အမိန့်ပေးသည်	amin. bei: de
organizar (concierto, etc.)	ကျင်းပသည်	kjin: ba. de
osar (vi)	လုပ်ရဲသည်	lou' je: de
pagar (vi, vt)	ပေးချေသည်	pei: gjei de
pararse (vr)	ရပ်သည်	ja' te
parecerse (vr)	တူသည်	tu de
participar (vi)	ပါဝင်ဆင်နွှဲသည်	pa win zin hnwe: de
partir (~ a Londres)	ထွက်ခွာသည်	htwe' kha de
pasar (~ el pueblo)	ဖြတ်သွားသည်	hpja' thwa: de
pecar (vi)	မကောင်းမှုပြုသည်	ma. gaun: hmu. bju. de
pedir (ayuda, etc.)	တောင်းဆိုသည်	taun: hsou: de

pedir (restaurante)	မှာသည်	hma de
pegar (golpear)	ရိုက်သည်	jai' te
peinarse (vr)	ဖြီးသည်	hpji: de
pelear (vi)	ခိုက်ရန်ဖြစ်သည်	khai' jan bji' te
penetrar (vt)	ထိုးဖောက်သည်	tou: bau' te
pensar (creer)	ထင်သည်	htin de
pensar (vi, vt)	ထင်သည်	htin de
perder (paraguas, etc.)	ပျောက်သည်	pjau' te
perdonar (vt)	ခွင့်လွှတ်သည်	khwin. hlu' te
permitir (vt)	ခွင့်ပြုသည်	khwin bju. de
pertenecer a ...	ပိုင်ဆိုင်သည်	pain zain de
pesar (tener peso)	အလေးချိန်ရှိသည်	a lei: chein shi. de
pescar (vi)	ငါးဖမ်းသည်	nga: ban: de
planchar (vi, vt)	မီးပူတိုက်သည်	mi: bu tai' te
planear (vt)	စီစဉ်သည်	si zin de
poder (v aux)	တတ်နိုင်သည်	ta' nain de
poner (colocar)	ထားသည်	hta: de
poner en orden	အစီအစဉ်တကျထားသည်	asi asin da. gja. da: de
poseer (vt)	ပိုင်ဆိုင်သည်	pain zain de
preferir (vt)	ပိုကြိုက်သည်	pou gjai' te
preocuparse (vr)	စိတ်ပူသည်	sei' pu de
preparar (la cena)	ချက်ပြုတ်သည်	che' pjou' te
preparar (vt)	ပြင်ဆင်သည်	pjin zin de
presentar (~ a sus padres)	မိတ်ဆက်ပေးသည်	mi' hse' pei: de
presentar (vt) (persona)	မိတ်ဆက်ပေးသည်	mi' hse' pei: de
presentar un informe	သတင်းပို့သည်	dhadin: bou. de
prestar (vt)	ချေးယူသည်	chei: dhu de
prever (vt)	ကြိုမြင်သည်	kjou mjin de
privar (vt)	ပိတ်ပင်ထားသည်	pei' hsou. da: de
probar (una teoría, etc.)	သက်သေပြသည်	the' thei pja. de
prohibir (vt)	တားမြစ်သည်	ta: mji' te
prometer (vt)	ကတိပေးသည်	gadi pei: de
pronunciar (vt)	အသံထွက်သည်	athan dwe' te
proponer (vt)	အဆိုပြုသည်	ahsou bju. de
proteger (la naturaleza)	ကာကွယ်စောင့်ရှောက်သည်	ka gwe zaun. sha' te
protestar (vi, vt)	ကန့်ကွက်သည်	kan gwe' te
provocar (vt)	ရန်စသည်	jan za de
proyectar (~ un edificio)	ပုံစံဆွဲသည်	poun zan zwe: de
publicitar (vt)	ကြော်ငြာသည်	kjo nja de
quedar (una ropa, etc.)	သင့်တော်သည်	thin. do de
quejarse (vr)	တိုင်ပြောသည်	tain bjo: de
quemar (vt)	မီးရှို့သည်	mi: shou. de
querer (amar)	ချစ်သည်	chi' te
querer (desear)	လိုချင်သည်	lou gjin de
quitar (~ una mancha)	ဖယ်ရှားသည်	hpe sha: de
quitar (cuadro de la pared)	ဖြုတ်ချသည်	hpjou' cha. de

guardar (~ en su sitio)	သိမ်းဆည်းသည်	thain: zain: de
rajarse (vr)	အက်ကွဲသည်	e' kwe: de
realizar (vt)	ဆောင်ရွက်သည်	hsaun jwe' de
recomendar (vt)	အကြံပြုထောက်ခံသည်	akjan pju htau' khan de
reconocer (admitir)	ဝန်ခံသည်	wun khan de
reconocer (una voz, etc.)	မှတ်မိသည်	hma' mi. de
recordar (tener en mente)	မှတ်မိသည်	hma' mi. de
recordar algo a algn	သတိပေးသည်	dhadi. pei: de
recordarse (vr)	သတိရသည်	dhadi. ja. de
recuperarse (vr)	ရောဂါပျောက်သည်	jo ga bjau' te
reflexionar (vi)	တွေးသည်	twei: de
regañar (vt)	ဆူသည်	hsu. de
regar (plantas)	ရေလောင်းသည်	jei laun: de
regresar (~ a la ciudad)	ပြန်သည်	pjan de
rehacer (vt)	ပြန်ပြင်သည်	pjan bjin de
reírse (vr)	ရယ်သည်	je de
reparar (arreglar)	ပြင်သည်	pjin de
repetir (vt)	ထပ်လုပ်သည်	hta' lou' te
reprochar (vt)	အပြစ်တင်သည်	apja' tin te
reservar (~ una mesa)	မှာသည်	hma de
resolver (~ el problema)	ဖြေရှင်းသည်	hpjei shin: de
resolver (~ la discusión)	ဖြေရှင်းသည်	hpjei shin: de
respirar (vi)	အသက်ရှူသည်	athe' shu de
responder (vi, vt)	ဖြေသည်	hpjei de
retener (impedir)	တားဆီးသည်	ta: zi: de
robar (vt)	ခိုးသည်	khou: de
romper (mueble, etc.)	ဖျက်ဆီးသည်	hpje' hsi: de
romperse (la cuerda)	ပြတ်သည်	pja' te

256. Los verbos S-V

saber (~ algo mas)	သိသည်	thi. de
sacudir (agitar)	လှုပ်ခါသည်	hlou' kha de
salir (libro)	ထွက်သည်	htwe' te
salir (vi)	ထွက်သည်	htwe' te
saludar (vt)	နှုတ်ဆက်သည်	hnou' hsei' te
salvar (vt)	ကယ်ဆယ်သည်	ke ze de
satisfacer (vt)	ကျေနပ်စေသည်	kjei na' sei de
secar (ropa, pelo)	အခြောက်လှန်းသည်	a chou' hlan: de
seguir ...	လိုက်သည်	lai' te
seleccionar (vt)	ရွေးချယ်သည်	jwei: che de
sembrar (semillas)	မျိုးကြဲသည်	mjou: gje: de
sentarse (vr)	ထိုင်သည်	htain de
sentenciar (vt)	ပြစ်ဒဏ်ပေးသည်	pji' dan bei: de
sentir (peligro, etc.)	အာရုံခံစားသည်	a joun gan za: dhi

ser (vi)	ဖြစ်သည်	hpji' te
ser causa de ...	အကြောင်းရင်းဖြစ်သည်	akjaun: jin: hpji' te

ser indispensable	လိုအပ်သည်	lou a' te
ser necesario	အလိုရှိသည်	alou' shi. de
ser suficiente	လုံလောက်သည်	loun lau' te

servir (~ a los clientes)	တည်ခင်းသည်	ti khin: de
significar (querer decir)	ဆိုလိုသည်	hsou lou de
significar (vt)	ဆိုလိုသည်	hsou lou de
simplificar (vt)	လွယ်ကူစေသည်	lwe gu zei de

sobreestimar (vt)	တန်ဖိုးပြန်ဖြတ်သည်	tan bou: bjan bja' te
sofocar (un incendio)	မီးငြိမ်းသတ်သည်	mi: njein: dha' te
soñar (durmiendo)	အိပ်မက်မက်သည်	ei' me' me' te
soñar (fantasear)	စိတ်ကူးယဉ်သည်	sei' ku: jin de

sonreír (vi)	ပြုံးသည်	pjoun: de
soplar (viento)	တိုက်ခတ်သည်	tai' hsai' te
soportar (~ el dolor)	သည်းခံသည်	thi: khan de
sorprender (vt)	အံ့သြစေသည်	an. o: sei: de

sorprenderse (vr)	အံ့သြသည်	an. o. de
sospechar (vt)	သံသယရှိသည်	than thaja. shi. de
subestimar (vt)	လျှော့တွက်သည်	sho. dwe' de
subrayar (vt)	အလေးထားဖော်ပြသည်	a lei: da: hpo pja. de

sufrir (dolores, etc.)	နာကျင်ခံစားသည်	na gjin hmu. gan za: de
suplicar (vt)	အနူးအညွတ်တောင်းပန်သည်	anu: anwi' taun: ban de
suponer (vt)	ယူဆသည်	ju za. de
suspirar (vi)	သက်ပြင်းချသည်	the' pjin: gja. de

temblar (de frío)	တုန်သည်	toun de
tener (vt)	ရှိသည်	shi. de
tener miedo	ကြောက်သည်	kjau' te
terminar (vt)	ပြီးသည်	pji: de

tirar (cuerda)	ဆွဲသည်	hswe: de
tirar (disparar)	ပစ်သည်	pi' te
tirar (piedras, etc.)	ပစ်သည်	pi' te

tocar (con la mano)	ထိသည်	hti. de
tomar (vt)	ယူသည်	ju de
tomar nota	ရေးထားသည်	jei: da: de
trabajar (vi)	အလုပ်လုပ်သည်	alou' lou' te

traducir (vt)	ဘာသာပြန်သည်	ba dha bjan de
traer (un recuerdo, etc.)	ယူလာသည်	ju la de
transformar (vt)	ပုံစံပြောင်းလဲသည်	poun zan bjaun: le: de
tratar (de hacer algo)	ကြိုးစားသည်	kjou: za: de

unir (vt)	ပေါင်းစည်းသည်	paun: ze: de
unirse (~ al grupo)	ပေါင်းစပ်သည်	paun: za' te
usar (la cuchara, etc.)	သုံးစွဲသည်	thoun: zwe: de
vacunar (vt)	ကာကွယ်ဆေးထိုးသည်	ka gwe hsei: dou: de
vender (vt)	ရောင်းသည်	jaun: de

vengar (vt)	လက်စားချေသည်	le' sa: gjei de
verter (agua, vino)	လောင်းထဲ့သည်	laun: de. de
vivir (vi)	နေသည်	nei de
volar (pájaro, avión)	ပျံသည်	pjan de
volver (~ fondo arriba)	မှောက်သည်	hmau' de
volverse de espaldas	နောက်ကိုလှည့်သည်	nau' kou hle. de
votar (vi)	ဆန္ဒမဲပေးသည်	hsan da. me: pwei: de

www.ingramcontent.com/pod-product-compliance
Lightning Source LLC
Chambersburg PA
CBHW071321090426
42738CB00012B/2757
9781839550461